이해하기 쉬운 기초 이론과
업계 현황

여행사 경영론

나상필 · 변효정 · 도현래 공저

Travel Agency Management

(주)백산출판사

머리말

현대사회에서 SNS(Social Network Service)는 여행의 자극제로 잠재 고객의 기본 욕구와 여러 호기심을 불러일으키는 하나의 수단으로 작용하고 있으며, 여행사에서는 광고·홍보를 위한 마케팅 도구로 활용되고 있다. 2000년부터 2020년 사이 우리나라의 여행시장은 인·아웃바운드의 성장과 더불어 괄목할 만한 성과를 이루어 냈지만 그 길이 순탄하지만은 않았다. 2003년 사스, 2015년 메르스, 2020년 코로나19(한국인 입국금지, 격리조치) 등의 전염병과 한·일(역사적 대립), 한·중(사드배치), 중·미(무역전쟁), 남·북(화합과 교류)문제 등에 따른 유가급등, 환율변동, 제로컴(Zero Commission), 여행사 수수료 문제 등과 같은 부정적인 영향에도 불구하고 여행업의 규모는 날로 커지고 있다. 또한 외국의 OTA(Online Travel Agency) 여행사들이 우리나라에 안착하기 위해 24시간 고객콜센터를 운영하는 등 이제 여행시장도 국경없는 경쟁체제에 들어서고 있다고 해도 과언이 아니다.

세계는 정치·경제·사회·문화·기후·질병·테러 등 많은 여행 제약요인들 사이에서 여행자들은 계속 늘어나는 추세에 있으며, 이러한 여행 트렌드(Trend)는 물론 다각화되고 있는 여행업의 운영 방식, 치열한 경쟁 속에서 살아남기 위한 마케팅 방식 등을 본서에 담아보고자 하였다.

이에 본서는 총 13장으로 이루어졌으며, 1장은 여행의 기초이론으로 여행의 어원, 개념, 구성요소, 여행의 형태, 여행의 분류로 나누어 여행을 이해하기 위한 기초를 다루었다. 2장에서는 여행업의 개요 부분으로 여행업의 개념, 특성, 역할과 기능, 여행업의 분류, 발전과정, 발전요인으로 나누어 여행업 정의부터 역사와 사회 현상을 다루어 여행업을 이해하는 데 도움이 될 수 있는 내용으로 구성하였다. 3장은 여행업의 설립과 등록으로 여행업 설립 기초와 등록, 변경등록과 취소 등을 다루어 기본 서류와 절차에 대해 기술하였다. 4장에서는 여행업의 조직으로 여행업 조직의 개념, 조직의 방향성, 조직의 구조와 나아가 여행업의 인사관리로 구성하였다. 5장은 여행업의 업무로 크게 국내여행업, 국외여행업, 일반여행업 3가지로 나누어 업무를 기술하였으며, 6장에서는 여행업과 관광교통으로 그 개요와 대표적인 관광교통 수단인 항공 교통, 육상 교통, 해상 교통 3가지의 장·단점과 현황을 다루었다. 7장에서는 여행업의 마케팅 부분으로 기본적인 마케팅 기법과 여행업 마케팅 전략, 마케팅 믹스, STP 전략을 알아보았으며, 8장은 여행상품의 정의와 구성요소, 특성, 분류로 나누어 학습할 수 있도록 구성하였다. 9장에서는 여행상품 가격의 개념부터 여행상품 가격결정의 중요성, 요소, 방법, 차별화 전략으로 나누었으며, 10장에서는 여행상품의 유통을 다루어 개념부터 경로, 유통기관에 관하여 기술하였다. 11장은 여행상품의 촉진으로 여행상품 판매촉진의 개념, 판매촉진의 전략, 여행사 광고, 여행상품의 인적판매 부분으로 나누었으며, 12장에서는 관광관련 기구와 기관으로 크게 3가지로 국제기구 및 관련기관, 국내기구 및 관련기관, 항공관련 기구로 나누어 기술하였다. 마지막으로 13장에서는 대표적인 여행관련 자격증인 관광통역안내사, 국외여행인솔자, 국내여행안내사를 다루었으며, 여행 및 항공카운터 업무에 필요한 GDS/CRS 시스템에 대하여 기술하였다. 또한 본서의 학습 이해도를 높이기 위해 부록으로 국외여행표준약관과 국내여행표준약관, 여행 용어를 수록하였다.

급변하는 여행시장의 현황과 변화되어 가는 과정을 전부 다루기에는 한계가 있었으며, 최대한 관광전공 학생들과 비전공자들이 쉽게 이해할 수 있도록 기초이론과 업계 현황을 기술하려고 노력하였다.

끝으로, 이 책이 관광·여행·항공분야에 관심 있는 학생들에게 학문적으로 조금이나마 도움이 되었으면 하는 바람과 여행업 및 기타관광업계에 취업을 목표로 하는 학생들에게 실질적인 도움이 되기를 바란다. 그리고 이 교재가 출판되기까지 출판과 편집을 맡아주신 백산출판사 관계자분들에게 진심으로 감사의 말씀을 전한다.

저자 일동

차례

Chapter 4 여행업의 조직

Chapter 5 여행업의 업무

Chapter 6 여행업과 관광교통

Chapter 7 여행업의 마케팅

Chapter 8 여행상품

Chapter 9 여행상품 가격

Chapter 10 여행상품 유통

Chapter 11 여행상품 촉진

Chapter 12 관광관련 기구와 기관

Chapter 13 관련 자격증

■ 부록

CHAPTER

1

여행의 기초 이론

1. 여행의 어원
2. 여행의 개념
3. 여행의 구성요소
4. 여행의 형태
5. 여행의 분류

CHAPTER

1 여행의 기초 이론

1. 여행의 어원

초기 인류는 이동이라는 행위를 통해 발달해 왔다. 수렵활동과 문명의 발달에 따라 이주(Immigration)를 하였으며, 인간의 기본 욕구를 충족하기 위한 수단으로 여행(Travel)을 하게 되었다.

동양에서 여행이라는 단어는 중국의 고대 유가경전인 십삼경(十三經) 중 하나인 『예기(禮記)』에서 최초로 사용되었으며, 여기에서 '여행(旅行)'의 '여(旅)'란 '방(方)' 자와 '인(人)' 자가 결합된 문자로 방향과 사람을 나타내는 뜻을 가지고 있다. 또한 행(行) 자는 '가다'와 '걷다'를 의미하므로, 사람이 어떠한 방향으로 움직인다는 뜻을 나타낸다고 해석할 수 있다.

서양에서 통용되는 여행은 'travel'로 원래의 뜻은 '문제', '일', '고뇌' 등 고통을 뜻하는 라틴어 'trepalium'에서 유래되었다. 산업혁명 이전의 여행은 귀족이나 승려들이 하인이나 노비를 대동하고 도보나 가축에 짐을 싣고 떠나는 것이라 누구에게나 이동 과정이 고통으로 다가왔다. 또한 산·들짐승들과 도적들로부터 자유롭지 못했으며, 여행 중 불의의 사고를 당하는 경우가 많았다. 그러나 산업혁명 이후 교통의 발달로 인하여 일부 특권층에 국한된 여행이 신흥 부유층을 넘어 현대사회에서는 누구나 다 여행할 수 있는 시대가 도래되었다. 이와 같은 배경으로 출발된 'travel'이라는 단어는 1947년 IUOTO(국제관광연맹)[1]라는 단체에서 공용의 용어로 사용하게 되었다.

이와 같이 동 · 서양에서 사용되는 여행의 의미는 '인간이동'이라는 공통분모를 가지고 있으며, 주거지를 떠나 다시 돌아온다는 회귀의 의미가 포함되어 있다.

2. 여행의 개념

여행은 인간의 이동을 바탕으로 한다는 점에서 인류의 역사와 함께 해왔으며, 원시생활 속에서 인간이 살아남기 위해 또는 살아가기 위한 방법으로 행해졌다. 때론 자연의 벽에 부딪치고 이에 순응하며 이동을 시작했고, 자연에 적응하며 유목생활을 하며 살았다. 문명의 발전으로 이주(Immigration)의 행태를 나타냈으며, 근대로 들어서면서 일상 생활권에서 벗어나 레저, 위락, 친목, 답사, 관람, 레포츠 참가 등의 행위로 바뀌어 갔다.

인간의 이동은 다양한 동기에 의해 이루어지며, 근본적으로는 인간의 욕구에 기인한다고 볼 수 있다. 인간의 욕구는 사회적 · 문화적 · 경제적 가치 추구를 전제로 하며, 이동하는 행위 자체가 인간의 욕구충족의 수단 즉, 여행의 행위라고 할 수 있다. 19세기 후반부터 본격화된 서구인들의 해외여행은 자본주의 및 세계화와 분리해서 생각하기 힘들다. 이에 여행은 노동의 대피처의 역할과 일탈의 행위로 작용하였다. 개인의 시각에서는 노동이라는 고역과 피곤에서 벗어나되

1) IUOTO(International Union of Official Travel Orgnization)는 1925년 설립되었으며, 1964년에 설립된 세계관광기구(WTO)의 전신으로 국제 연합의 전문 기관이 되기 전에 사용된 용어이다. 이후 세계무역기구(WTO)와 혼동을 줄이기 위해 2005년 12월 1일 국제 연합의 약어인 UN을 따서 'UNWTO (United Nations World Tourism Organization)'로 명명하였다. 우리나라는 문화체육관광부(교통부:1975년)가 정회원의 자격을 가지고 있으며, 한국관광공사(1977년)와 한국관광협회(1992년)가 준회원으로 가입되어 있다. 또한 북한은 1987년 정회원으로 가입하였다. 본부는 스페인 마드리드에 위치해 있으며, 2년마다 개최되는 총회와 유럽, 미주, 동아태 지역 등 6개 지역위원회와 집행위원회로 조직되어 있다. 즉, UNWTO는 각국의 관광정책을 조정하고 정보를 교환하여 세계관광진흥을 위하여 각국의 정부기관이 협의하는 기관을 뜻한다.

노동 의지를 재충전시키는 장치로 활용되었으며, 이러한 니즈(needs)를 충족해주기 위해 여행업자들로부터 여행상품이 기획되었다. 여행업자들은 4S(sun, sea, sand, sex)를 제공하기 위한 장소를 세계 도처에 만들었으며, 다양한 종류의 여행상품을 개발해 냈다. 특권 계층은 멀리 떨어진 곳에 자기들만의 휴양지를 만들었으며, 이런 과정을 거쳐 여행상품에는 다양한 등급이 매겨졌다. 이렇듯 여행의 본질이 인간의 이동과 욕구 충족을 전제로 하나, 모든 이동과 이러한 행위가 포함되었다고 해서 모두 여행이라고 할 수는 없다. 따라서 인간의 이동행위가 여행으로 성립되기 위해서는 첫째, 인간의 이동행위 중에는 주거지를 떠나 다시 돌아올 예정이어야 한다. 즉, 여행은 이주(移住)와 이민(移民)과 구별되는 회귀성(回歸性)이 전제되어야 한다. 둘째, 직업적이고 반복적인 이동이 아니어야 한다. 인간의 이동이 직업적이고 반복적인 것은 그 자체가 일상 생활권이므로 생활권을 떠난다는 조건에 부합되지 않기 때문에 여행의 행위로 볼 수 없다. 그러므로, 국외여행인솔자(TC : tour conductor), 관광통역안내사(TG : tourist guide), 크루즈승무원, 항공승무원, 비행기 조종사, 전세버스 운전기사, 해외취업, 통학은 인간의 이동행위에 속해 있지만 여행으로 볼 수 없다. 셋째, 여행자 자유의지를 반영한 이동이여야 한다. 여행은 여러 가지 동기 및 욕구에 의해서 행해지지만 최종 의사결정은 본인의 자유의지에 기인해야 한다.

이선희(2004)는 여행은 인간이 일상생활을 하는 정주지를 떠나 다시 돌아올 예정으로 일정 기간 동안 이동하는 소비행위라고 정의하였으며, 하인수(2012)는 자기개발을 위해 타지로 이동하여 자신의 감각과 관련한 체험들을 활동으로 하는 여가 활동 중의 하나로 정의하였다. 이에 여러 학자들의 의견을 종합해 보면, 여행은 '인간이 자기의 일상생활권을 떠나 일시적으로 다른 지역에 체재할 목적을 가지고 이동하는 행위' 또는 '일상생활권을 떠나 다시 돌아올 예정으로 다양한 욕구 충족을 위한 이동행위'로 정의하거나 '일상생활과 관련 없이 정주지를 떠나 다시 정주지로 돌아오는 동안의 모든 체험과정의 총체'라고 볼 수 있다.

본서에서는 여행의 정의는 '인간의 자유의지에 따라 직업적이고 반복적인 이동이 아닌 일상 생활권을 벗어나 행해지는 이벤트로써 개인의 여러 가치와 속성에 따라 보고, 느끼고 즐기는 일련의 경험 활동'이라고 정의한다.

〈표 1-1〉 서양의 여행 유사용어

용어	내용
tourism	관광사업, 관광산업, 관광학, 기구·기관, 협회 등에서 주로 사용하며, 폭넓게 관광이란 용어로 사용된다(관광을 표현하는 포괄적인 의미를 담고 있음).
travel	장거리 여행을 뜻하며, travail(고생, 고역, 노동)이란 어원을 가지고 있다. 18C 이전에는 신분 고하를 떠나 자연으로의 위협과 교통수단의 미흡으로 여행이 고통을 수반하였다.
tour	여러 도시나 국가를 방문하는 여행을 뜻하며, 일정한 계획과 의도를 가지고 있는 여행을 말한다. Travel보다는 짧고, Trip보다는 긴 여행을 말한다.
trip	특정한 목적을 가지고 하는 여행 또는 관광의 형태를 말하며, 짧은 여행을 뜻한다.
picnic	우리나라의 소풍과 유사하며, 서양에서는 샌드위치, 과일, 샐러드 등을 바구니나 용기(도시락)에 담에 근교로 여행하는 것을 뜻한다.
journey	장거리 육지여행을 뜻하며, 목적성과 기간, 교통수단 등과 관계없이 여러 지역을 여행하는 것을 말한다.
voyage	장거리 선박여행을 뜻하며, 우주여행을 뜻하기도 한다. 그리고 상용여행, 출장 등을 표현할 때 사용한다.
excursion	당일여행 또는 단체로 짧게, 가볍게 다녀오는 여행을 뜻하며, 주로 교통업계에서 주로 사용하는 용어이다.
sightseeing	도시 안에서 주요 유적지를 보여주는 여행을 뜻하며, 경치, 풍경, 유람 등 가볍게 구경하는 것을 말한다.
cruise	유람선 여행을 말하며, 다른 여행과는 다르게 목적지의 성격을 가지고 있다. 이에 떠다니는 호텔이라고 표현하며, 도시나 국가 간의 기항지를 여행하는 것을 말한다(이동의 목적보다 관광목적의 성격이 강함).
jaunt	짧은 여행을 뜻하며, 직장이나 가정에서 가볍게 즐기는 여행을 말한다.
junket	공무원의 시찰여행을 뜻하며, 공금이나 관비를 사용하여 유람삼아 다니는 호화여행을 뜻한다.
trekking	목적지가 없는 도보여행 또는 산·들·바람 따라 떠나는 사색여행을 말한다(원래는 소달구지를 타고 먼 길을 여행한다는 뜻을 가지고 있다).
hiking	심신 단련과 수양을 목적으로 산·들·바다로 떠나는 도보(Walking)여행, 유사용어로 'Hill Walking'이라고도 한다.
backpacking	무거운 등짐(배낭)을 지고 문명세계에서 벗어나 산길을 자유롭게 방랑하며, 자연 친화를 추구하는 것을 말한다.
expedition	탐험을 뜻하며, 필요한 일을 하기 위한 짧은 여행이나 원정대를 뜻하기도 한다.
exploration	탐사를 뜻하며, 심해나 해저 같은 미지의 세계를 탐사하거나, 미리 답사한다는 뜻을 가지고 있다.
adventure	모험을 뜻하며, 불확실성을 가지고 있는 대상에 대한 모험심을 가지고 있는 여행을 뜻한다.
well-being	몸과 마음의 편안함과 행복을 추구하는 태도나 행동을 뜻한다.
healing	치유나 치료의 뜻을 가지고 있으며, 몸이나 마음의 치유를 말한다.

〈표 1-2〉 동양의 여행 유사용어

용어	내용
관광	거주지를 떠나 다른 지방이나 타국에 가서 풍경, 풍습, 문물을 구경하는 것을 말한다.
여행	이동의 전제성을 가지고 있으며, 유람을 목적으로 다른 지방이나 타국에 가는 것을 말한다.
여가	일이 없어 남는 시간을 말하며, 잉여시간에 행해지는 행위를 뜻한다.
기행	여행을 통해 보고, 듣고, 느끼고, 경험하는 것을 기록하는 것을 뜻한다.
놀이	개인 또는 여러 사람이 모여서 즐겁게 노는 일이나 활동을 뜻한다.
나들이	주거지를 떠나 가까운 곳에 잠시 다녀오는 일을 뜻한다.
야유회	야외에서 노는 것을 말하며, 들이나 교외로 나가서 노는 모임이란 뜻을 가지고 있다.
소풍	휴식을 취하기 위해 야외에 나갔다 오는 일을 말하며, 흔히 학교에서 자연 관찰이나 역사 유적 따위의 견학을 겸하여 야외로 갔다 오는 일을 뜻한다.
순례	차례로 방문한다는 뜻을 가지고 있으며, 종교적인 의미가 있는 곳을 찾아다니며 방문하는 것을 '성지순례'라고 한다.
천렵	냇물이나 강에서 고기를 잡는 행위를 뜻한다.
구경	특정 대상을 흥미나 관심을 가지고 보는 행위를 말한다.
유람	전체를 두루 본다는 뜻을 가지고 있으며, 돌아다니며 구경하는 것을 말한다.
방랑	특정 목적지 없이 이리저리 돌아다니는 것을 뜻한다.
야영	휴양이나 훈련을 목적으로 야외에 천막을 치고 일정기간 생활하는 것을 뜻한다.
위락	위로와 안락을 아울러 이르는 말로 피로를 잊게 하고 즐겁게 한다는 뜻을 가지고 있다.
원정	거주지를 떠나 먼 곳으로 떠난다는 뜻을 가지고 있으며, 주로 연구, 탐험, 조사 따위를 하러가는 행위를 말한다.
답사	현장에 가서 직접 보고 조사한다는 뜻을 가지고 있다.
탐방	어떠한 사실이나 소식 따위를 알아보기 위해 사람이나 장소를 방문하는 것을 말한다.
탐험	위험을 무릅쓰고 어떤 곳을 찾아가서 살펴보고 조사하는 것을 말한다.
피서	더위를 피하여 시원한 곳으로 이동하는 행위를 말한다.
피한	추위를 피하여 따뜻한 곳으로 이동하는 행위를 말한다.
휴양	지친 육체와 정신을 편안히 쉬게 하여 몸과 마음을 보양하는 것을 말한다.
행락	재미있게 놀고 즐겁게 지내는 것을 말한다.
마실	마실은 마을의 방언이었으나 2015년 국립국어원에서 표준어로 인정하였으며, '이웃에 놀러가는 일'이란 뜻을 가지고 있다.

〈표 1-3〉 여행형태의 외래어 표현

용어	내용
기차 여행	journey[trip] by train / train ride / rail travel
도보 여행	hiking / trekking
비행기 여행	air travel
선박 여행	cruise tour / sea travel
자동차 여행	car[motor] trip
자전거 여행	bicycle trip
당일치기 여행	day trip / one-day trip
배낭 여행	backpacking
세계일주 여행	trip[journey; voyage] around the world
수학 여행	(school) trip / field trip
신혼 여행	honeymoon
우주 여행	space travel
주말 여행	weekend trip
출장 여행	business trip
패키지 여행	package tour
해외 여행	trip abroad / overseas travel
개별 여행	individual tours
무전 여행	penniless journey
효도 여행	filial piety tour
전세 여행	charter tour
시내관광	city tour / city excursion / city sightseeing
국제회의 여행	convention tour
당일 여행	day excursion / day trip
가족 여행	family trip
답사 여행	exploration trip

3. 여행의 구성요소

여행의 구성요소를 세부적으로 모든 것을 나열하긴 힘들다. 여러 학자들은 학문을 연구할 때 베르네커(P. Berenecker)의 연구와 군(Clare A. Gunn)의 연구를 바탕으로 여행의 구조나 시스템을 설명하고 있다. 베르네커는 관광구조를 3체계론[2)]

으로 설명하였고, 군은 5가지 관광구조 체계이론으로 설명하였다. 본서에서는 군의 5가지 구성요소를 가지고 설명하고자 한다.

1) 여행자

여행의 행위자로서 여행주체의 중심적인 구성요소로서 여행의지와 욕구를 가진 사람으로 직접 여행에 참여하는 자이다. 여행의 수용자, 여행의 소비자가 되며 여행시장을 구성하는 중요한 요소로 작용한다. 즉, 여행자의 여행에 대한 욕구, 기대, 소망 등에 대해 여행행태가 구체화된다는 점에서 여행자 자체가 여행수요와 여행시장이라고 할 수 있다.

2) 교통

교통은 여행의 필수 요소인 이동의 전제성을 연결해 주는 역할을 하며, 여행자의 거주 지역과 목적지 사이와 목적지 간을 연결해 주는 중요한 매체로 도로교통 · 철도교통 · 해운시설 · 항공교통 등의 공간적 매개체를 말한다.

3) 여행자원

여행자원은 매력성과 신기성이 있어야 여행자의 여행행동을 유발할 수 있으며, 일반적인 관광지에 한정하지 않고 각종 여행시설(테마파크 및 유명 리조트)과 여행목적물(바다, 산, 사막, 박물관, 크루즈) 등 여행자의 욕구를 충격시켜 주는 유 · 무형의 여행자원 모두라고 볼 수 있다. 여행자의 관심과 욕망을 자극하기 위해서는 다른 자원과 다른 독특함과 신기성을 가지고 있어야 한다.

4) 알선 및 편의시설

여행사의 중요한 업무 중 하나는 여행알선에 관한 사항이다. 여행사는 여행자

---

2) Berenecker(1962)의 3체계론은 관광을 주체(여행자, 욕구, 소망, 기대 등), 객체(매력성과 신기성을 가지고 있는 관광자원), 매체(정보, 교통, 숙박, 식음료, 편의시설 등)로 나누어 관광구조를 일반화하였다.

에게 정확한 정보는 물론 시간을 아낄 수 있도록 알선하고 있다. 또한 단체할인 항공권, 호텔 부킹, 입장료 할인, 가이드 섭외 등 염가성, 안정성, 편리성을 제공하고 있으며, 각 국가 및 각 도시별 여행정보센터와 같은 여행안내 · 여행홍보와 관련된 편의시설(커피제공, PC제공, Wi-Fi제공 등)이 있다.

5) 여행정보

여행자의 여행 동기를 자극하는 정보는 SNS(Social Network Services/Sites), 블로그, 각 나라별 기구 및 기관, 각 도시별 관광청, 관광여행 관련 협회 및 학회 등에서 제공되고 있다. 이러한 정보들로 숙박시설, 휴식 및 휴양시설, 오락시설 등을 이용해 체류기간을 연장하는 효과를 나타내며, 여행자 간의 의사소통 및 정보교환으로 여행의 질을 올리는 역할을 하고 있다.

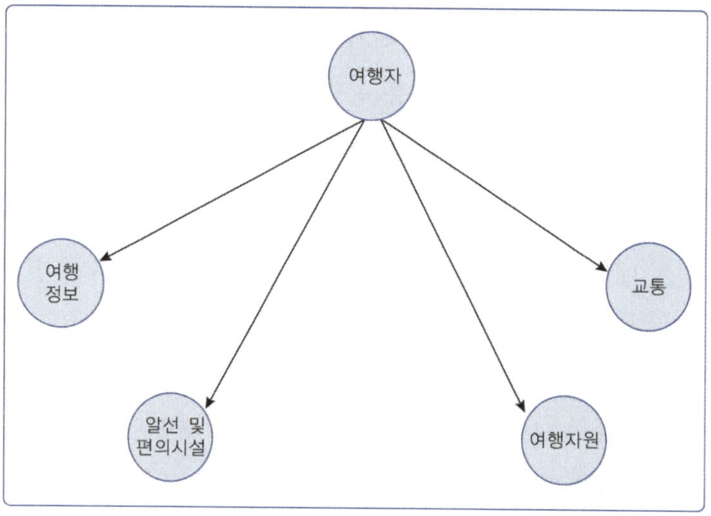

[그림 1-1] 여행의 구성요소

4. 여행의 형태

여행형태의 분류는 여행의 동기나 목적, 여행상품에 따라 다양성을 가지고 있으나 본서에서는 여행코스별 형태를 다음과 같이 4가지 코스유형으로 분류하여 살펴볼 것이다.

1) 피스톤형

피스톤(piston)형은 여행자가 출발지를 출발하여 목적지에 도착한 후 일정기간 여행을 마치고 처음 목적지에 도착한 곳에서 다시 출발지로 이동하는 형태의 여행을 말한다. 즉, 단순 왕복의 패턴을 나타낸다. 피스톤형의 여행활동은 대부분 단기여행이 많으며, 여행에 필요한 경비도 최소로 이루어진다.

예를 들면, 서울↔제주, 인천↔오사카, 부산↔상해와 같이 단순 왕복과 같은 형태이다.

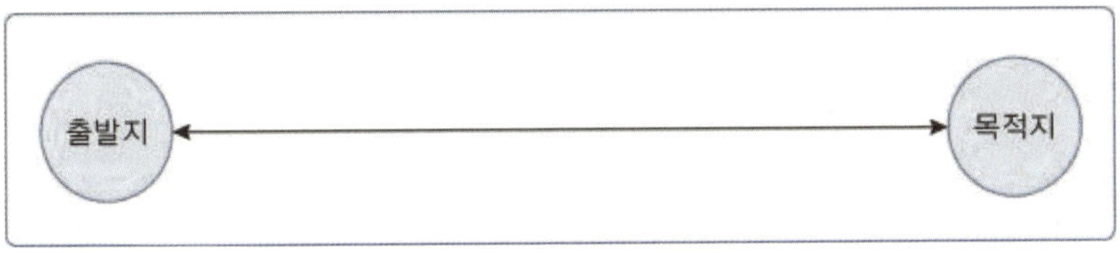

[그림 1-2] 피스톤형

2) 스푼형

스푼(spoon)형은 피스톤형과 같이 여행자가 출발지에서 목적지까지 왕복하는 형태는 같으나, 목적지에서 피스톤형에 비해 폭넓은 여행활동이 이루어지며, 여행경비와 시간소비 측면에서 피스톤형에 비해 더 많이 소요되는 여행형태이다. 즉, 출발지를 출발하여 목적지에서 유람을 즐기고 동일한 패턴으로 처음 출발지로 돌아오는 것을 말한다.

예를 들면, 서울→김해→부산→김해→서울 또는 인천→가고시마→사쿠라지마→가고시마→인천의 이동경로와 같은 여행형태를 말한다.

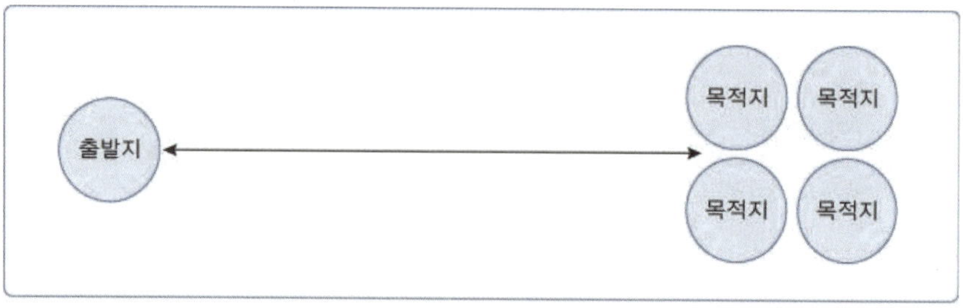

[그림 1-3] 스푼형

3) 안전핀형

안전핀(pin)형은 여행자가 출발지를 출발하여 최초 여행목적지에 도착한 다음, 주변 여행지를 여행 후 처음 도착한 목적지와 다른 경로에서 출발하여 다시 돌아오는 여행 형태를 말하며, 피스톤형이나 스푼형에 비해 체류기간도 길고, 여행비용의 지출도 높아지는 여행 패턴을 뜻한다.

예를 들면, 서울→부산→제주→서울 또는 인천→두바이→터키→인천과 같은 이동경로를 나타내는 형태를 말한다.

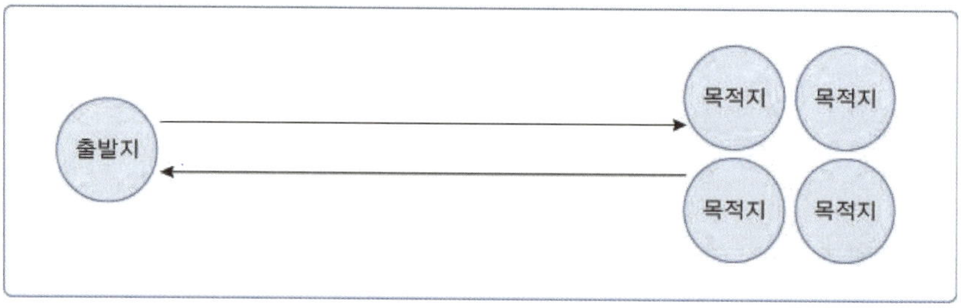

[그림 1-4] 안전핀형

4) 텀블링형

텀블링(tumbling)형은 안전핀형보다 목적지와 비용지출이 많고 긴 시간을 할애하는 여행형태로 출발지에서 처음 목적지에 도착하여, 출발경로와 다른 경로로 처음 출발지로 돌아오는 형태이다. 이런 여행은 배낭여행자나 장기 크루즈여행, 세계일주 여행 등 시간적 · 경제적 · 정신적 여유가 많은 여행자가 주로 선택하는 여행패턴이라고 할 수 있다.

예를 들면, 인천→런던→파리→스위스→로마→바르셀로나→인천 또는 인천→LA→페루→볼리비아→브라질→아르헨티나→뉴욕→인천과 같이 여러 도시 및 국가를 장방형으로 여행하는 형태를 말한다.

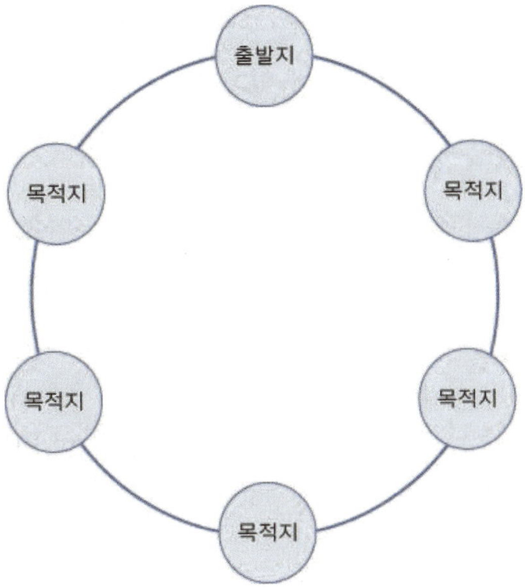

[그림 1-5] 텀블링형

5. 여행의 분류

1) 국적과 국경에 의한 분류

(1) 국내여행(Domestic Tour)

한 나라의 국민이 자신의 영토 내를 여행하는 것을 말한다. 즉, 내국인의 국내여행을 뜻하며, 항공 교통을 포함한 도보, 자전거, 자가용, 모터사이클, 전세버스, 기차, 유람선 등 가장 많은 교통수단을 활용한 여행이 가능하다. 또한 국내여행을 통한 여행자의 소비행태가 내수시장을 활성화시키는 역할에 기여한다.

(2) 국외여행(Outbound Tour)

여행자의 거주지를 떠나 타국을 목적지로 설정하여 떠나는 여행으로서 내국인의 국외여행을 뜻한다. 우리나라의 경우 국외로 갈 수 있는 교통은 항공과 선박으로 국한되어 있으며, 항공은 작은 영토 대비 공항시설 및 항공서비스 수준이 높은 편에 속한다. 또한 선박으로는 정규노선이 있는 중국, 일본, 러시아로 이동이 가능하다. 내국인의 국외여행을 통해 선진 문물 교류가 이루어져 세계화와 국제화에 기여하는 긍정적 효과가 있다.

(3) 외래여행(Inbound Tour)

외국의 국적을 가지고 있는 여행자의 국내여행을 말한다. 예를 들면 한국에 상주하는 주한 외국인, 여행이나 그 밖의 여러 다른 목적(국제회의, 친지방문, 비즈니스)으로 한국을 방문하는 외국인, 외국에 거주하는 재외 한국인이 한국을 여행하는 형태를 외래여행이라고 한다. 외래여행이 가져다주는 효과 중 가장 큰 것은 외화획득과 국제친선교류, 자국의 이미지 상승효과 측면이며, 세계 여러 나라들이 외래관광객 유치를 위해 치열하게 경쟁하고 있다.

(4) 외국인 여행(Foreigner Tour)

내국의 국적자 또는 내국의 방문과 관계없이 외국과 외국과의 여행을 말한다. 예를 들면 미국인의 영국여행, 중국인의 일본여행, 러시아인의 베트남여행을 뜻한다.

2) 목적에 따른 분류

(1) 순수목적 여행

순수목적 여행은 개인의 다양한 목적의 여행을 뜻하며, 휴양, 오락, 견학, 스포츠 관람, 트래킹 등 일상생활을 벗어나 새로운 사회 · 문화를 즐기는 순수여행을 말한다. 넓은 의미에서 순수여행은 비즈니스목적이 없는 모든 여행이라고 할 수 있다.

(2) 비즈니스목적 여행

비즈니스목적 여행이란 업무 · 직무 및 사업에 목적성을 두고 있으며, 국제회의 및 국제포럼, 전시회, 박람회, 학회, 포상여행, 브랜드 설명회, 신상품 촉진활동, 기업 홍보 등의 성격을 가지고 있다.

(3) 특수목적 여행

특수목적 여행[3)]은 특정지역이나 목적지에서 추구할 수 있는 특별한 관심을 가지고 하는 여행 또는 여행자의 여행 동기요인이나 결정요인이 주로 특정한 특별관심 분야에 의해 결정될 때 발생하는 것으로 활동이나 여행목적지 환경이 초점이 되는 여행을 뜻한다. 즉, 여행목적지의 독특함을 기초로 한 여행목적지의 환경과 여행자의 관심분야와 관련된 활동을 말한다. 스포츠 · 모험 · 탐험 · 교육 · 문화 등 그 분야를 한정지어서 설명하는 것에는 한계가 있다.

(4) 겸목적 여행

겸목적 여행은 두 가지 이상 목적 가지고 있는 여행을 말한다. 예를 들면 국제회의 참석자가 투어프로그램에 참석하여 국제회의 국가 및 도시를 여행하는 것과 친지의 결혼식 방문, 견학, 학술대회 참석 후 여행하는 형태를 말한다. 즉, 순수목적 여행과 특수목적 여행의 결합체라고 할 수 있고 1+1을 뜻한다.

3) 여행규모에 의한 분류

(1) 개인여행

개인여행은 개별여행, FIT(Foreign Independent Tour, Free Individual Tour)로 표기하기도 한다. 단독 1인 여행 또는 소규모 인원의 여행으로 일반적으로 10인 미만의 여행자가 여행하는 경우를 개인여행이라고 한다. 개인여행의 장점으로는 여

3) WTO(1985)는 적극적인 휴가와 SIT(special interest tourism)의 개념설정에 적극적인 휴가(active holidays)란 “휴일 동안 자아성취와 인격도야를 위하여 문화 · 예술적인 활동, 여가활동, 스포츠활동에 참여하는 것”이고, SIT는 “특정 관심사를 개발하고자 특정 주제와 관련된 지역이나 장소를 방문하는 개별관광자 또는 단체관광자의 전문화된 관광”이라고 언급하였다.

행일정의 변경이 수월하며, 시간을 자유롭게 조정할 수 있다. 여행자의 여행선택의 자유와 결정권에 자유의지가 강하게 작용하므로 주관적 만족도가 높은 여행의 형태이다.

(2) 단체여행

단체여행은 10인 이상이 동일한 일정과 형태를 가지고 있어 일정변경 및 개인의 의견이 받아들여지기 힘든 형태를 가지고 있다. 단체여행의 장점으로는 전문가에 의한 예약과 수배가 이루어져 안정성이 높다는 것과 여행준비 및 여행지에서도 시간 손실을 줄일 수 있다는 점이다. 또한 규모의 경제 측면에서 항공 · 숙박 · 입장료 · 식사 등의 할인율이 높다는 것이다. 보통 10~15인을 기준으로 단체요금을 적용하여 할인이나 무료[4] 혜택을 제공해 주기 때문이다. 단체여행은 GIT (Group Inclusive Tour, Group Tour)로 표현되고 있다.

4) 여행 기획자에 의한 분류

(1) 주최여행

주최여행은 여행사가 주체가 되어 상품기획을 하는 것을 말한다. 여행의 일정 · 비용 · 교통 · 숙박 등을 사전에 정해 두고 여행 참가자들을 On/Off-line상에서 모집하는 여행사 주관 단체여행을 말한다. 다른 표현으로는 여행사가 기획하는 '기획여행', '패키지 투어(package-tour)', 'ready made tour', 'published tour' 등으로 표현하고 있다.

(2) 주문여행

주문여행은 개인 또는 단체가 원하는 여행상품을 여행사가 기획해 주는 것을 말한다. 여행일정, 여행조건, 여행비용, 포함사항 · 불 포함사항들을 사전에 협의해 주문받은 상품을 하나하나 맞추어 만들어간다. 특별한 여행 일정을 넣을 수

4) FOC란 Free Of Charge의 줄임말로 요금을 지불하지 않는 '무료'를 의미하는 용어이다. 일반적으로는 항공업계에서 무료 항공권(FOC Ticket : 유류할증료 및 기타 세금은 내야 함)을 의미하지만 여행업계 전반적으로 FOC가 적용된다.

있는 장점이 있으며, 쇼핑이나 옵션을 자유롭게 조정할 수 있다. 단, 여행비용이 상승할 수 있다. 그래서 주문여행을 청부여행 또는 수배여행, order made tour, customer made tour이라고 부른다.

(3) 초대여행

초대여행은 여행관련 시설공급업자(항공사, 호텔, 테마파크), 여행도매업자, 세계 각국의 관광청(NGO) 등에서 판매촉진활동의 일환으로 여행종사자 및 중간상과 소매업자, 관련 협회, 미디어 등 자신의 시설이나 상품, 국가 및 도시를 홍보 및 판매로 연결시켜 줄 유력한 사람들을 초대하는 형태이며, 모든 비용은 초대한 측에서 부담한다.

5) 안내조건에 따른 분류

(1) IIT(Inclusive Independent Tour)

IIT는 여행 출발에서 여행 전체기간에 여행인솔자(TC : tour conductor)가 동행하지 않으며, 여행 목적지에 여행자 스스로가 도착 후 현지안내원(local guide)을 만나 안내원의 안내에 따라 일정을 진행하는 방식을 말한다. IIT의 형태를 갖춘 상품들은 피스톤형, 스푼형의 여행패턴을 가지고 있는 상품들이 대부분을 차지하며, 인솔자가 동행하지 않으므로 전체 여행비용을 낮추는 효과가 있다.

(2) ICT(Inclusive Conducted Tour)

ICT는 여행 출발에서부터 귀국하는 순간까지 여행인솔자가 동행하여 인솔 및 안내하는 형태로 안전핀형과 텀블링형의 여행형태를 갖춘 여행을 말하며, 인솔자가 동행하므로 전체 여행비용이 올라가지만 현지안내원만 있는 상품보다는 여행자 안전 및 만족도 면이 높아지는 효과가 있다.

6) 체재기간에 따른 분류

(1) 당일여행

여행자가 여행 거주지를 출발하여 여행 목적지에 도착한 후 24시간 이내 숙박을 하지 않고 거주지로 돌아오는 여행을 말한다. 일반적으로 짧은 국내여행이 당일여행의 형태에 속한다.

(2) 숙박여행

여행자가 최소 여행지에서 1박 이상을 숙박할 경우 숙박여행이라고 표현한다. 숙박여행에는 단기 숙박여행(국내: 1박2일/국외: 3박5일), 중기 숙박여행(국내: 4박5일/국외: 14박15일 미만), 장기 숙박여행(국내: 7일 이상/국외: 15일 이상)으로 나누어지며, 중기 및 장기로 갈수록 여행사의 의존도가 높게 나타난다.

7) 여행형태에 따른 분류

(1) 자유여행(Free or Backpack Travel)

일반적으로 자유여행을 배낭여행이라고 표기한다. 배낭여행은 여행자가 일상생활을 벗어나 전 세계의 수많은 인종과 사회 · 문화를 체험하고 느끼는 상품을 말한다. 배낭여행은 도전정신과 모험심이 강한 여행자들에 의해 개척되었으며, 지금은 SNS를 통해 많은 예비 배낭여행자들이 정보를 수집하여 도전하고 있다. 배낭여행은 꼭 배낭을 가지고 여행을 떠나지 않아도 된다. 여기에서 배낭은 상징성을 의미하기 때문이다. 그러나 오랜 여행기간과 높은 비용, 많은 활동이 동반되기 때문에 실제로 캐리어(carrier/trolley case)보다 배낭이 선호된다.

(2) 패키지여행(Package Tour)

패키지여행은 기획여행 또는 주최여행이라고 하며, 여행사가 상품의 기획의 주최로 자유여행에 비해 비교적 저렴한 가격으로 여행일정, 상품, 비용, 기간, 형태 등을 정해 놓고 여행자를 모집 · 판매하는 상품을 말한다.

출처: http://www.hanatour.com

[그림 1-6] 패키지 상품 사례

(3) 전세여행(Charter Tour)

전세여행은 일정기간 여행사에서 대규모 수요 창출을 위하여 항공기, 선박, 전세버스 등을 전체를 빌려서 제공하는 여행을 말하며, 여행사 자체적으로 전세여행을 기획하는 경우가 있으며, 여행자 측에서 여행의 편의를 위해 요청하는 경우가 있다. 일반적으로 전세항공기여행(charted flight tour)과 전세버스여행(charted bus tour), 전세크루즈여행(charted cruise tour)이 대부분을 차지한다.

(4) 크루즈여행(Cruise Tour)

크루즈여행은 선박을 이용한 관광목적 여행으로 숙박과 식사가 가능한 선박을 이용하여 선박 내의 다양한 엔터테인먼트를 즐기고, 모항을 출발해 항해 중 여러 국가나 도시에 방문하여 기항지 여행프로그램을 즐기는 여행을 말한다. 아직 우리나라는 국적크루즈가 없지만 크루즈 인구는 점점 늘어나는 추세이다.

(5) 포상여행(Incentive Tour)

포상여행은 일반 기업이나 각종 단체에서 실적 향상 또는 업무의 우수성을 인정받아 개인의 사기증진 및 각 부서, 팀별의 동기부여를 목적으로 사원복지차원의 일환으로 실시하는 보상여행을 뜻한다.

(6) 허니문여행(Honeymoon Tour)

허니문여행은 신혼여행으로 일생에 한 번뿐인 여행을 떠나기 위해 여행자는 항공, 호텔, 관광지 등에 대해 사전 조사를 많이 하고 여행사의 여행상품을 선택할 경우에도 신중을 기하는 편이다. 허니문여행은 일반 여행상품에 비해 비용지출이 많으며, 여행사 입장에서도 비수기 수익창출 면에서 효자 상품으로 작용한다.

(7) 리조트여행(Resort Tour)

리조트여행은 주로 해안 휴양지에 위치해 있는 경우가 많으며, 리조트 내에 있는 각종 부대시설을 활용, 휴식과 엔터테인먼트를 즐기는 여행을 말한다. 일반 패키지에서 판매되는 여행상품을 보면 관광 10~20%, 리조트 휴식 80~90%를 차지하는 특징을 가지고 있다. 대표적인 리조트 상품으로는 클럽메드(clubmed)와 PIC(pacific islands club), 빈펄리조트(vinpearl resort)가 있으며, 세계적인 호텔기업(Marriott, Hyatt, Hilton, IHG)에서도 전 세계 휴양지에 리조트를 보유하고 있다. 리조트 여행은 휴양 스타일에 따라 실버카드와 골드카드를 선택하여 리조트에서 휴식을 즐기면 된다.

(8) 성지순례여행(Holy land Tour)

성지순례여행이란 여행사에서 종교와 관련된 성지를 돌아보는 여행상품을 기획하여, 여행자에게 성지를 방문하는 일정에 맞춰 항공권 및 숙소, 관광지 등 전문가이드 인솔로 진행되는 상품이 주를 이루며, 우리나라에서는 주로 기독교 성지와 불교 성지를 방문하는 상품이 대다수이다.

(9) 임의여행(Optional Tour)

임의여행은 선택여행이라고도 하며, 여행상품 전체 일정 중 여유시간에 행해지는 것으로 추가비용을 지불하여 특별한 관광지, 특식, 미용, 마사지, 골프 등을 추가하여 진행되는 여행을 말한다. 보통 '옵션투어'라고 한다.

CHAPTER

2

여행업의 개요

1. 여행업 개념
2. 여행업 특성
3. 여행업 역할과 기능
4. 여행업 분류
5. 여행업 발전과정
6. 여행사의 발전요인

CHAPTER

2 여행업의 개요

1. 여행업 개념

우리나라 최초의 관광관련 법규인 「관광사업진흥법」에서는 '여행사'의 법률적 정의를 "관광객의 여행알선과 숙박시설 기타 여행시설의 이용에 관하여 알선하는 업"이라 규정했으며, 이후 몇 차례 법규가 개정되면서 현재 관광진흥법 제3조 1항 1호에는 "여행자 또는 운송시설, 숙박시설, 기타 여행에 부수되는 시설의 경영자 등을 위하여 당해 시설이용의 알선이나 계약체결의 대리, 여행에 관한 안내, 기타 여행의 편의를 제공하는 업"으로 정의하고 있다.

초기의 여행업의 정의를 살펴보면 단순히 소비자와 공급자 사이에 단순히 항공 · 숙박 · 관광 매력물 등을 알선해 주는 매개적 기능만을 담당하는 업체로 인식하여 규정하였지만, 현대사회에서는 단순히 매개 역할을 통한 알선수수료의 수익으로 운영되는 단계를 벗어나 여행상품을 기획 · 개발하여 마케팅활동을 통한 소비자의 상담 · 판매뿐만 아니라 여행자에게 안내의 편의를 제공하며, 영리를 추구하는 기업으로 확대해 정의되었다는 것을 알 수 있다.

미주여행자협회(ASTA: American Society of Travel Agents)에서는 '여행관련업자를

대신하여 제3자와 계약을 체결하고 또 이것을 변경 내지 취소할 수 있는 권한이 부여된 자'라고 정의하였으며, 알렌 비버(Allan Beaver)는 『A Dictionary Of Travel And Tourism』이라는 저서에서 '여행자에게 바우처(voucher: 이용권)를 판매하여 주고 수수료를 받는 업체'로 규정하였다. 또한 지(Gee)는 '여행자를 위하여 일정을 작성하고 교통·숙박시설·레스토랑을 비롯하여 각종 입장권·관람권 등을 수배하여 여행자의 흥미를 끌 수 있는 여행을 스스로 기획·발표하고 단체관람을 모집, 실시하여 주최하는 자'로 정의하였다. 이에 해리스(Harris)는 '미리 짜여진 패키지 투어를 판매하는 것 외에 개인 여행일정표를 만들고 호텔, 모텔, 리조트, 식사, 관광 그리고 공항 호텔 간 화물과 승객의 수송 등을 수배하여 정보를 여행자에게 제공하고 이에 대한 서비스의 대가로 수수료를 받는 사업자'라고 정의하였다. 일본의 오카니와(Okaniwa)는 '여행업을 여행준비 부문과 여행 실시 부분으로 구성된 업체로 파악했으며, 전자는 여행에 관한 질의응답과 설명서나 안내서의 교부, 국외여행에 관한 여행수속대리 등을 취급하는 업'이라고 말했으며, 후자에는 '교통관련 각종 티켓 판매, 호텔알선, 여행자보험 및 수하물 보험의 취급, 수화물의 보관 및 배달, 환전, 여행자 수표 발행 등의 업무를 통해 수수료를 제공받고 경영되는 사업'이라고 정의하였다.

이상의 정의들을 종합해 보면, 여행업은 '여행자와 여행관련 시설업자 사이에서 중개 및 알선의 기능을 가지고 있으며, 예약·수배·알선 등을 제공하고 공급업자 및 시설업자로부터 일정액의 수수료를 받아 사업을 영위하는 업체'라고 규정지을 수 있다. 그렇지만 새로운 여행업의 역할을 고려하였을 때에는 기획·개발·유통·판매업체로서의 기능도 포함되어야 할 것이다.

따라서 본서에서는 여행업을 '여행자와 여행관련시설업과 기타 사업체를 연결하여 중개 알선업무와 예약·수배업무를 진행하고 여행자를 위해 여행에 관련된 각종 정보 및 편의를 제공하며, 여행상품을 기획·판매하여 이익을 추구하는 업체'라고 정의하였다.

2. 여행업 특성

1) 입지적 특성

일반 서비스업이 그렇듯이 여행사 또한 유동인구가 많고 눈에 잘 띄는 곳에 위치해야 한다. 이를 접근성이라 하며, 고객이 여행사에 방문해 상담 및 구매로 연결될 때 어느 도시에 있는지, 어떤 규모의 사업장인지, 여행사의 내부 인테리어 등이 여행 계약에 중요한 역할을 한다. 즉, 여행사의 입지적 특성이 여행사 신뢰도에 영향을 미친다고 할 수 있다. 하지만 최근 다양한 광고매체를 활용한 온라인(TV 홈쇼핑, SNS, 여행사사이트, 애플리케이션 등) 여행상품 구매가 일반화되고 있다. 이로 인해 과거에는 상담이나 계약을 하기 위해 여행사를 방문하는 고객이 많았으나, 지금은 온라인 사이트를 활용하여 여행상품을 비교하여 상품을 구매하고 있는 추세이다. 때문에 대형여행사부터 중·소형 여행사까지 여행사의 위치는 필수가 아닌 선택사항으로 자리잡고 있다.

2) 높은 인적자원 의존도

여행사는 일반 재화를 생산하는 산업에 비해 인적의존도가 높은 편이다. 여행상품은 기획·개발 단계에서부터, 고객에 대한 개별 상담과 판매, 인솔과 안내, 나아가 사후관리에 이르기까지 전 과정이 사람에 의해서 이루어진다. 이러한 인적서비스의 비중이 높기 때문에 여행 종사자의 인적교육과 자질이 고객만족과 연결되어 기업의 이윤창출과 연결된다.

특히 최근에는 정보의 다양성으로 인해 여행 형태가 매우 다양화되어 여행관련 업무경험이 많은 유능한 전문 인력의 확보가 매우 중요하며 그에 맞는 대우가 필요하다.

3) 계절적 영향 특성

여행업은 계절적 수요 탄력성이 큰 산업이다. 여행업은 성수기와 비수기에 따라 수요의 변동이 크며, 서비스업의 고유 특성인 생산과 소비가 동시에 일어나는 업이다. 그렇기 때문에 성수기에는 수요가 공급을 초과하여 여행상품 가격의 상승은 물론 교통(항공 · 선박 · 철도 · 전세버스 등) 및 호텔객실 확보가 어렵고, 반면 비수기에는 공급이 수요를 초과하여 여행비용이 너무 낮은 가격대에 형성이 되는데도 여행상품 판매 실적은 저조하다. 우리나라의 경우 해외여행은 일반적으로 방학과 휴가로 인해 여름과 겨울이 성수기이며, 국내여행은 봄(꽃놀이)과 가을(단풍구경)이 성수기이다. 그리고 주5일 근무로 인한 주말과 연휴 등에 여행 수요가 많아진다.

4) 신용의 중요성

유 · 무형의 상품을 판매하는 모든 기업은 신용을 중요하게 생각하는 것은 당연하다. 하지만 무형의 서비스상품을 판매하는 여행업은 그 비중이 더 높게 나타난다. 여행상품은 고객이 구매하기 전에 눈으로 확인하지 못한 상태에서 비용을 지불해야 하며, 여행시설업자 또한 여행사에 대한 신용을 바탕으로 시설을 제공해 준다. 이에 여행사는 신용을 높이기 위해 여행상품을 구매하는 고객에게 약속한 조건을 충실이 이행하고 서비스품질을 높일 수 있도록 노력하여야 하며, 기업이미지와 브랜드의 가치를 높일 수 있도록 힘써야 할 것이다.

5) 다품종 대량 생산

여행상품은 무형의 상품이므로 시간과 공간을 가상의 상품으로 묶어 생산해 낼 수 있다. 즉 어떠한 소재를 어떻게 결합했느냐가 상품의 다양성을 나타낼 수 있으며, 여행 종사자의 창의성에 의해 소재 고갈 없이 무수한 여러 품종을 찍어 낼 수 있다. 즉, 여행업에서 다품종 대량 생산을 활성화하기 위해서는 여행업 종사자 구성원 개개인의 자질과 기획력이 우선시되어야 우수하고 차별화된 상품을 생산할 수 있다.

6) 모방의 용이성

무형의 여행상품에는 특허권이 없다. A라는 회사의 상품이 우수하다고 판단되면 B회사, C회사, D회사에서 그대로 가져다 사용해도 무방하다. 요즘은 TV프로그램(드라마, 예능, 쇼프로 등)에서 소개되는 여행 코스가 그대로 벤치마킹(Benchmarking)되어서 여행상품화되는 사례도 많다. 즉, 경쟁 업체의 상품의 장 · 단점을 면밀히 분석하여 여행상품을 모방하는 것에만 급급하는 것이 아니라 벤치마킹하여 특별한 상품을 만들어야 시장에서 살아남을 것이다.

7) 시간 산업적 특성

여행상품은 생산과 소비가 동시에 이루어지므로 저장이 곤란하다. 항공기 좌석 · 호텔의 객실 또한 저장이 불가능하므로 그 시간 안에 상품을 판매하거나, 이용하게 하지 않으면 바로 소멸하여 여행사는 경영의 탄력성이 적어지게 된다.

8) 경제 지향적 사업 특성

여행산업은 타 산업에 비해 진입 장벽이 낮은 편이어서 여행업 등록요건만 갖추면 사업자 승인 후 바로 관광사업등록을 할 수 있다. 우리나라는 1982년 이후 여행업 등록이 허가제[1]에서 등록제[2]로 변경되면서 여행사의 신규 진입 장벽이 낮아졌으며, 여행사 간의 과당 경쟁이 이뤄지고 있다. 예를 들면 TV홈쇼핑에 나오는 여행상품은 박리다매(薄利多賣)[3]의 성격으로 진행되고 있지만, 여행사간의 과당경쟁으로 인해 제살 깎아먹기 식 출혈 경쟁이 이루어지고 있다.

9) 공익적 특성

여행업의 종사자와 여행자는 '민간외교관'으로서의 역할을 수행한다. 우리나라 사람이 타국이나 타 지역을 여행할 때 하는 행동 하나하나가 우리나라의 대표성을 띄고 있기 때문이다. 이러한 이미지가 국가이미지 형성에 영향을 미치는 것은 물론 수입 · 수출 의존도가 높은 대한민국에 영향을 미치기 때문이다.

1) 허가제란 행정 관청의 허가를 받은 뒤에 영업이나 상업행위를 할 수 있도록 하는 제도이다.
2) 등록제란 일정한 자격 조건을 갖추기 위하여 문서를 올리도록 하는 제도이다.
3) 이익을 적게 보면서 많이 판매하려는 전략

10) 환경의 영향성

여행업은 국내의 내부환경은 물론 국외의 외부환경에도 많은 영향을 받는다. 외국의 정치 · 경제 · 사회 · 문화에 직 · 간접적으로 노출되어 영향을 받게 된다. 최근 몇 년 사이 전쟁과 테러, 질병, 천재지변 등으로 국내의 여행업계에 피해를 가져다줬으며, 특히 전쟁 · 테러 · 천재지변은 해당 국가와 주변 국가에 영향을 미치는 반면, 세계적인 전연병인 신종플루, 사스, 메르스, 신종코로나 등은 전 세계 여행자의 발목을 묶어두는 요인이기 때문에 여행업을 운영하는 기업은 큰 피해를 받는다.

3. 여행업 역할과 기능

1) 여행업의 역할

여행자가 여행사를 이용하는 이유는 여러 가지 편익을 여행사에서 여행자에게 제공을 하기 때문이다. 이러한 편익에 대해 살펴보면 다음과 같다.

(1) 염가성

여행사에서 기획한 패키지 여행상품은 여행자 개인이 직접 구매하는 항공권과 호텔객실, 관광지 입장료 등을 보았을 때 여행사를 통한 예약이 비용절감 측면에서 이점이 있다. 이는 여행사와 제휴업체와의 관계와 규모의 경제 측면에서 개인 구매보다 여행사를 통한 구매가 염가성이 확실히 보장된다.

(2) 정보판단력

인터넷은 정보의 바다이며, 너무 많은 정보가 무분별하게 공유되고 있어 이를 정확히 분별할 수 있는 판단력이 요구되고 있다. 여행사는 홍수처럼 쏟아지는 다양한 정보 속에서 여행자에게 가장 유용하고 적합한 정보를 선택 · 제공해줘야 한다. 일반적인 여행자들은 정보를 수집하는 능력은 뛰어날지 모르지만 해당 정보가 과장된 것인지, 잘못된 것인지에 대한 판단이 부족하다. 이에 여행사는 정확한 정보를 해당 여행자에게 제공해 주어야 한다.

(3) 안전성

개인 여행자들은 처음 가보는 국가 및 도시에 대한 두려움이 있을 수 있다. 요즘 호텔객실 예약 애플리케이션이 많이 개발되어 여행자들이 많이 이용하고 있지만, 안전성 부분에는 불안감이 있다. 이에 여행업자는 해당 여행상품에 대한 사전정보를 확인하고, 상품담당자는 사전답사를 다녀와 해상 상품에 대한 설명과 불안감을 떨칠 수 있도록 자세히 안내해야 한다.

(4) 시간절감

여행자 스스로 여행일정을 기획하고 예약하는 과정에서 정확한 정보판단력을 필요로 한다. 이는 여행자의 노하우에 따라 시간적 소모량이 다르다. 때문에 여행사를 통한 안정된 시스템 안에서 예약과 정보수집이 이루어진다면 시간이 절약된다. 또한 여행 중 문제가 발생한 경우 개인이 대처하기 힘든 문제도 여행사를 통하면 신속하게 해결할 수 있어 편리성과 시간절감 효과를 볼 수 있다.

2) 여행업의 기능

(1) 대리기능

항공사 · 철도 · 전세버스 등 교통관련 회사와 리조트 · 호텔 등의 숙박기관 및 기타 여행관련 업자를 대리하고 여행자를 대신하여 여행 시설업자 및 관련업자의 상품의 예약을 대행해주는 기능이다.

(2) 수속대행기능

여행에 필요한 각종 서류, 비자, ESTA(Electronic System for Travel Authorization) 등에 대한 정보제공 및 수속대행 기능을 말한다.

(3) 상담기능

여행자가 여행사에 방문하여 상담을 요청할 경우 여행자는 여행 형태에 따른 여행코스, 여행비용, 여행목적지에서의 활동 등 모든 상담이 가능하다. 여행사의 상담기능은 가장 기본적이고 중요한 여행사의 본래 기능이자 여행사 이미지와 전문성을 나타내는 데 큰 영향을 미치는 기능이다.

(4) 예약수배기능

여행상품과 관련된 여행목적지의 교통 · 숙박 · 관광지 · 식사 · 가이드 등 여행에 필요한 모든 제반 요소들을 예약 · 수배하는 기능이다.

(5) 판매기능

여행상품 판매는 카운터판매 · 방문판매 · 온라인판매 등이 있으며, 여행상품의 완성도와 판매자의 상담 능력에 따라 판매량에 영향을 미친다.

(6) 발권기능

항공권 · 철도승차권 · 선박권 · 호텔숙박권 및 각종 티켓을 발권하는 기능을 말하며, 일반적으로 판매업무를 위탁받아 티켓을 발권한다.

(7) 여행안내기능

여행상품의 일정대로 행사를 진행하고 여행자의 편의를 제공하기 위해 국내에서부터 국외여행인솔자가 동반하여 안내하는 기능과 여행 목적지에 현지 가이드가 현지 공항부터 마중 나와 여행 종료 후 귀국수속까지 안내해 주는 기능이다.

(8) 정산기능

여행상품 원가계산서를 토대로 전체여행상품에 소요된 총지출경비와 지불받은 여행경비 및 쇼핑 · 옵션으로 발생된 수익금 등의 비용과 수익을 근거로 서류를 첨부하여 회계상으로 결산하는 기능을 말한다. 일반적으로 행사가 종료된 시점에 행사보고서를 작성하여 결산 처리한다.

4. 여행업 분류

1) 관광진흥법에 따른 분류

1961년 관광사업진흥법이 제정되어 여행업은 등록제로 일반여행알선업과 국내여행알선업 두 가지로 분류되었고, 1971년 관광사업진흥법이 개정되어 등록제에서 허가제로 전환되어 국제여행알선업과 국내여행알선업으로 명칭이 변경되었다. 1982년 여행업은 다시 등록제로 바뀌고 여행업의 분류는 국제여행알선업과 여행대리점업, 국내여행알선업으로 구분하고, 1986년 관광진흥법이 제정되어 시행령 제 2조 1항의 규정에 의거 일반여행업, 국외여행업, 국내여행업으로 분류하였다. 또한 2015년 관광진흥법 제5조 시행령 일부를 개정하여 관광사업 여행업 자본금 제한사항을 완화하여 여행업의 진입장벽을 낮추었다.

〈표 2-1〉 관광진흥법에 따른 여행업의 분류

여행업 구분	취급가능 업무	법적 자본금/사무실
일반여행업	• 내국인 대상의 국내여행(domestic tour) • 내국인 대상의 국외여행(outbound tour) • 외국인 대상의 국내여행(inbound tour)	1억원 이상 소유권 및 사용권 있을 것
국외여행업	• 내국인 대상의 국외여행(outbound tour)	3천만원 이상 소유권 및 사용권 있을 것
국내여행업	• 내국인 대상의 국내여행(domestic tour)	1천500만원 이상 소유권 및 사용권 있을 것

여행사를 창업을 위해서는 〈표 2-1〉에 구분된 일반여행업, 국외여행업, 국내여행업의 관광사업자등록증을 해당 관청에서 발급받아야 한다. 모든 여행업을 취급하기 위해서는 일반여행업의 관광사업자등록증을 발급받아야 하며, 내국인의 국외여행은 국외여행업, 내국인의 국내여행은 국내여행업에 등록하여야 한다. 또한 국내여행업과 국외여행업 두 가지를 동시에 신청할 수 있다.

〈표 2-2〉 관광진흥법에 따른 여행업 정의

관광진흥법에 따른 여행업 정의	
일반여행업	국내외를 여행하는 내국인 및 외국인을 대상으로 하는 여행업[사증(査證)을 받는 절차를 대행하는 행위를 포함한다]
국외여행업	국외를 여행하는 내국인을 대상으로 하는 여행업(사증을 받는 절차를 대행하는 행위를 포함한다)
국내여행업	국내를 여행하는 내국인을 대상으로 하는 여행업

2) 유통형태에 따른 분류

여행상품의 유통경로와 영업방식을 기준으로 분류되었으며, 여행사의 상품기획 · 개발, 유통 · 판매과정에 따라 분류하였다.

(1) 종합여행사

종합여행사란 일반여행업에 등록된 여행사를 뜻하며, 국내 · 국외 여행상품을 취급하며, 유통 구조는 도매(wholesale)와 소매(retailer), 직접판매(direct seller)를 하는 곳이 많다. 예를 들면, 하나투어, 모두투어, 롯데관광, 롯데JTB, 레드캡투어, 한진관광, KRT, 자유투어, 여행박사, 노랑풍선, 참좋은여행, 투어2000, 인터파크투어, 온라인투어, 온누리여행 등이다.

(2) 도매여행사

도매여행사의 유통방식은 개개인의 고객에게 영업하는 방식이 아닌 소매여행사를 상대로 영업하는 방식을 말한다. 우리나라에서는 하나투어와 모두투어가 대표적인 도매여행사이다.

(3) 소매여행사

소매여행사란 다른 여행사에서 기획 · 개발된 여행상품을 판매하고 일정부분의 수수료(commission)를 받는 여행사를 말한다. 대부분 규모가 작은 여행사들은 종합여행사 및 도매여행사의 상품을 받아 운영하고 있다.

(4) 전문판매여행사

전문판매여행사란 대형(하나투어, 모두투어, 롯데관광, 한진관광 등) 여행사들의 간판을 달고 영업을 하거나 홈페이지에 해당 여행사들의 상품을 판매하는 방식으로 여행사를 운영하는 개인여행 사업자를 말한다. 전문판매여행사는 매출에 따라 등급이 결정되며, 실적과 상품에 따라 수수료 정산율이 다르며, 추가 commission이 지급되는 경우도 있다.

(5) 랜드사

랜드사는 랜드 오퍼레이터(Land Operator), 여행수배업체(Tour Operator)라고 부르며, 내국인의 해외여행을 위하여 일반여행업과 국외여행업을 운영하는 업체가 현지여행사(Local Agency)와의 중간에서 매개역할을 하는 지상수배 전문 업체를 말한다. 즉, 계약에 의해 국내의 여행사가 여행상품을 기획할 때 지상수배(호텔, 교통수단, 식당, 쇼핑, 가이드 등)를 전담해 주는 현지여행사를 말하며, 수배 의뢰에 따라 공급업체에 대한 수배와 알선을 하는 중개 기능을 수행하며, 일반 여행자(고객)와는 직접적인 거래는 하지 않는 것을 원칙으로 한다.

(6) 기타 분류

① 상용여행사

여행사와 기업이 계약을 체결하여 운영하는 형태를 말하며, 기업의 비즈니스 관련 출장부터 기업의 종사자, 기업의 고객까지도 포괄해서 여행서비스를 제공한다.

② 부설여행사

여행수요가 많은 기업에서 자체건물 내에 여행 및 항공권을 전담하는 여행사를 만들어 운영하는 방식이다. 대표적으로 교원여행이 있으며, 근래 웨딩홀에서 자체 여행사를 운영 또는 임대계약을 체결하여 운영하고 있다.

③ 전문상품 판매여행사

특정상품만 전문적으로 취급하는 여행사를 뜻하며, 항공권 중심, 허니문 중심,

배낭여행 중심, 골프 중심, 호텔 GSA, 크루즈 GSA 등이 이에 해당한다.

5. 여행업 발전과정

1) 외국 여행업의 시작

학자들마다 여행업의 시작에 대한 차이가 있다. 중세 마르세유 지방 기업가들의 성지순례를 위한 알선업무를 시초라고 독일의 경제학자 그뤽스만(Glucksmann)이 주장하였고, 다른 학자는 14~15세기경 베니스의 종교단체가 순례자들을 선박으로 수송한 것이 여행알선업의 시초라고 주장하였으며, 17세기 역마차 사업 출현과 19세기 중엽 로버트 스마트(Rober Smart Co.)사가 기선(汽船) 등장으로 예약대리점 업무가 출현하게 되었는데 이를 최초라고 주장하는 학자도 있다.

여행사 중 가장 오래된 여행사는 Cox & Kings Ltd.로 260년 동안 단 한 번의 공백기 없이 운영해 온 역사를 자랑하며, 22개국에서 운영되는 가장 오래된 여행 전문업체이다. Cox & Kings Ltd.(C&K)는 4개 대륙 22개국에서 활동하고 있으며, 여행플랫폼 개발 및 제공, 목적지 여행서비스 제공, 아웃바운드 여행, 비즈니스여행, 국내여행, 국제회의 등 다양한 분야의 여행상품을 판매하고 있다.

Sir Richard Cox

Cox & Kings

출처: https://www.coxandkings.com

1758년 리차드 콕스는 보원부대원으로 임명되었으며, 군부대를 상대로 군용물품을 조달하면서 군 장교들의 특별한 요구사항을 들어주다 사업이 번창하면서 여행업무를 시작하게 되었다. 오늘날의 개념으로 보았을 때 하청 자회사(In House Agency)라고 할 수 있다. 또한 1947년 영국이 인도에서 철수하면서 본사는 인도에 두고 여행업을 이어 나갔다. 오늘날 콕스 앤 킹스는 인도대륙에서 모든 여행관련 서비스를 제공하고 있으며, 5,000명 이상의 여행전문가가 근무하고 있다. 인도 사업장은 뭄바이에 본사를 두고 있으며 유한회사로 운영하고 있다. 인도에는 뉴델리, 첸나이, 방갈로르, 콜카타, 아메다바드, 고치, 하이데라바드, 푸네, 고아, 나그푸르, 자이푸르와 같은 주요 도시에 걸쳐 12개 이상의 사무소가 있으며, 세계적으로는 영국, 미국, 일본, 러시아, 싱가포르, 두바이에 같은 이름을 걸고 운영 중이다. 또한 독일, 이탈리아, 스페인, 남아프리카, 스웨덴, 호주에 지사를 두고 있다.

2) 영국의 여행업

업계 및 학계에서 근대여행의 아버지가 누구인가? 라는 질문을 받는다면 당연 '토마스 쿡'이라는 이름이 떠오를 것이다. 영국 레이체스터(Leicester) 출신의 토마스 쿡(Thomas Cook, 1802~1892)의 직업은 목사였으며, 금주운동가였다. 토마스 쿡은 금주회원 570명과 금주운동에 참여하기 위해 1841년 레이터스에서 이웃 도시인 러프버러(Loughborough)까지 19Km 구간의 기차 여행을 기획(인솔업무와 단체할인 운임 적용)하면서 본격적으로 여행사업을 시작하였다. 1845년 여행사의 이름은 창업자인 토마스 쿡과 그의 아들 존 메이슨 쿡(John Mason Cook)의 이름을 따서 'Thomas Cook & Son, Ltd.'이었다.

토마스 쿡이 근대여행의 아버지라고 불리는 이유를 살펴보면 아래 〈표 2-3〉과 같다.

출처: https://www.thomascook.com

〈표 2-3〉 토마스쿡의 대표 업적

연도	내용
1845년	• 레이체스터(Leicester)에서 리버풀(Liverpool)까지 관광목적으로 최초의 패기지 투어를 진행 • tourist handbook을 제작하여 여행자에게 제공 • 철도회사로부터 1인당 5%의 수수료를 지급 받음
1851년	• 미들랜드 철도회사와 제휴, 런던 박람회 참가자 165,000명 송객
1855년	• 파리 산업박람회 참가자 모집, 최초의 국제여행 기획 상품 판매
1956년	• 그랜드투어 기획 및 운영
1862년	• 교통과 호텔을 결합한 단체여행상품 기획
1967년	• 호텔 투숙료 대신 호텔 쿠폰방식 사용과 순회어음(circular note) 사용
1869년	• 이집트와 팔레스타인 2개국 결합상품 기획
1872년	• 기선(汽船)을 이용한 222일 세계일주관광 시작

이에 사람들은 토마스 쿡의 성공비결을 '토마스 쿡의 법칙'이라고 말하며, 크게 다섯 가지로 요약할 수 있다. 첫째, 저가격정책에 의한 여행수요 확대, 둘째, 탄력적인 가격정책으로 관광대중화 기여, 셋째, 표준화된 단체여행상품 개발, 넷째, 여행안내원제도 도입, 다섯째, 여행후불제 정착으로 18C 여행시장의 기틀을 마련했다. 그리고 2006년 영국의 마이 트래블 그룹(My travel group plc)과 합병하면서 회사의 이름은 '토마스 쿡 그룹(Thomas Cook Group)'이 되었으며, 영국 내 600개 지점 및 독일, 프랑스, 네덜란드, 중국 등 16개국 지점, 유럽과 아프리카 7개 체인호텔 보유, 리조트(200여 개), 항공사(107기), 유람선 등을 운영했다.

■ 2019년 9월 23일 178년의 토마스 쿡 파산

① 변화하는 소비자의 트렌드를 파악하지 못하고, OTA(online travel agency)시장 선점 못함(600개가 넘는 지점에 전화를 통해 예약 받음)
② 패키지상품에만 주력(FIT 시장 간과 및 호텔 · 리조트 검색 제공 안 함)
③ 2003년 Thomas Cook Airlines 운영으로 경영 악화
④ 브렉시트(Brexit), 영국의 유럽연합(EU) 탈퇴로 인한 파운드 가치 하락, 여행자 감소 원인
⑤ 외부요인 : 항공유(이란과 사우디 갈등 고조로 유가상승) 및 숙박비 인상

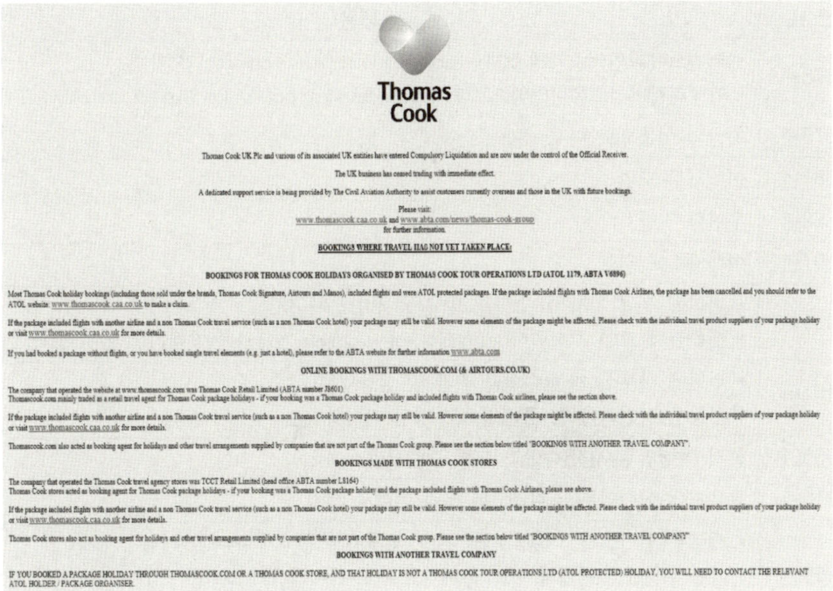

Thomas Cook

Thomas Cook UK Plc and various of its associated UK entities have entered Compulsory Liquidation and are now under the control of the Official Receiver.

The UK business has ceased trading with immediate effect.

A dedicated support service is being provided by The Civil Aviation Authority to assist customers currently overseas and those in the UK with future bookings.

Please visit:
www.thomascook.caa.co.uk and www.abta.com/news/thomas-cook-group
for further information.

BOOKINGS WHERE TRAVEL HAS NOT YET TAKEN PLACE:

BOOKINGS FOR THOMAS COOK HOLIDAYS ORGANISED BY THOMAS COOK TOUR OPERATIONS LTD (ATOL 1179, ABTA V6896)

Most Thomas Cook holiday bookings (including those sold under the brands, Thomas Cook Signature, Airtours and Manos), included flights and were ATOL protected packages. If the package included flights with Thomas Cook Airlines, the package has been cancelled and you should refer to the ATOL website: www.thomascook.caa.co.uk to make a claim.

If the package included flights with another airline and a non Thomas Cook travel service (such as a non Thomas Cook hotel) your package may still be valid. However some elements of the package might be affected. Please check with the individual travel product suppliers of your package holiday or visit www.thomascook.caa.co.uk for more details.

If you had booked a package without flights, or you have booked single travel elements (e.g. just a hotel), please refer to the ABTA website for further information www.abta.com

ONLINE BOOKINGS WITH THOMASCOOK.COM (& AIRTOURS.CO.UK)

The company that operated the website at www.thomascook.com was Thomas Cook Retail Limited (ABTA number J8601)
Thomascook.com mainly traded as a retail travel agent for Thomas Cook package holidays - if your booking was a Thomas Cook package holiday and included flights with Thomas Cook airlines, please see the section above.

If the package included flights with another airline and a non Thomas Cook travel service (such as a non Thomas Cook hotel) your package may still be valid. However some elements of the package might be affected. Please check with the individual travel product suppliers of your package holiday or visit www.thomascook.caa.co.uk for more details.

Thomascook.com also acted as booking agent for holidays and other travel arrangements supplied by companies that are not part of the Thomas Cook group. Please see the section below titled "BOOKINGS WITH ANOTHER TRAVEL COMPANY".

BOOKINGS MADE WITH THOMAS COOK STORES

The company that operated the Thomas Cook travel agency stores was TCCT Retail Limited (head office ABTA number L8164)
Thomas Cook stores acted as booking agent for Thomas Cook package holidays - if your booking was a Thomas Cook package holiday and the package included flights with Thomas Cook Airlines, please see above.

If the package included flights with another airline and a non Thomas Cook travel service (such as a non Thomas Cook hotel) your package may still be valid. However some elements of the package might be affected. Please check with the individual travel product suppliers of your package holiday or visit www.thomascook.caa.co.uk for more details.

Thomas Cook stores also act as booking agent for holidays and other travel arrangements supplied by companies that are not part of the Thomas Cook group. Please see the section below titled "BOOKINGS WITH ANOTHER TRAVEL COMPANY"

BOOKINGS WITH ANOTHER TRAVEL COMPANY

IF YOU BOOKED A PACKAGE HOLIDAY THROUGH THOMASCOOK.COM OR A THOMAS COOK STORE, AND THAT HOLIDAY IS NOT A THOMAS COOK TOUR OPERATIONS LTD (ATOL PROTECTED) HOLIDAY, YOU WILL NEED TO CONTACT THE RELEVANT ATOL HOLDER / PACKAGE ORGANISER.

출처: https://www.thomascook.com

[그림 2-1] 토마스 쿡 부도 안내 및 환불 사이트 안내

- 보리스 존슨 영국 총리는 토마스 쿡 파산 확정 후 '정부가 토마스 쿡을 구제하지 않은 것은 옳은 일'이었다고 발표하고 '긴급구제가 도덕적 해이(moral hazard)를 유발할 것'이라고 말하였다.
- 2019년 11월 1일 중국의 투자회사 푸싱그룹에서 토마스 쿡을 1,100만 파운드(약 170억)에 인수하기로 하였다. 푸싱그룹은 세계적인 리조트 체인 클럽메드(clubmed)를 소유하고 있으며, 폴리폴리(그리스 보석 브랜드)와 태양의 서커스에도 투자하고 있다.

3) 미국의 여행업

미국 여행업은 1950년 헨리 웰스(Henry Wells)와 윌리엄 G. 파고(William G. Fargo)에 의해 아메리칸 익스프레스사(American Express Company)로 시작하였다. 뉴욕시와 버펄로 중서부 여러 도시 간 귀중품과 금괴를 운송하다가 점차 화물운송과 우편업무를 취급하였다.

〈표 2-4〉 아메리칸 익스프레스사 대표 업적

연 도	내용
1868년	• 머천트유니언익스프레스(Merchants Union Express Company)와 합병 • 아메리칸머천츠유니언익스프레스(American Merchants Union Express Company)로 개명
1873년	지금의 이름으로 다시 개명
1881년	여행업무 도입
1882년	우편환 창안
1891년	여행자수표 취급
1895년	• 파리에 유럽 지사 설립(여행 및 금융서비스 제공) • 애틀란틱 로열 기선회사(Arlantic Royal Steamship co.)의 예약대리점 업무 실시
1896년	• 런던에 사무실 개설(수화물 취급 및 금융업무) • 부동산 사업과 보험 중개업으로 경영 다각화
1905년	본격 여행업무 시작(숙박과 교통 수배서비스 제공)
1915년	뉴욕시에 여행업무만 취급하는 독립 여행사 설립
1965년	• 새로운 법인설립, 여행, 보험, 은행, 투자자문 등 4개 분야로 나눔 • 여행 부문에는 여행자 수표, 크레디트 카드(아메리칸익스프레스 카드 및 옵티마 카드), 여행사, 패키지여행, 모텔 및 렌터카 예약 대행 등을 운용

아메리칸 익스프레스사(American Express Company)의 본사는 미국 뉴욕에 위치해 있으며, 미국 본토는 물론 중남미와 유럽 등 세계 140여 개국 3,000여 곳에서 글로벌 여행서비스 네트워크인 'AMEX TSNI(American Express Travel Service Network International)'를 통해 여행서비스(항공, 호텔, 렌터카, 크루즈 등)를 제공하고 있다. 또한 표준화된 여행프로세스, 해외여행 매너, 여행업에 특화된 전산시스템을 체험하는 '트래블 유니버시티(travel university)' 온라인 교육을 통해 영업노하우도 전수해 주고 있다.

4) 일본의 여행업

일본의 여행업은 1872년 철도교통의 일반화에 의해 시작되었다고 볼 수 있으며, 일본교통공사(JTB : Japan Tourist Bureau)의 전신인 귀빈회(Welcome Society)가 1893년 설립, 자국민의 여행 업무를 시작하였으며, 1905년 일본 2대 여행사인 일본여행(日本旅行)이 창업하여 최초의 여행사가 되었다. 그 후 요코하마의 뉴그랜드호텔(New Grand Hotel) 내에 1907년 영국의 토마스 쿡 여행사가 지점을 개설하였으며, 1912년 일본교통공사가 외래객 유치를 목적으로 설립되어 종업원 1,300여 명에 달하는 일본 제일의 여행사로 성장하였다. 1952년 관광알선법이 제정되었고, 1965년 일본은 국민의 해외여행자유화를 실시하여 127,000명이 해외로 송출되었다. 이때 스위스항공이 일본에서 최초로 패키지투어를 발표하였고, 1965년에 일본항공에서 만든 JALPAK이라는 패키지 상품이 처음 등장하였다. 이후 1996년 신여행업법이 시행되었으며, 자세한 내용은 아래 〈표 2-5〉와 같다.

〈표 2-5〉 신여행업법에 의한 분류

종류	업무
1종 여행업	• 국내여행 · 해외여행의 기획 및 판매 가능, 다른 여행업자의 주최여행(국내 · 국외)을 대신 판매할 수 있다.
2종 여해업	• 국내여행의 기획 및 판매 가능, 해외여행은 판매만 가능하고 다른 여행업자의 주최여행(국내 · 국외)을 대신 판매할 수 있다.
3종 여행업	• 국내여행 · 해외여행의 판매 가능, 다른 여행업자의 주최여행(국내 · 국외)을 대신 판매할 수 있다.
여행대리업	• 소속여행업자(1종과 2종)의 주최여행을 판매, 소속 여행업자를 대리하여 수배여행을 취급할 수 있다. 또한 소속여행업자가 수탁계약을 하고 있으면 그 범위 내에서 다른 여행업자의 주최여행을 대신 판매할 수 있다.

일본의 여행업은 대형여행사들이 소형여행사를 귀속시키며 양극화가 점차 심해지는 양상을 보인다. 또한 상위 5개의 여행사가 전체 80%의 송객률을 점유하고 있다. 또한 일본 최대 여행사인 JTB는 우리나라에 롯데JTB로 들어와 종합여행사로서 위치를 잡아가고 있다.

5) 국내의 여행업

우리나라 최초의 여행업이 도입된 것은 1912년 12월 일본교통공사(JTB: Japan Tourist Bureau)가 조선 지부를 경성(서울)에 설치하면서부터이다. 조선 지부는 조선총독부 철도국내에 사무소를 설치하고 평양, 부산, 군산, 전주, 해주, 여수로 점차 사무소를 확대 개설하였으며, 철도승차권 대매와 여행안내서비스를 제공하였다. 이 당시의 주요업무는 일본인의 한반도 내 이주 및 식민지화를 위한 제반업무를 수행하는 것이 주목적이었다.

1944년 JTB는 동아여행사로 개명하였으며, 1945년 광복과 함께 동아여행사는 조선여행사로 개칭되었다. 1949년 조선여행사는 다시 대한여행사로 개편되었고, 6.25로 업무가 중단되고 1953년 다시 운영하였다. 1963년에는 국제관광공사에 흡수되었다가 1973년 민영화로 전환되면서 (주)대한여행사로 발족하여 한국 여행사의 효시가 되었다.

1947년 천우사의 항공여행부가 설립되고 1950년 서울교통공사가 설립되었다. 1960년에는 세방여행사가 설립되었으며 1961년 관광진흥법이 제정되면서 여행산업의 기반을 갖추게 되었다. 1962년 통역안내원 자격시험제도가 실시되었다. 그 후 1967년 관광사업법이 개정되어 여행업의 관광알선업체의 대외적 신용도를 제고하기 위해 영업보증금예치제도가 실시되었으며, 등록제가 허가제로 변경되었다. 1970년대부터 1980년대에는 국가 경제 도약과 중동지역 건설 붐을 타고 여행업도 함께 발전했으며, 1982년 관광사업법의 개정으로 여행업이 다시 허가제에서 등록제로 바뀌었다.

1989년 해외여행 완전자율화 조치 이후 여행사의 수와 해외 송출객 수가 기하급수적으로 늘어났으며, 1997년 IMF 경제 위기 등을 거치면서 지금의 종합여행사를 대표하는 하나투어, 모두투어, 롯데관광, 한진관광, 노랑풍선 등이 여행업계의 주류를 이루고 있다. 한국관광협회 중앙회에 따르면 우리나라에서 영업 중인 여행사의 수는 약 1만 8천여 개(일반여행업 3,303 / 국외여행업 8,482 / 국내여행업 6,390)에 이른다고 한다.

6. 여행사의 발전요인

1) 교통기관의 발달

교통의 발달은 인류사회의 역사와 그 기원을 같이 하고 있으며, 여행의 발전에 크게 이바지했다. 처음 인류의 여행이동은 보행과 인력으로 시작하였으며, 그 후 가축을 길들이거나 사육하여 축력(畜力)을 이용했다. 고대에 수레가 발명되면서 육상교통이 증가하고, 수상교통으로 하천이나 호수를 이용한 교역이 시작하였다. 중세에는 나침반의 발명으로 대형범선에 의한 해상교통이 발전하여 1942년 콜럼버스에 의해 신대륙이 발전하기도 하였다. 1760년 산업혁명의 시작으로 증기기관에 의한 육상 및 해상의 교통이 발전하면서 여행수요가 급격히 증가하였다. 19세기 말부터 내연기관 및 증기터빈이 발명되면서 자동차와 항공기의 발전이 거듭되었고, 2차 세계대전 이후 제트기와 레이더의 개발로 항공업은 물론 여행업에도 불을 지피게 되었다. 현재에는 항공기나 크루즈, 전세버스 등 안전성 · 쾌적성 · 신속성 · 편안함 등을 내세운 서비스품질 향상에 초점을 두고 있다.

2) 여가시간의 증가

여가시간이란 전체 생활시간에서 근로시간과 생리적 필수 시간을 뺀 시간을 말한다. 즉, 경제 활동 이외의 시간으로 개인이 처분할 수 있는 자유로운 시간으로 우리나라는 대부분의 기업에서는 주5일 근무와 주52시간(법정근로 40시간+연장근로12시간)이 적용되어 점차 여가시간이 증가하고 있다. 이로 인해 국내 · 국외 여행수요가 확대되고 있다.

3) 가처분소득의 증가

국가가 발전하면서 생활수준이 향상되고 개인의 가처분소득[4]이 증가함에 따라 여행에 관한 소비 패턴 또한 변화되고 있다. 저렴한 패키지상품에서 고가의 패키지상품(한진관광 KALPAK, 하나투어 ZEUS)으로 구매가 이루어지고 있으며, FIT시장이 활성화 되고 있다.

4) 일정기간 자신이 벌어들인 소득에서 개인의 세금과 세외부담(비소비지출:소득세 · 사회보장비 · 도난금 · 분실금 등)을 공제하고 이전소득(사회보장과 연금 등)을 더한 금액을 '개인가처분소득(disposable personal income)'이라고 한다.

4) 세계교역의 증가

우리나라는 수출과 수입의 의존도가 높은 나라이다. 주로 중국과 일본, 미국, EU와의 교역량이 많지만 세계는 점차 글로벌화[5](Globalization)되고 있다. 이로 인해 일반 여행자는 물론 비즈니스 여행자의 여행 빈도가 상승하고 있다.

5) 교육수준의 향상

독일의 철학자인 오스발트 슈펭글러(Oswald Spengler. 1918)는 인간은 동물보다 독립적인 존재로서 스스로 학습하고 기술을 반전시킨다고 하였다. 교육수준이 높을수록 지적욕구와 호기심이 발생하여 자국 및 타국의 역사와 문화에 대해 직접 확인하고 싶은 욕구가 생긴다. 이에 모르는 것을 알고자하는 욕구는 여행자 극제가 된다.

6) 라이프스타일의 변화

우리나라는 타 국가나 타 문화권에 비해 비약적인 경제 발전을 해왔다. 이로 인해 1960년 농경사회부터 4차 산업혁명(The Fourth Industrial Revolution)을 맞이하는 오늘날까지 바쁘게 일만 하며 노동 제일주의에서 자신만의 시간의 필요성과 가족과 함께 하자라는 인식이 생겨났다. 또한 욜로족(YOLO : you only live once)의 등장으로 라이프스타일 변화에 많은 영향을 미치고 있다. 욜로족이란 남보다는 자신, 미래보다 현재의 행복을 중시하는 태도를 보이며, 현재의 만족을 위해 소비를 주저하지 않는다. 또한 자신만의 특별한 여행을 선호하며, 취미생활 및 여가시간에 시간과 비용을 투자하는 데 주저하지 않는다. 그로인해 항공사 및 여행사에서 욜로족을 잡기 위해 여러 가지 마케팅기법을 활용하여 욜로족의 환심사기에 앞장서고 있다.

5) 세계의 다양한 나라들이 정치 · 경제 · 사회 · 문화적 시스템에서 단일한 구조적 틀로 통합되는 과정을 말하며 유사용어로 세계화, 국제화, 지구촌화가 있다.

출처: http://www.hanatour.com

[그림 2-2] YOLO 추천 여행상품 사례

7) 소셜네트워크(social network) 활성화

SNS(Social Network Service)는 특정 관심사나 활동을 공유하는 사람들 사이의 관계망을 구축해 주는 온라인 서비스이다.

출처: https://www.facebook.com

[그림 2-3] SNS를 통한 여행 자극제 사례

페이스북(Facebook)과 인스타그램(Instagram), 트위터(Twitter), 웨이보(Weibo) 등의 폭발적 성장에 따라 사회적 · 학문적인 관심의 대상으로 부상했다. 이를 통해 평소 관심 있는 여행지, 맛집 등을 이미지나 동영상, 텍스트(text)로 볼 수 있으며, 더 나아가 상업적인 광고에 노출되어 여행욕구를 자극할 수 있다.

CHAPTER

3

여행업의 설립과 등록

1. 여행업 설립 기초
2. 여행업 등록
3. 여행업 변경등록과 취소

CHAPTER

3 여행업의 설립과 등록

1. 여행업 설립 기초

관광진흥법이 정하는 바에 의하면, 여행업을 경영하고자 하는 자는 문화관광부장관 및 지정하는 기관에 등록하여야 한다. 등록사항을 변경하고자 할 때에도 똑같이 한다. 다만 대표자 이외의 임원의 변경이 아닌 경우에는 등록사항을 변경하지 않아도 된다.

여행업은 일반여행업, 국외여행업, 국내여행업으로 구분되며, 일반여행업은 관광진흥법이 정하는 바에 의하여 문화관광부장관에게 등록하여야 하고 국외여행업과 국내여행업은 관광진흥법 제55조 권한의 위임 · 위탁 조항에 의거하여 해당 시 · 도지사에게 등록하면 된다.

1) 사전조사

하나의 기업을 설립하기 위해서는 충분한 사전조사를 하고 투자수익이나 기업의 위험 정도, 그리고 미래 성장가능성 등을 종합적으로 검토하여 업종이나 경영규모 및 활동의 범위를 정해야 한다.

여행업은 여행자(traveller)와 여행시설업자(principal) 사이에서 매개역할을 하는 독특한 성격을 가지고 있는 관광사업체이며, 무형의 여행상품을 가지고 전문화된 직원의 인적서비스를 통해 알선 및 판매되는 구조적 특성을 가지고 있다.

특히, 사회 · 경제 및 무역의 글로벌화, 인터넷 전자상거래 시장 및 OTA(Online Travel Agency)의 급속한 발전 등 여행업의 경영환경은 과거와는 다른 변화를 보이고 있다. 이런 변화된 환경 속에서 신규 여행업을 설립하는 자의 자질과 경영능력은 여행사의 성패를 좌우하는 매우 중요한 요소이다. 그러므로 여행업을 설립하여 경영하는 자는 다음과 같은 부분의 종합적 검토를 선행하여야 한다.

① 여행업의 특성을 파악

② 여행업의 사업방향을 설정

③ 여행업 경영의 마케팅 계획 수립

④ 직원의 전문성과 인사관리 계획 수립

⑤ 고객관계관리

2) 창업의 요소

여행사를 비롯한 하나의 기업을 창업하기 위해서는 일반적으로 사업자본, 사업 아이디어, 사업 장소, 종사자, 기술력 등과 같은 많은 요소들이 필요하다. 그 중에서도 특히 기업의 규모에 관계없이 창업에 공통적으로 필요한 3가지 요소로는 창업자, 사업 아이디어, 자본이다.

(1) 창업자

창업자는 창업 아이디어의 확보, 사업성 분석, 사업계획 수립, 계획의 실행 등을 주도하고 책임지는 사람이다. 창업자는 이러한 기능을 수행하기 위하여 기업설립에 필요한 유 · 무형의 자원을 동원하고 이들을 적절히 결합하여 기업이라는 시스템을 만들고, 설립된 기업이 의도한 대로 기능을 발휘하도록 관리하는 역할을 해야 한다. 따라서 창업자의 능력과 가치관 등은 기업의 성패와 효율에 큰 영향을 미치게 되므로 매우 중요한 요소이다. 특히 창업자는 동종 산업이나 유사한 산업에서의 전문지식 외에 기업경영에 대한 경험이나 실무경험을 가지고 있어야 한다. 즉 창업이 성공하는데 있어서 가장 중요한 요인 중의 하나는 최고의 경영진을 갖추고 있는 창업자가 최고의 시장기회를 만났을 때라고 할 수 있다.

(2) 사업 아이디어

사업 아이디어는 창업자가 사업을 추진하는 기본 도구이고 사업기회 포착의 첫 단계이긴 하지만, 좋은 아이디어가 반드시 좋은 사업기회를 뜻하는 것은 아니다. 좋은 사업기회를 얻기 위해서는 사업상 매력도가 높아야 하고, 수익이 지속적이어야 하며 시의 적절하게 공략할 수 있어야 한다. 그리고 무엇보다도 고객 입장에서 볼 때, 새로운 가치를 창출할 수 있는 상품과 서비스를 제공해야 하는 것이다.

아이디어는 그 자체로 끝나서는 무의미하며, 아이디어를 판매할 수 있는 시장이 존재해야 한다. 여행객들이 정말로 그 상품을 원하지 않는 한, 여행시장은 존재할 수 없기 때문이다. 또한 타이밍이 중요하다. 즉 지금 구상하고 있는 아이디어가 사업적으로 타당성을 가지고 있는지, 지금 시장에서 그것을 요구하고 있는지를 잘 파악해야 한다.

(3) 자본

자본이란 여행사를 설립하는 데 필요한 금전적인 자원뿐만 아니라, 앞서 언급한 사업 아이디어를 구체적으로 상품화하는 데 필요한 자본, 설비, 기술, 건물 등을 포괄적으로 의미한다. 여행상품 생산에 필요한 정보나 기술, 설비, 건물 등은 자본투자에 의해 취득이 가능하고 인적자원의 양과 질도 자본에 의해 좌우될 것이기 때문이다. 따라서 안정적인 창업자본 조달과 이용, 그리고 이를 위한 정보나 관계기관의 지원제도 등도 성공적인 창업을 위해 중요하다.

2. 여행업 등록

1) 여행업 경영의 유형 결정

창업주는 여행업을 설립하기 전에 여행업 경영의 유형을 먼저 결정하여야 한다. 기업의 법률적 형태에 따라서 개인기업과 법인기업으로 구분하며 일반적으로 업계에서는 법률적 형태에 따른 구분이 많이 쓰이고 있다.

다른 한편으로는 단독으로 경영(독립경영)할 것인지, 기존의 여행도매업자(wholesaler)의 판매점에 가입하여 대리점 형태 즉, 대리점 프랜차이즈로 경영할 것인지를 결정하여야 한다.

(1) 개인기업

개인이 사업의 주체이므로 개인사업과 관련하여 발생한 모든 채권 · 채무에 대하여 무한으로 책임을 가진다. 채무의 소멸시효가 경과하지 않는 한 채무에 대하여 계속 변제책임을 져야 하고, 채무자의 사망 시에도 상속인은 채무자의 피상속인이 남긴 상속재산의 한도 내에서 채무를 변제해야 한다.

여행업을 개인 기업으로 하려면 관할관청에 먼저 인 · 허가를 받고 세무서에 사업자등록을 위한 신청서를 제출한 후 사업자등록증을 교부받음으로써 사업을 개시할 수 있다.

(2) 법인기업

법인은 법인의 주주나 출자자와는 독립하여 법인자체가 법적인 능력을 가지고 있으므로 법인의 재산은 주주나 출자자의 재산과는 명확히 구분되어 있다. 법인의 일반적인 형태는 주식회사이다. 주식회사는 설립 시 3인 이상의 발기인이 있어야 하며, 설립 이후에는 대표이사를 포함하여 3인 이상의 이사와 1인 이상의 감사를 두어야 한다. 법인을 설립하는 경우에는 관할 지방법원이나 등기소에 설립등기를 한 후에 법인설립신고를 하는 절차를 거쳐야 한다.

(3) 독립경영과 대리점경영

독립경영은 상품구매 등 경영의 모든 일을 독자적으로 수행하는 반면, 대리점경영은 여행도매업자의 대리점으로 가입하여 본사의 상품을 판매하고 수수료를 받는 것이다.

일반적으로 대리점 경영형태는 여행도매업자가 대리점에게 해당 지역 내에서의 독점권 영업권을 주는 대신 여행도매업자가 취급하는 상품, 광고, 점포 인테리어, 서비스 등을 직접 구성하고 관리하는 것은 물론, 대리점의 교육지원, 경영지도, 판촉지원 등 각종 경영 노하우를 제공하고 그 대가로 보증금 또는 정기적으로 로열티(loyalty)의 지불을 요구한다.

2) 여행업 설립 단계

여행업을 설립하고자 하는 자는 시장분석, 여행사 형태결정, 사업장 입지선정, 인원조직 구성 및 인·허가 절차 단계를 거쳐 합리적이고 빈틈없이 추진하여야 한다.

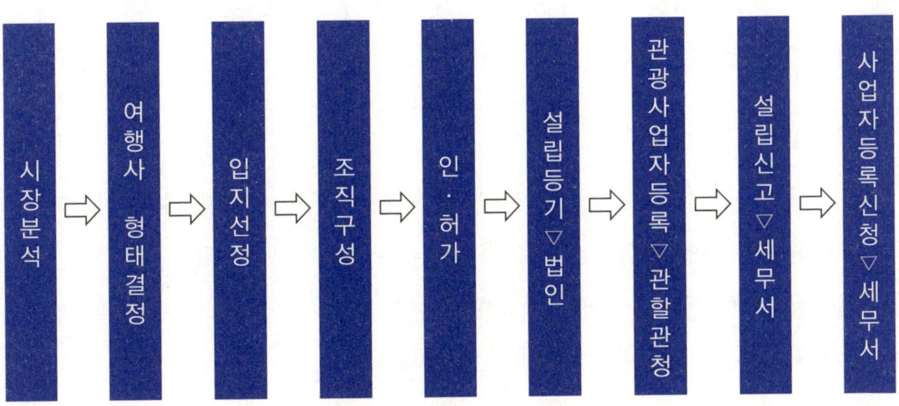

[그림 3-1] 여행업 설립단계

(1) 입지선정

여행업 설립 시 사무실의 위치 선정은 여행사 성공의 중요한 요인이 될 수 있으며, 여행사의 중점업무에 따라서 다소 차이는 있으나 여행사의 위치를 정하는 데 있어 다음과 같은 요소들을 고려하여야 한다.

① 접근성 및 주위 상권

전통적으로 여행사는 대중에 접근하기 쉬워야 한다. 즉 여행사는 찾기 쉽고, 들어가기 쉽고, 적당한 주차시설을 가지고 있어야 한다. 이는 off-line 고객의 편의를 위한 부분으로 건물의 1층이 선호되었다. 하지만 최근에는 on-line 구매가 확산되고, on-line 전용 여행사들도 생겨나고 있기 때문에 예전에 비해 접근성의 중요성은 다소 퇴색되어 가고 있다.

다만 위치를 정할 때 미래 자산의 세금이나 직원 고용비율 등을 고려하여 사무실의 위치는 지금 성장하고 있거나 개발하고 있는 지역으로 고려하는 것이 좋다.

② 사무실 크기 및 공간설계

예전에는 관광관련법규에 의하여 여행사의 종류에 따라 사무실의 크기가 규정되어 있었으나, 이제는 경영하는 사업자가 영업성과를 기초로 하여 사무실 크기를 정할 수 있다.

공간설계에 있어서도 비용의 효율성을 위하여 새로운 건물에 필요한 공간을 만드는 것보다 오래된 공간에 벽 시공 및 유용한 구조물 등을 재배치시키는 것이 더 효과적일 수 있다.

(2) 설립등기

신규 등록 신청을 하고자 하는 사업자는 관광진흥법 시행령 제4조 제1항의 규정에 의하여 여행업에 등록을 하고자 하는 자는 관광사업등록 신청서에 다음의 서류를 첨부하여 등록관청에 제출하여야 한다. 서류를 접수받은 등록관청은 7일 이내에 처리하도록 되어있다.(수수료 30,000원)

① 관광사업등록신청서

② 사업계획서

③ 신청인의 성명, 주민등록번호, 본적, 호주성명 및 호주와의 관계를 기재한 서류

④ 법인 등기부등본

⑤ 부동산의 소유권 및 사용권을 증명할 수 있는 서류

⑥ 외국인투자촉진법에 의한 외국인투자를 증명할 수 있는 서류

⑦ 관할세무서장 또는 공인회계사가 확인한 등록신청 당시의 대차대조표(개인의 경우에는 영업용 자산명세서 및 그 증빙서류)

3) 관광사업자 등록

관광진흥법상 일반여행업은 시 · 도청에 등록하여야 하며, 자본금이 1억원 이상이어야 하고 사무실은 소유권 또는 사용권이 있어야 한다. 국내여행업은 주된 사업장이 구청에 등록하도록 되어 있으며, 자본금은 1천5백만원 이상이어야 하며 사무실은 소유권 또는 사용권이 있어야 한다. 국외여행업은 해당 관할 구청에 등록하고, 자본금이 3천만원 이상이어야 하며 사무실은 소유권 또는 사용권이 있어야 한다.

〈표 3-1〉 여행업의 등록기준(2019.1.1. 기준)

구분	자본금	사무실	등록관청
국내여행업	1천5백만원 이상	소유권/사용권이 있을 것	시 · 군 · 구청
국외여행업	3천만원 이상	소유권/사용권이 있을 것	시 · 도청
일반여행업	1억원 이상	소유권/사용권이 있을 것	시 · 도청

* 단) 자본금은 개인의 경우 자산평가액 기준

4) 관광사업자의 보험가입

관광진흥법 제9조에 따르면 관광사업자는 당해 사업과 관련하여 사고가 발생하거나 관광자에게 손해가 발생한 경우에는 문화관광부령이 정하는 바에 따라 피해자에게 보험금을 지급할 것을 내용으로 하는 보험 또는 공제에 가입하거나 영업보증금을 예치하여야 한다고 규정되어 있다.

(1) 보증보험 가입

일반여행업 및 국외여행업에서 기획여행 실시 신고를 하고자 하는 자는 5억원 이상의 보증보험에 가입하거나 영업보증금을 예치하여야 한다. 가입 시 피보

험자는 한국여행업협회(KATA)장 또는 지역별 관광협회장이며, 해당 기관에서 명의 이용확인서를 발급받아 보증보험에 가입하여야 한다.

(2) 여행공제 가입

여행업을 등록한 사업자는 사업을 개시하기 전에 여행공제회에 가입하여야 하며, 관광알선과 관련한 사고로 인하여 관광자에게 피해가 발생한 경우 그 손해배상을 변상할 것을 내용으로 하고 있다(관광진흥법 제9조 및 동법 시행규칙 제18조). 규정에 의하여 보험 또는 공제에 가입한 자는 그 사실을 증명하는 서류를 바로 등록관청에 제출하여야 한다.

5) 기획여행의 신고와 광고

기획여행이란 여행업을 경영하는 자가 국외여행을 하고자 하는 여행객을 위하여 여행 목적지와 일정 등 서비스 내용과 요금 등에 관한 사항을 미리 정하고, 이에 참가하는 여행객을 모집하여 실시하는 여행을 말하는 것으로 여행업을 경영하는 자가 기획여행을 실시하고자 할 경우에는 5억원 이상의 보증보험에 가입하거나, 영업보증금 예치를 하고 이를 유지하여야 한다.

기획여행 실시 신고서에는 주요 기획내용의 내역(여행명, 여행일정, 여행경비 및 실시기간 등)을 기재한 서류, 보증보험 등 가입증명서 또는 영업보증금 예치증명서의 서류를 첨부하여 기획여행 7일 전까지 업종별 관광협회(일반여행업)와 지역별 관광협회(국외여행업)에 제출하여야 한다.

기획여행의 신고를 한 자가 기획여행을 실시하기 위하여 광고를 이용할 경우에는 여행업의 등록번호, 상호 및 소재지, 기획 여행명, 여행일정 및 주요 여행지, 여행경유지, 교통 및 숙식 등 여행객이 제공받을 구체적인 서비스의 내용, 최저 여행인원 등을 상세히 표시하여야 한다.

공제 기획여행 보증서

<table>
<tr><td colspan="2">증서번호</td><td colspan="3">제 01-19-1337 호</td></tr>
<tr><td colspan="2">피공제자</td><td colspan="3">한국여행업협회장</td></tr>
<tr><td rowspan="5">공제계약서</td><td>상 호</td><td>○○○○</td><td>대 표 자</td><td>○ ○ ○</td></tr>
<tr><td>관광사업 등록번호</td><td>1993-6</td><td>업 종</td><td>일반여행업</td></tr>
<tr><td rowspan="2">사 업 자 등록번호</td><td rowspan="2">XXX-XX-XXXXX</td><td>전화번호</td><td>XX-XXXX-XXXX</td></tr>
<tr><td>팩스번호</td><td>XX-XXX-XXXX</td></tr>
<tr><td>주 소</td><td colspan="3">(03161)서울 종로구 인사동5길 41 (공평동, 하나빌딩) 하나빌딩 11층</td></tr>
<tr><td colspan="2">공제금액</td><td>700,000,000원</td><td>분 담 금</td><td>728,000원</td></tr>
<tr><td colspan="2">공제기간</td><td colspan="3">2019년 12월 31일 (24시부터) ~ 2020년 12월 31일 (24시 까지) 366일간</td></tr>
<tr><td colspan="2">특별약관</td><td colspan="3"></td></tr>
<tr><td colspan="2">특기사항</td><td colspan="3"></td></tr>
</table>

위 여행업체는 관광진흥법 제9조, 동법 시행규칙 제18조에 의거한 공제규정 제5조에 따라 공제회에 가입하였음을 증명합니다.

2019년 12월 30일

※ 증권발급 사실 확인 안내

발급협회 한국여행업협회

회 장 오창희

담 당 자 조대희 대리

전화번호 02-752-8692

한국관광협회중앙회 관광공제회

회 장 윤 영 호

공제회장의 서명이 인쇄되지 아니하였거나 증서상의 공제금액 및 공제기간이 정정된 것은 무효입니다.

한국관광협회중앙회 관광공제회
Korea Tourism Mutual Aid Association

증서의 내용이 청약 사실과 같은지 여부를 반드시 확인하시기 바라며, 증서발급사실, 공제약관 등은 상기 발급협회 또는 한국관광협회중앙회 관광공제회(www.ktacb.or.kr)로 문의주시기 바랍니다.

출처: http://www.hanatour.com

[그림 3-2] 공제 기획여행 보증서

공제 영업 보증서

	증서번호	제 01-19-1338 호		
	피공제자	한국여행업협회장		
공제계약서	상 호	○○○○	대 표 자	○ ○ ○
공제계약서	관광사업 등록번호	1993-6	업 종	일반여행업
공제계약서	사 업 자 등록번호	XXX-XX-XXXXX	전화번호	XX-XXXX-XXXX
공제계약서			팩스번호	XX-XXX-XXXX
공제계약서	주 소	(03161)서울 종로구 인사동5길 41 (공평동, 하나빌딩) 하나빌딩 11층		
	공제금액	1,510,000,000원	분 담 금	1,570,400원
	공제기간	2019년 12월 31일 (24시부터) ~ 2020년 12월 31일 (24시 까지) 366일간		
	특별약관			
	특기사항			

위 여행업체는 관광진흥법 제9조, 동법 시행규칙 제18조에 의거한 공제규정 제5조에 따라 공제회에 가입하였음을 증명합니다.

2019년 12월 30일

※ 증권발급 사실 확인 안내

발급협회 한국여행업협회

회 장 오창희

담 당 자 조대희 대리

전화번호 02-752-8692

한국관광협회중앙회 관광공제회

회 장 윤영호

공제회장의 서명이 인쇄되지 아니하였거나 증서상의 공제금액 및 공제기간이 정정된 것은 무효입니다.

한국관광협회중앙회 관광공제회
Korea Tourism Mutual Aid Association

증서의 내용이 청약 사실과 같은지 여부를 반드시 확인하시기 바라며, 증서발급사실, 공제약관 등은 상기 발급협회 또는 한국관광협회중앙회 관광공제회(www.ktaab.or.kr)로 문의주시기 바랍니다.

출처: http://www.hanatour.com

[그림 3-3] 공제 영업 보증서

■ 관광진흥법 시행규칙 [별지 제1호서식] <개정 2012.4.5>

관광사업 등록신청서

※ 뒤쪽의 신청 안내를 참고하시기 바라며, 색상이 어두운 란은 신청인이 적지 않습니다. (앞쪽)

접수번호	접수일	발급일	처리기간	o 여행업 및 관광숙박업: 7일 o 종합휴양업: 12일 o 기타: 5일

신청인	성 명(대표자)	주민등록번호 (외국인 등록번호)
	주 소	전화번호

상호(명칭)	업종
주사업장 소재지	전화번호
자본금	
영업개시 연월일	

「관광진흥법」 제4조제1항 및 같은 법 시행규칙 제2조에 따라 관광사업의 등록을 신청합니다.

년 월 일

신청인 성명 (서명 또는 인)

특별자치도지사
시장 · 군수 · 구청장 귀하

제출서류	뒤쪽 참조	수수료 30,000원(숙박시설이 있는 경우 매 실당 700원을 가산한 금액)

처리절차								
신청서 작성	➔	접 수	➔	심 의	➔	등 록	➔	등록증 발급
신청인		처리기관 (특별자치도 · 시 · 군 · 구)		처리기관 (특별자치도 · 시 · 군 · 구)		처리기관 (특별자치도 · 시 · 군 · 구)		

210㎜×297㎜[백상지 80g/㎡]

(뒤쪽)

<table>
<tr><td rowspan="2">신청인
(대표자)
제출서류</td><td>여행업 및
국제회의기
획업의 경우</td><td>1. 사업계획서 1부
2. 신청인(법인의 경우에는 대표자 및 임원)의 성명 및 주민등록번호를 기재한 서류(외국인의 경우에는 「관광진흥법」 제7조제1항 각 호에 해당하지 아니함을 증명하는 해당 국가의 정부나 그 밖의 권한 있는 기관이 발행한 서류 또는 공증한 신청인의 진술서로서 「재외공관공증법」에 따라 해당 국가에 주재하는 대한민국공관의 영사관이 확인한 서류) 1부
3. 부동산의 소유권 또는 사용권을 증명하는 서류(담당 공무원이 부동산등기부등본을 통하여 부동산의 소유권 또는 사용권을 확인할 수 없는 경우만 해당합니다)
4. 「외국인투자 촉진법」에 따른 외국인투자를 증명하는 서류(외국인투자기업만 해당합니다) 1부
5. 공인회계사 또는 세무사가 확인한 등록신청 당시의 대차대조표(개인의 경우에는 영업용 자산명세서 및 그 증명서류) 1부</td></tr>
<tr><td>관광숙박업
· 관광객이
용시설업 및
국제회의시
설업의 경우</td><td>1. 사업계획서 1부
2. 신청인(법인의 경우에는 대표자 및 임원)의 성명 및 주민등록번호를 기재한 서류(외국인의 경우에는 「관광진흥법」 제7조제1항 각 호에 해당하지 아니함을 증명하는 해당 국가의 정부나 그 밖의 권한 있는 기관이 발행한 서류 또는 공증한 신청인의 진술서로서 「재외공관공증법」에 따라 해당 국가에 주재하는 대한민국공관의 영사관이 확인한 서류) 1부
3. 부동산의 소유권 또는 사용권을 증명하는 서류(담당 공무원이 부동산등기부등본을 통하여 부동산의 소유권 또는 사용권을 확인할 수 없는 경우만 해당합니다)
4. 회원을 모집할 계획인 호텔업 · 휴양콘도미니엄업의 경우로서 각 부동산에 저당권이 설정되어 있는 경우에는 「관광진흥법 시행령」 제24조제1항제2호 단서에 따른 보증보험가입 증명서류
5. 「외국인투자 촉진법」에 따른 외국인투자를 증명하는 서류(외국인투자기업만 해당합니다) 1부
6. 「관광진흥법」 제15조에 따라 승인을 받은 사업계획에 포함된 부대영업을 하기 위하여 다른 법령에 따라 소관관청에 신고를 하였거나 인 · 허가 등을 받은 경우에는 각각 이를 증명하는 서류(제7호 또는 제8호의 서류에 따라 증명되는 경우에는 제외합니다) 1부
7. 「관광진흥법」 제18조제1항에 따라 신고를 하였거나 인 · 허가 등을 받은 것으로 의제되는 경우에는 각각 그 신고서 또는 신청서와 그 첨부서류 1부
8. 「관광진흥법」 제18조제1항 각 호에서 규정된 신고를 하였거나 인 · 허가 등을 받은 경우에는 각각 이를 증명하는 서류
9. 시설의 평면도 및 배치도 각 1부
10. 시설별 일람표 각 1부
가. 관광숙박업: 별지 제2호서식의 시설별 일람표
나. 전문휴양업 및 종합휴양업: 별지 제3호서식의 시설별 일람표
다. 국제회의시설업: 별지 제4호서식의 시설별 일람표</td></tr>
<tr><td rowspan="2">담당
공무원
확인사항</td><td>여행업 및
국제회의기
획업의 경우</td><td>1. 법인 등기사항증명서(법인인 경우만 해당합니다)
2. 부동산등기부등본</td></tr>
<tr><td>관광숙박업
· 관광객이
용시설업 및
국제회의시
설업의 경우</td><td>1. 법인 등기사항증명서(법인인 경우만 해당합니다)
2. 부동산등기부등본
3. 전기안전점검확인서(호텔업 또는 국제회의시설업만 해당합니다)</td></tr>
</table>

<table>
<tr><th>행정정보 공동이용 동의서</th></tr>
<tr><td>본인은 이 건 업무처리와 관련하여 담당 공무원이 「전자정부법」 제36조제1항에 따른 행정정보의 공동이용을 통하여 위의 담당 공무원 확인사항 중 제3호를 확인하는 것에 동의합니다.*동의하지 아니하는 경우에는 신청인이 직접 관련 서류를 제출하여야 합니다.
신청인 (서명 또는 인)</td></tr>
</table>

3. 여행업 변경등록과 취소

1) 여행업의 변경등록

여행업에 등록한 자가 등록사항의 변경등록을 받고자 할 때에는 그 변경사유가 발생한 날로부터 30일 이내에 관광사업 변경등록신청서에 다음 각 호의 서류를 첨부하여 일반여행업은 시 · 도청에 신고하여야 하며, 국외어행업과 국내여행업은 해당 관할 구청에 신청하여야 한다.

2) 휴(폐)업 신고와 등록증 재교부

운영상의 문제로 인하여 여행업을 등록한 자가 휴(폐)업을 할 경우에는 그 사유가 발생한 날로부터 30일 이내에 휴업통보신청서 1부를 등록관청에 제출하여야 하며, 등록관청은 1일 이내에 처리하여야 한다. 또한 등록증이 헐어 못 쓰게 되어 등록증, 허가증 또는 지정증의 재교부 사유가 발생하였을 경우에는 분실사유서 1부를 첨부하여 신청하면 재교부 받을 수 있다.

3) 여행업의 등록취소

시도지사와 구청은 다음에 해당될 때에는 등록을 취소하거나 6개월 이내의 기간을 정하여 사업정지를 명할 수 있다.

① 결격사유에 해당하는 경우
② 본 업무 이외의 행위를 업으로 하는 경우
③ 등록, 변경등록, 등록의 갱신을 부정한 방법으로 하는 경우
④ 한정된 관광업무의 취급대상 지역 등을 위반하여 관광업무를 하는 경우
⑤ 명령을 위반한 경우
⑥ 규정에 의한 증빙서의 교부 및 비치를 하지 아니한 경우
⑦ 금지행위를 한 경우
⑧ 관광진흥법에 의한 명령이나 처분에 위반될 경우

4) 여행업의 양도와 양수

여행업에 등록한 자가 양도 · 양수의 사유가 발생하였을 경우에는 15일 이내에 양도 · 양수 증명서류를 첨부하여 등록관청에 신고하여야 하며, 제출서류는 다음과 같다.

① 지위를 승계한 자의 성명, 주민등록번호, 본적을 기재한 서류 1부

② 양도양수 등 지위승계를 증명할 수 있는 서류 1부

③ 지위를 승계한 자의 법인등기부등본 1부

■ 관광진흥법 시행규칙 [별지 제6호서식] <개정 2012.4.5>

관광사업 변경등록신청서

※ 색상이 어두운 란은 신청인이 적지 않습니다.

접수번호	접수일자	처리기간 : 4일

신청인	성 명(대표자)	주민등록번호 (외국인등록번호)
	주 소	전화번호

상호(명칭)		
주사업장 소재지		전화번호
등록번호		등록연월일
업 종		
변경등록 내용		

「관광진흥법」 제4조제4항 및 같은 법 시행규칙 제3조제1항에 따라 위와 같이 관광사업의 변경등록을 신청합니다.

년 월 일

신청인 (서명 또는 인)

특별자치도지사
시장 · 군수 · 구청장 귀하

신청인 제출서류	변경사실을 증명하는 서류 각 1부	수수료
담당 공무원 확인사항	전기안전점검확인서(영업소의 소재지 또는 면적의 변경 등으로 「전기사업법」 제66조의2제1항에 따른 전기안전점검을 받아야 하는 경우로서 호텔업 또는 국제회의시설업 변경등록을 신청한 경우만 해당합니다)	15,000원 (숙박시설 중 객실 변경등록의 경우에는 매 실당 600원을 가산한 금액)

행정정보 공동이용 동의서

본인은 이 건 업무처리와 관련하여 담당 공무원이 「전자정부법」 제36조제1항에 따른 행정정보의 공동이용을 통하여 위의 담당 공무원 확인사항을 확인하는 것에 동의합니다.*동의하지 아니하는 경우에는 신청인이 직접 관련 서류를 제출하여야 합니다.

신청인 (서명 또는 인)

처리절차

신청서 작성	→	접 수	→	검 토	→	결 정	→	등록증 발급
신청인		처 리 기 관 (특별자치도 · 시 · 군 · 구)		처 리 기 관 (특별자치도 · 시 · 군 · 구)		처 리 기 관 (특별자치도 · 시 · 군 · 구)		처 리 기 관 (특별자치도 · 시 · 군 · 구)

210㎜×297㎜[백상지 80g/㎡]

[별지 제23호서식] <개정 2011.3.30> (앞 쪽)

<table>
<tr><td colspan="3" rowspan="2">관광사업 양수(지위승계)신고서</td><td colspan="2">처리기간</td></tr>
<tr><td colspan="2">◦ 국내여행업: 2일
◦ 국외·일반여행업·관광숙박업·관광객이용시설업·국제회의업·유원시설업·관광편의시설업: 5일
◦ 카지노업:7일</td></tr>
<tr><td rowspan="2">양 도 인
(피합병인)</td><td>① 성 명(대표자)</td><td></td><td>② 생년월일</td><td></td></tr>
<tr><td>③ 주 소</td><td colspan="3">(전화 :)</td></tr>
<tr><td rowspan="2">양 수 인
(합 병 인)</td><td>④ 성 명(대표자)</td><td></td><td>⑤ 생년월일</td><td></td></tr>
<tr><td>⑥ 주 소</td><td colspan="3"></td></tr>
<tr><td colspan="2">⑦ 양도인(피합병인)의상호·등록번호</td><td colspan="3"></td></tr>
<tr><td colspan="2">⑧ 업 종</td><td colspan="3"></td></tr>
<tr><td colspan="2">⑨주영업장의 소재지</td><td colspan="3">(전화 :)</td></tr>
<tr><td colspan="2">⑩양수인(합병인)이 사용할 상호(명칭)</td><td colspan="3"></td></tr>
<tr><td colspan="2">⑪사업양도(지위승계)의 사유 및 대상</td><td colspan="3"></td></tr>
<tr><td colspan="2">⑫ 사업양도(지위승계) 연월일</td><td colspan="3">…</td></tr>
<tr><td colspan="5">「관광진흥법」 제8조에 따라 관광사업 양수(지위승계)를 신고합니다.
년 월 일
신고인 양도인(피합병인)(서명 또는 인)
양수인(합병인)(서명 또는 인)

문화체육관광부장관
특별자치도지사
시장·군수·구청장
지역별 관광협회장
귀하</td></tr>
<tr><td rowspan="2">구비서류</td><td colspan="2">신고인(대표자) 제출서류</td><td colspan="2">담당공무원 확인사항</td></tr>
<tr><td colspan="2">1. 지위를 승계한 자(법인의 경우에는 대표자 및 임원)의 성명·주민등록번호 및 등록기준지를 기재한 서류(외국인의 경우에는 「관광진흥법」 제7조제1항 각 호에 해당하지 아니함을 증명하는 해당 국가의 정부나 그 밖의 권한 있는 기관이 발행한 서류 또는 공증인이 공증한 신청인의 진술서로서 「재외공관공증법」에 따라 해당 국가에 주재하는 대한민국 공관의 영사관이 확인한 서류) 1부
2. 양도·양수 등 지위승계(시설인수 명세를 포함합니다)를 증명하는 서류 1부</td><td>지위를 승계한 자의 법인 등기사항증명서(법인만 해당하며, 「관광진흥법 시행령」 제65조에 따라 관광협회에 위탁된 업종의 경우에는 해당 서류를 제출하여야 합니다)</td><td>수 수 료
20,000원</td></tr>
</table>

210㎜×297㎜[일반용지 60g/㎡(재활용품)]

이 신고서는 아래와 같이 처리됩니다. (뒤 쪽)

신 고 인	처 리 기 관 문화체육관광부(관광담당부서) 특별자치도·시·군·구(관광담당부서) 지역별 관광협회
신 고	접 수
	검 토
등록증 발급	수 리

CHAPTER

4

여행업의 조직

1. 여행업 조직의 개념
2. 여행업 조직의 방향성
3. 여행업 조직의 구조
4. 여행업의 인사관리

CHAPTER 4

여행업의 조직

1. 여행업 조직의 개념

1) 조직 일반론

전통적인 관점의 견해로 브라운(A. Brown)은 각 구성원이 기업의 목적을 효과적으로 달성하기 위하여 협조적인 노력을 가장 효과적으로 발휘할 수 있도록 직무와 각 구성원 간의 제 관계를 조직으로 정의하였다. 알렌은 조직이란 조직의 목적달성을 위하여 수행해야 할 직무의 성격을 명확히 편성하고 책임과 권한을 분명히 하여 이것을 위임함으로서 상호관계를 설정하는 것으로 규정하고 있다.

한편 근대적인 관점의 견해를 보인 버나드는 조직은 2인 또는 그 이상의 사람들이 모여 의식적으로 조정된 행동의 체계로 규정하고 있다. 이런 의미는 공동목표달성을 위한 다수의 인간들이 의식적으로 모였고 그 목표달성을 위한 그들의 행동을 역시 의식적으로 조정하고 있다.

2) 여행업 조직의 개념

여행사를 경영하기 위해서는 여러 가지 경영활동이 필요하다. 이러한 경영활동을 합리적으로 수행하기 위해서는 이들 여러 활동을 그 특성에 따라 정리하고 일정한 기준에 의하여 분류함으로써 각 담당자가 분담할 직무를 명확하게 하여야 한다. 조직이란 이러한 담당자가 수행할 직무 및 각 직무 상호 간의 관계를 규정한 것이다.

여행업의 조직은 사업목적의 범위, 업무분담, 감독의 범위, 재정적 통제에 제한을 받기 때문에 일반적으로 단순하다. 대형여행사나 다점포 여행사를 제외한 여행사는 일반적으로 단일 또는 2개의 경영층으로 구성되어 있는데, 이러한 구조는 여행상품의 본질적 특성과 대다수의 종사자들이 소비자와 직접적으로 대면하는 일선에 있기 때문이다. 효과적인 조직구조를 구성하기 위해서는 여행사의 규모, 주력사업, 경영관리의 범위, 권한위임, 종사자 질 등과 같은 변수에 달려 있다.

2. 여행업 조직의 방향성

1) 여행업 조직의 지향성

(1) 인간중심 조직 확립

여행업은 인적자원의 의존도가 높은 산업이다. 즉 여행업의 성패는 사람에게 달려 있다. 따라서 경영자는 종사자의 자질과 능력을 배양하는 보람과 만족을 갖고 업무를 수행할 수 있도록 환경을 조성하여야 한다.

- 종사자의 교육훈련을 통하여 능력 개발
- 종사자의 복지증진 추구 및 관광 참여기회 제공

(2) 체계화된 조직제도 채택

여행업은 소비자의 취향 및 기호의 변화, 라이프스타일 등 여러 가지 주변의 변화요인들이 많이 있다. 이런 변화에 순발력 있게 대처하기 위해서는 체계화된 조직구조가 필요하며, 조직 활성화를 통해 문제를 해결하여야 한다.

- 인적자원의 능력을 최대한 살릴 수 있는 조직 풍토의 조성
- 종사자 한 사람 한 사람이 일에 보람을 찾을 수 있게 하는 동기를 부여하는 기업풍토 조성
- 원만한 의사소통이 가능한 수평적 대인관계의 조성

3. 여행업 조직의 구조

여행업을 경영하기 위해서 어떠한 인적구성과 기구로 전체를 운영할 것인가는 중요하다고 할 수 있다. 여행업 조직은 기업규모, 업무내용, 사무자동화 정도 등에 따라 조직형태와 조직구성의 내용에 차이가 있다. 우리나라는 법적으로 일반여행업, 국외여행업, 국내여행업으로 구분하지만 외국에서는 국내나 국제의 개념이 명확하지 않은 경우도 있다.

1) 국내여행업 조직

내국인의 국내여행을 알선하는 국내여행업(Domestic)은 국민소득 증대 및 관광의 일상화로 국내관광 빈도가 증가하고 있다. 패키지여행은 물론이고, 주문여행, 항공권판매 및 철도승차권 판매, 전세버스 업무가 주된 업무이다. 국내관광 업무조직은 여행사에 따라 차이는 있지만 영업부, 수배부, 안내부, 차량부, 기획개발부, 관리부서 등으로 나눌 수 있다.

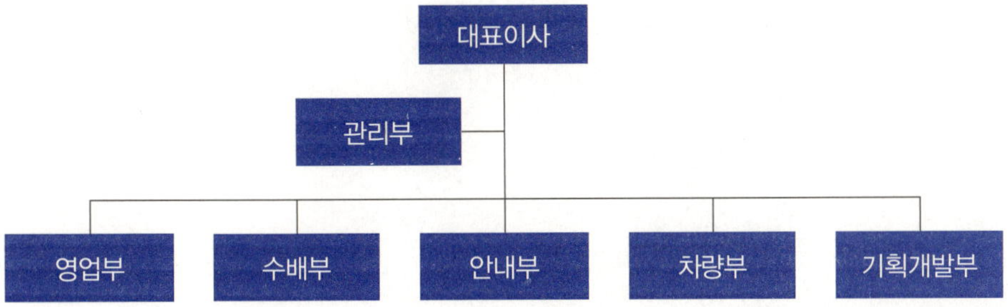

[그림 4-1] 국내여행업 조직

2) 국외여행업 조직

국외여행업(Out bound)은 내국인의 국외여행을 알선하는 업무를 담당하며, 1989년 해외여행자유화 조치 이후 급격한 성장을 이루었으며, 매년 여행객이 증가하고 있다. 국외여행업 업무조직은 여행업의 특성과 관리 형태에 따라 차이가 있지만, 일반적으로 업무를 기준으로는 영업부, 수속부, 상품기획부, 수배부, 인솔(T/C)부, 항공카운터, 관리부 등으로 나눌 수 있으며, 지역별로도 구분한다.

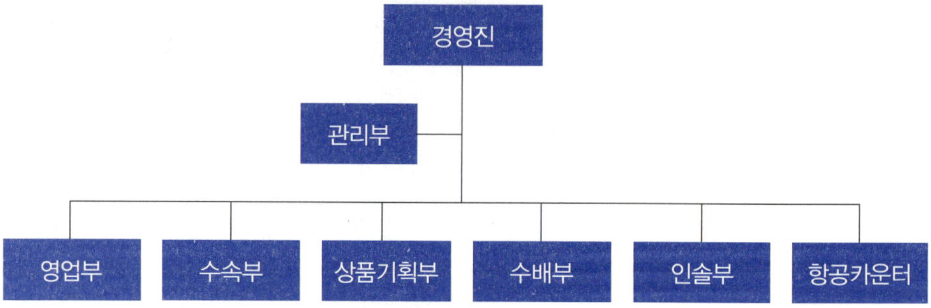

[그림 4-2] 국외여행업 조직

3) 일반여행업 조직

일반여행업은 내국인의 국외여행(Out bound) 알선과 외국인의 국내여행(In bound) 알선업무를 함께 할 수 있는 여행업이다. 따라서 국외여행업의 조직과 동일한 조직구조에 In bound 업무를 수행할 수 있는 조직이 함께 구성되어 있다.

Out-bound와 In-bound 업무조직의 차이는 인솔부 대신 안내부(통역가이드)가 있으며, Out-bound에서는 항공카운터의 업무 비중이 큰 반면, In-bound에서는 상대적으로 업무 비중이 크지 않다.

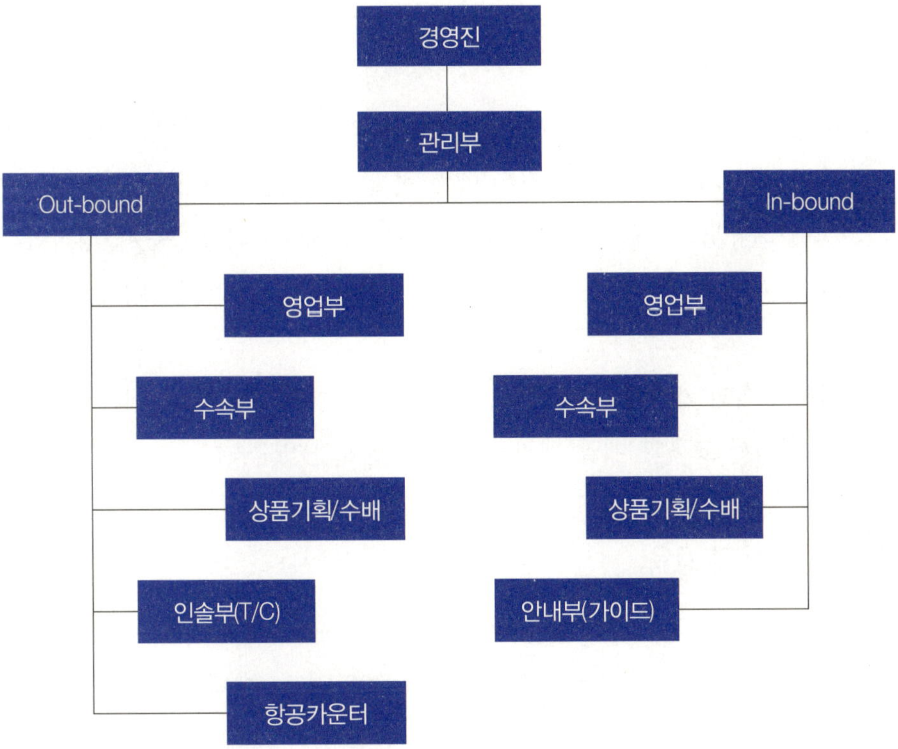

[그림 4-3] 일반여행업 조직

4. 여행업의 인사관리

여행업은 사람을 자원으로 하기 때문에 여행업 조직 경영에서 인사관리는 매우 중요하다. 여행업의 인사관리 계획이란 여행업을 운영하는 데 필요한 직원 규모와 업무의 양을 결정하는 과정이다. 여행업 경영자는 직원의 요구사항들을 고려할 때 인사관리 계획을 구체화하여야 하며, 이는 여행업 성공여부가 여행사에서 고용하는 종사자에 크게 의존하기 때문이다.

1) 인사관리계획

인사관리 계획에서 요구되는 4가지 기본적인 요소를 James & Charles는 다음과 같이 제시하였다.

① 미래 직원 요구의 계획 : 경영자는 미래 성장과 개인의 요구 사항들에 관하여 계획을 세워야 함.

② 미래 직원의 이직률에 관한 계획 : 대부분의 회사들이 직원의 이직을 겪게 되며, 경영자는 이직률과 같은 예측 못할 사건들을 예견할 필요가 있음.

③ 직원 신규모집, 채용, 해고에 관한 계획 : 종사자들의 근무는 안정적이지 않음. 따라서 경영자는 이러한 인원 변화에 대한 필요성을 예견할 필요가 있음.

④ 직원 교육과 개발에 대한 계획 : 종사자들의 경험 축적과 업무 생산 효율성을 위해서 교육과 개발 계획을 수립할 필요가 있음.

2) 직원 채용과 교육

여행업에 필요한 종사자의 수는 여행업의 종류와 매출액 등 규모에 따라 다르다. 한 명의 경험 많은 직원에 의해서 운영될 수도 있고, 몇 백 명에 의해서 운영될 수도 있다. 여행업에 있어 종사자 임금은 단일 항목으로는 가장 큰 비용이기 때문에 신규 직원을 채용할 때 오는 많은 위험을 가능한 축소시키는 것은 중요하다.

(1) 직원 채용

① 신입사원 채용 : 관리자는 해당 직무에 가장 적합한 사람을 선발하여야 한다. 업무 능력뿐만 아니라 기존 직원들과의 조화 여부도 고려하는 것이 좋다.

② 경력사원 채용 : 부서에 따라 차이는 있지만 여행업에서 경력직 채용으로 가장 선호하는 경우는 3년차 정도의 경력자이다. 하지만 이때 단순히 경력 년수만을 따지기보다는 전 직장의 경영규모(연간 송출인원 등)나 실제로 맡은 업무성과 여부를 체크하는 것이 중요하다.

(2) 직원 교육

여행업은 고객과의 대면접촉이 많은 업무특성을 갖는 서비스산업이다. 따라서 고객의 불만족과 피해를 미연에 방지하기 위하여 꾸준한 훈련과 전문적인 지식을 쌓기 위해 자기개발을 하도록 요구된다.

여행업 업무에 수반되는 기본적인 지식의 수준은 다음과 같다.

① 외국어 능력 : 외국인과 대화 및 letter의 독해가 가능한 수준의 영어는 필수적이며, 그 외 업무수행에 필요한 제2외국어 구사하기

② 여행상품에 관한 지식 : 판매되는 여행상품에 대한 제반 자료 및 구체적인 상품의 품질 내용을 확실히 이해하고 파악하기

③ 관광수속에 관한 지식 : 여권, 비자 수속 관련 및 출입국 수속과 관련한 구체적 내용 숙지하기

④ 협동과 조정(coordination)관리 : 여행업 근무자는 조직 내 협력과 타 부서와의 협조가 수시로 이루어질 수 있도록 긴밀한 관계 유지하기

■ 토마스 쿡(Thomas Cook)이 제시한 경영원칙

1) 여행업을 봉사기관이라고 생각하고 저가격을 실현하여 저소득층도 관광에 참여할 수 있도록 하기.
2) 관광은 수요에 대한 탄력성이 매우 크기 때문에 요금을 내리면 수요는 증가하지만, 수송 및 숙박시설은 많은 시설투자비가 필요하게 되어 고정비용이 높아지기 때문에 이용자를 늘리면 1인당 요금이 내려가고 수입은 증대하게 된다.
3) 이러한 것을 실현하기 위해서는 단체할인제도를 도입하여야 한다.
4) 여행상품은 무형의 상품이라는 인식하에 끊임없이 아이디어 개발에 전념하라.
5) 관광에 대한 활발한 선전활동을 전개해야 한다.

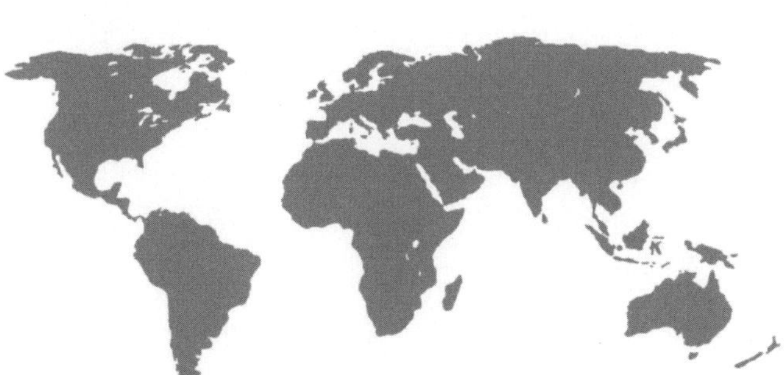

CHAPTER

5

여행업의 업무

1. 국내여행업 업무
2. 국외여행업 업무
3. 일반여행업 업무

CHAPTER

5 여행업의 업무

1. 국내여행업 업무

국내여행(Domestic)업무를 취급할 수 있는 경우는 법적으로 국내여행업과 일반여행업을 등록한 경우이다. 국내여행 업무는 국내를 여행하는 내국인을 대상으로 상품을 기획·생산·판매하는 업무를 말한다.

국내여행 업무는 인바운드 여행이나 아웃바운드 여행에 비해 비교적 업무가 복잡하지 않다고 볼 수 있으며, 출입국 수속이 없고 외국어를 필요로 하지 않는다.

1) 상품기획 및 판매 업무

내국인을 대상으로 국내관광 상품을 개발·조립하여 상품화하는 업무이다. 사전에 시장조사를 통하여 잠재 여행객들의 욕구를 파악하여 여행객들의 기호에 맞게 상품을 기획하는 것이다. 따라서 이를 기획여행이라고 부르며, 기획여행 상품은 여행지, 여행일정, 여행조건, 여행일자 및 여행요금을 산정하여 상품을 만들고, 여행객을 모집하여 계약을 체결함으로써 판매가 이루어진다.

기획여행 상품의 판매방법에는 인터넷 광고, TV나 라디오, 신문 광고 등이 있으며, 집객력을 갖고 있는 유통경로 즉, 타 여행사나 백화점 등을 통해 대리 판매하는 방식도 있다.

반면, 여행객으로부터 의뢰를 받아 여행객이 희망하는 여행조건에 따라 상품을 기획, 생산하는 형태의 여행은 주문여행이라고 한다. 이때는 고객의 요구사항을 최대한 반영할 수 있도록 고려하여 상품을 기획하여야 하며, 그렇지 못한 상황이 발생했을 경우에는 여행 의뢰자에게 충분한 상황을 설명하여 불만족하지 않도록 하여야 한다.

주문여행은 기업이나 법인, 학교, 협회, 각종 단체 등이 주요 판매 대상이며 영업직원이 해당 조직 및 단체의 담당자와 연결하여 판매된다.

2) 수배와 안내 업무

(1) 수배업무

여행객과의 여행계약이 완료되면 현지(관광지)에서의 숙박, 식사, 교통 등 여행상품 진행에 필요한 제반 여건의 확보(예약)를 하여야 하는데 이것을 수배라고 한다. 여행객에게 계약서와 일정표 상에 제시한 여행일정 내용에 맞는 현지 수배가 이루어져야 하며, 만약 불가피하게 변경이 발생하는 경우에는 사전에 여행객에게 반드시 공지하고 변경내용에 대한 동의를 얻어야 한다.

(2) 안내업무

국내여행에 대한 안내는 상품에 따라 안내원이 없을 수도 있다. 국내여행안내사 자격을 소지하고 있는 안내원은 관광지의 명소를 소개하고, 여행자들이 불편함 없이 즐거운 여행이 될 수 있도록 관리하여야 하며 건전한 여행문화가 될 수 있도록 노력하여야 한다. 여행객에게 판매된 여행상품이 실제로 진행될 때 함께 동행하는 직원은 안내원이기 때문에, 안내원은 본인이 여행사를 대표한다는 마음가짐으로 최선의 서비스를 제공하여야 한다.

3) 전세버스 및 각종 티켓 판매 업무

(1) 전세버스 업무

국내여행업의 업무 중에 전세버스 업무는 큰 비중을 차지한다. 법률적인 측면에서 전세버스 업무는 여행업의 업무로 규정되어 있지는 않지만, 전세버스를 이용한 수학여행, 모집관광 등의 단체 여행이 국내여행에서 많은 비율을 점유하고 있기 때문이다.

전세버스의 업무진행과정은 전세버스 운송계약을 작성하는 것에서 시작되며 계약서는 반드시 관할세무서의 검인이 있는 계약서를 사용하여야 한다.

전세버스의 판매는 크게 학교(수학여행, 졸업여행 등), 종교단체, 기업체, 전세버스가 없는 여행사 등을 대상으로 한다.

(2) 각종 티켓 판매 업무

국내여행업에서 취급하는 티켓은 항공권을 포함하여 열차표, 승선권, 호텔투숙권, 각종 문화행사의 입장권 등이다. 이 가운데 주된 판매 수입은 항공권과 열차표이다. 국내항공권은 항공사 대리점 계약에 의해 판매할 수 있으며, 열차표는 철도청의 국유철도여객 매표대리점 계약에 의거 판매할 수 있다. 다만 최근에는 다양한 유통경로(온라인, 앱 등)를 통하여 소비자가 직접 구매하는 경우가 많아, 해당 업무의 비중이 줄어들고 있다.

4) 관리·정산업무

관리업무는 여행업 경영에 필요한 종사자의 채용과 교육 등의 인사관리, 지출과 수입관리 등을 담당하며, 감독관청에 대한 보고와 지시사항 이행 등이 주요 업무이다.

정산업무는 단체 여행이 종료된 후 정산보고서를 작성하고, 단체에 대한 수익과 지출을 근거로 서류를 첨부하여 회계상으로 결산하는 업무이다.

2. 국외여행업 업무

국외여행(Outbound)업무란 내국인의 국외여행을 알선하는 일련의 활동을 말한다. 여권 및 비자 등의 수속업무를 비롯하여 항공예약/발권, 상품기획 및 판매, 수배, 안내업무 등을 취급한다.

1) 수속 업무

국외여행이란 내국인이 해외로 여행하는 것을 말하며, 반드시 필요한 여행서류는 여권이다. 또한 방문국에 따라서 해당국가의 입국을 허가해 주는 비자가 필요한 경우도 있다.

수속업무란 이와 같이 여행객이 국외를 여행하는 데 필요한 여행서류를 대신하여 발급해 주는 업무이다. 지금은 여행사에서 여권발급 대행 업무는 취급하고 있지 않고 비자발급 대행업무만을 취급하고 있다. 여행객이 방문하고자 하는 국가가 어디냐에 따라 수속업무 담당자는 필요한 서류와 발급기간을 확인하고 여행객에게 안내하여야 한다.

2) 상품기획 및 판매 업무

(1) 상품기획 업무

국외여행상품의 개발 및 상품화를 위해 협력사와의 협조, 여행상품 원가계산 및 판매가의 결정뿐만 아니라 차별화된 여행상품을 개발하는 일련의 업무가 상품기획이다.

국외여행상품의 개발은 국내여행 상품에 비해 상품의 종류도 다양하고 체크하여야 할 항목도 다소 많은 편이다. 여행상품의 종류는 사전에 여행사에서 상품을 미리 기획하여 여행조건을 제시하고 판매하는 기획여행(패키지)상품과 여행객의 요청에 의해 제시된 조건으로 여행상품을 기획하여 판매하는 주문여행상품으로 구분할 수 있다.

국외여행상품을 기획할 때는 항공, 숙박, 현지 상황 등을 잘 고려하여야 하며,

상품을 판매할 대상(Target)에 맞게 기획하여야 한다. 따라서 현지여행사(랜드사)의 도움은 물론, 가능하면 현지답사를 통하여 정확한 정보를 가지고 상품을 기획하는 것이 좋다.

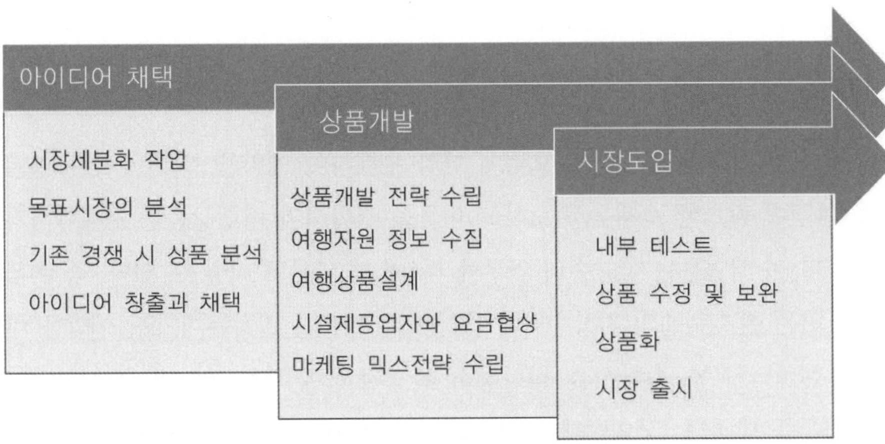

[그림 5-1] 기획여행상품 개발과정

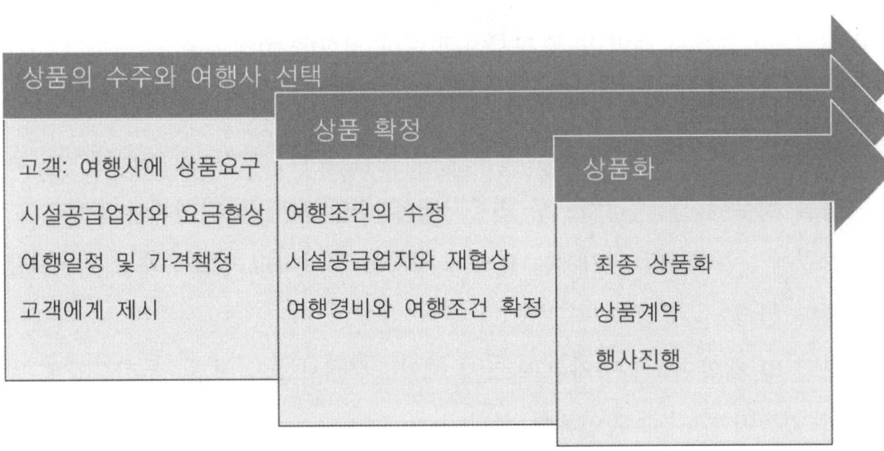

[그림 5-2] 주문여행상품 개발과정

(2) 판매 업무

국외여행상품의 주요 판매경로는 인터넷이나 신문광고이다. 국외여행을 계획하고 있는 여행객들은 인터넷이나 광고를 통해 상품을 검색하고 여행사 담당자에게 상담문의를 한 후 최종계약의 단계에 이른다. 이때 상담자의 능력과 기술이 상품판매에 큰 영향을 미치게 되므로 상품판매 담당자는 판매되는 상품에 관한 전문적인 지식을 반드시 숙지하고 있어야 한다. 일반적으로 국가별·지역별로 담당 부서가 나눠져 있다.

3) 예약 · 수배 업무

예약·수배업무란 여행객의 요청에 따라 수배하여 예약을 행하는 것은 물론이고, 여행에 필요한 소재를 확보하고 이들을 결합시켜 여행상품을 구체화시키는 것이다. 수배업무는 항공수배 업무와 지상수배 업무로 나눌 수 있다. 즉 여행하고자 하는 현지(해외)의 지상수비에 관한 모든 업무를 말하는데, 항공예약을 비롯하여 현지의 교통, 숙박시설, 식사장소, 관광지 등에 관한 예약과 수배를 담당하는 업무를 말한다. 국외여행상품은 내용이 복잡하여 전문적인 예약 및 수배 능력을 필요로 하며, 일반적으로 국가별·지역별로 담당자를 구분한다.

예약 및 수배를 위한 기본적인 원칙은 다음과 같다.

① 정확성 : 고객의 희망 및 요구사항에 대한 정확한 이해와 이용 날짜와 시간 등을 정확하게 기록해야 한다.

② 신속성 : 계약이 체결되면 곧바로 수배에 들어가야 하며, 취소나 변경이 발생할 경우에 도 즉각적으로 변동사항에 대한 수배를 진행해야 한다.

③ 간결성 : 수배사항의 기재는 필요한 사항을 간단하고 명료하게 기록·전달해야 한다.

④ 확인 및 재확인 : 담당자는 반드시 예약·수배사항의 변경·누락·착오 등이 없는지 수시로 확인해야 한다.

4) 항공카운터 업무

항공카운터(Counter)는 국외 여행 시 필요한 항공권의 예약 및 발권을 하는 업무이다. 항공사와의 관계와 항공운임의 계산 및 항공권의 예약 등을 담당하는 업무로서 전문적인 기술을 가지고 있어야 한다. 국외여행업에서 항공권 판매실

적은 회사 내 수익에 큰 비중을 차지하고 있으며, 특히 항공운임은 여행상품가격에 가장 높은 비율을 점유하는 것으로 항공운임 계산이 여행상품가격 책정 및 개별 여행객의 여행경비에 많은 영향을 준다는 점에서 그 역할이 중요하다.

5) 국외여행인솔(T/C) 업무

국외여행상품은 일정 인원 이상이 모객되면 여행객과 함께 전문인솔자가 동반하여 여행을 떠나게 된다. 전문자격을 소지한 인솔자를 국외여행인솔자(Tour Conductor)라 부르며, 단체에 동행하여 여행지에서 여행일정에 필요한 일체의 업무를 수행하게 된다. 국외여행인솔 업무는 내국인여행자가 국외를 여행할 경우, 출국에서부터 모든 일정을 마치고 다시 귀국할 때까지 현지일정의 진행을 담당하는 업무이다.

국외여행을 위하여 출국에서부터 현지의 도착, 관광, 쇼핑, 입국까지 전 과정을 원활하게 진행하는 업무로 이미 확정된 여행조건을 명확히 숙지하여 현지안내원(Tour Guide)의 활동을 지휘 · 감독하는 업무를 수행한다. 국외여행인솔자는 방문하는 국가에 대한 사전 지식을 습득하여야 하고 영어 및 제2외국어 능력이 필요하다.

6) 관리 · 정산 업무

상품담당자와 국외여행인솔자가 여행이 종료된 후에 여행안내 보고서 및 정산서를 작성해서 보고하면 수익과 지출 등에 관해 정산을 관리하는 업무를 말한다. 운송, 숙박, 현지의 지상수배업자와 그 밖에 현지에서 행한 금전의 지불 · 수납과 여행의 정산을 한다. 그 외에 회사운영에 필요한 인사관리, 수입관리, 회계관리와 제반비품의 조달 등의 업무를 하며, 감독관청에 대한보고 및 지시사항 이행 등도 중요한 업무이다.

3. 일반여행업 업무

일반여행업은 앞서 언급한 국내여행(Domestic)과 국외여행(Outbound)을 포함하고 외국인의 국내여행을 알선하는 업무(Inbound)까지를 포괄한다. 따라서 국내여행과 국외여행 업무는 앞서와 동일하며, 여기서는 외국인여행(Inbound) 업무 부분만을 살펴보도록 하자.

인바운드 여행은 외국에 거주하면서 관광이나 상용, 공무 등으로 방한하는 외국인 및 해외거주 교포들을 대상으로 하는 것이 일반적이다. 따라서 인바운드 여행이란 방한 외국인 및 국외거주 교포들을 대상으로 한 국내여행의 판매, 수배, 안내 등을 포함한 모든 업무라 할 수 있다.

인바운드 여행상품의 판매는 현지여행사를 통해 이루어진다. 따라서 인바운드 여행에 있어 중요한 판매활동은 해외의 여행업자가 대상이 된다. 인바운드 여행은 개인여행이나 단체여행을 불문하고 통신수단을 통해 여행을 접수한 때부터 여행업무가 시작된다. 이를 단계적으로 분류하면 〈표 5-1〉과 같다.

〈표 5-1〉 인바운드 여행업무의 흐름

업자 / 단계	해외의 여행업자	한국의 여행업자	진행상황
1	한국여행의 신청	문의에 대한 회신	판매계약 미성립
2	회신에 만족, 필요한 예약 의뢰	예약의뢰에 따른 수배 완료	판매계약 성립과 체결
3	계약에 따른 여행경비 송금	여행경비 수령	여행경비 수령
4	고객이 한국 도착, 여행 실시	판매계약에 입각한 수배, 알선 등 필요 서비스 제공	여행의 추가, 변경, 취소 등 발생
5	여행의 추가, 변경, 취소 등이 발생하면 상호 조정하여 최종적으로 정산완료		

주) 노정철(2008). 여행사경영론 참조

1) 상품기획 업무

외국여행사와 외국인 여행객을 대상으로 국내의 관광상품을 개발 · 조립하여 상품화하는 업무이다. 즉 여행의 기획, 신상품개발, 시장조사 및 분석, 각종 자료의 수집, 외래관광객의 유치를 위한 홍보, 여행조건의 작성 및 계약체결을 하는 업무이다.

2) 판매 업무

판매업무는 외국인 여행객을 유치하기 위하여 국외의 여행업자가 요청한 여행조건을 변경, 조절하여 상품판매를 전담하는 업무이다. 즉 여행상품에 관한 판촉활동부터 여행계약이 성립될 때까지의 업무를 말하며 상품판매를 전담하는 업무이다. 판매부서는 통상 여행을 의뢰하는 외국 여행업의 국가별 · 지역별 · 언어별로 구분하여 조직된다. 외국인 여행객의 국내 유치를 위한 핵심 업무는 여행일정표 작성, 여행상품의 원가계산, 행사확정서 및 행사지시서 작성, 안내원의 정산업무 확인 등이다.

3) 수배 업무

여행상품은 숙박, 식사, 교통 등과 같이 여러 가지 여행소재가 결합되어 하나의 완성된 상품으로 형성된다. 따라서 여행소재의 예약 및 수배는 여행상품을 완성하는 데 매우 중요한 업무이며, 정확한 수배가 이루어졌을 때 원활한 여행이 이루어진다.

여행상품은 눈에 보이지 않는 무형의 상품이므로 친절하고 전문적인 상담과 정확한 수배를 통한 여행객의 만족으로 상품의 품질이 결정된다고 할 수 있다.

4) 안내 업무

외국인 여행객을 대상으로 최일선에서 수행하는 업무로서, 국내 관광지에 대한 안내와 통역 업무를 수행한다. 일반적으로 관광통역안내사는 단체부서의 지휘 · 감독하에 여행조건에 따라 외국여행자의 안내활동을 한다. 따라서 해당 부서에서는 단체의 성격에 맞는 관광통역안내사를 배치하여 전문성을 최대한 발휘할 수 있도록 해야 한다.

CHAPTER

6

여행업과 관광교통

1. 관광교통의 개요
2. 항공 교통
3. 육상 교통
4. 해상 교통

CHAPTER

6 여행업과 관광교통

1. 관광교통의 개요

1) 관광교통의 개요

교통시설은 관광의 본질적 요소 가운데 하나인 이동을 담당하는 것으로 관광과는 불가분의 관계를 가지고 함께 발전하여 왔다. 관광교통은 관광과 교통이 어우러져 어떻게 관광교통의 경험이 되는지를 설명하는 개념이다.

교통의 관점은 관광을 위한 교통(transport for tourism)과 관광으로서의 교통(transport as tourism) 두 가지로 볼 수 있다. 관광으로서의 교통이란 교통이 관광 목적지를 찾아가는 이동수단이라는 단순한 인식에서 벗어나 관광의 통합적 일부로서 여행경험의 필수적인 부분을 형성하도록 계획해야 한다는 관점이다. 반면 관광활동으로서의 교통은 여행자가 관광활동을 함에 있어 필수적인 요소이고 교통시설은 여행자의 관광경험 과정에서도 중요한 매력대상이기도 하다.

관광사업은 여러가지 사업이 어우러져 발전하는 복합산업이기 때문에 모든 관광관련 사업과 연계하여 발전하여 왔다. 관광자원이 수려하고 관광지가 훌륭하게 개발되었다고 해도 여행자를 실어 나르는 교통체계 및 교통수단이 개발되지 못한다면 관광자원의 가치는 감소되고 관광사업의 발전은 저해될 수 있을 것이다. 이와 같이 최근 교통수단과 관광과의 관련성을 깊게 인식함에 따라 교통수단 그 자체를 관광자원화하는 경향이 나타나게 되었으며, 관광자원화된 교통수단을 관광교통시설이라 부른다.

2) 관광교통의 분류

관광교통수단은 그 역할에 따라 일반교통수단과 특수교통수단으로 구분할 수 있다. 일반교통수단은 여행자의 거주지로부터 관광목적지까지 일반여객과 관광객 수송을 맡고 있는 경우이고, 특수교통수단이란 거주지를 떠나 관광목적지까지 이동하는 관광객만을 실어 나르는 교통수단과 관광지 내에서 유람적인 여객수송을 담당하는 경우이다.

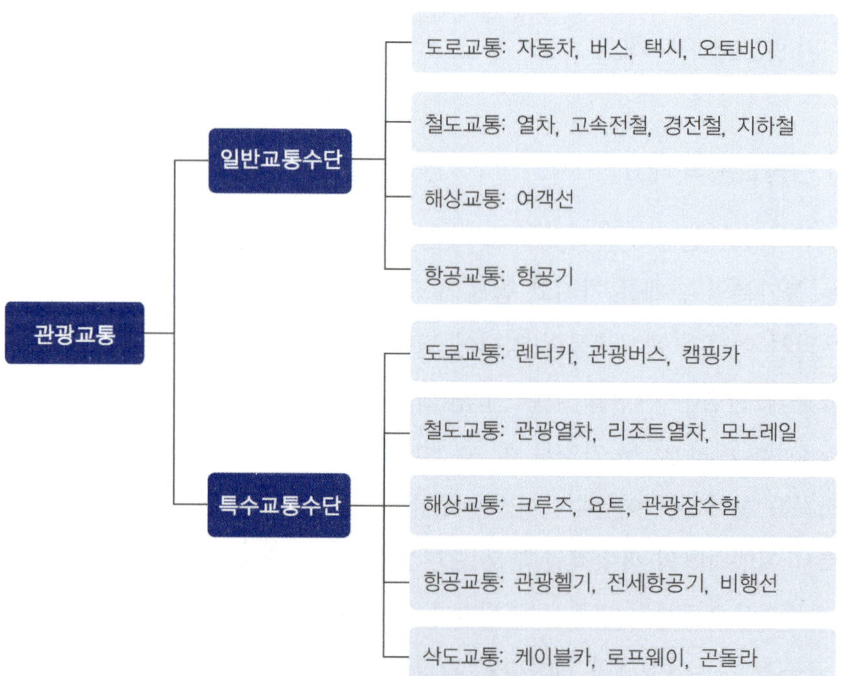

[그림 6-1] 관광교통수단의 역할에 의한 분류

한편 관광교통운송 서비스체계에 의해서는 항공, 도로, 철도, 수상, 기타로 구분하고 교통서비스의 성격이 어떤지에 따라 관광교통수단을 분류한다.

3) 관광교통수단의 장·단점

과학기술의 발전에 따라 관광교통수단은 급속히 발전해 왔으며 관광객들은 도보여행부터 초음속항공기까지 이용하고 있다. 자동차는 단거리여행이나 가족 단위의 개인여행 시 가장 인기 있는 관광교통수단이고, 열차는 과거보다는 이용률이 저조하나 고속철도시대의 도래로 중장거리 여행에 유용한 관광교통수단이다. 해양관광시대의 도래에 따라 여객선을 이용한 관광이 많은 관광객들에게 인기를 얻고 있으며 관광산업의 유망한 업종으로 자리 잡아가고 있다. 항공기는 장거리 관광객이나 시간절약을 새로운 기회비용으로 인식하는 사람들에게 널리 이용되고 있는 유력한 교통수단이다. 이와 같은 각각의 교통수단은 기능적 특성상 서비스 수준에 있어서 장단점을 가지고 있으며 다음의 〈표 6-1〉과 같다.

〈표 6-1〉 주요 관광교통수단의 장 · 단점

구분	장점	단점
자동차	• 자유로운 여정 선정 • 출발시간의 통제가능 • 수하물과 장비운송의 자유 • 3~4명 여행 시 경비절감 • 관광지: 자유로운 이동과 편리	• 대량수송의 불가능 • 운전자의 육체적/정신적 피로 • 안전성, 안락성 결여
전세버스	• 단체관광객 이동의 편리성 • 상대적으로 저렴한 개별요금 • 여정에 따른 관광활동 보장 • 관광안내원의 안내	• 대형사고의 위험성 상존 • 안락성, 쾌적성 결여 • 서비스 질 저하
열차	• 관광객 대량수송 • 상대적으로 저렴한 요금 • 안전성 보장 • 열차 내의 자유로운 이동 • 중장거리 여행	• 장시간의 운행 • 한정된 철도노선 이용 • 출발시간의 상대적인 융통성 결여 • 음식 서비스의 낮은 질 • 열차 내의 소음
선박	• 대량수송의 보장 • 안락하고 낭만적인 여행	• 많은 여행 소요시간 • 기상상태에 좌우되는 안전성 • 지상요금에 비해 상대적으로 비싼 요금 • 지루하고 단조로운 여행

항공기	• 관광객의 대량 수송 • 신속성, 안전성, 경제성, 쾌적성을 갖추고 있어 긍정적 이미지 • 비행 전부터 비행 후까지 완벽한 서비스 제공	• 고가의 여행요금 • 접근 가능한 지역 한정 • 공항 이동까지의 많은 시간소비

출처: 김창수(2018). 관관교통 P92~93

2. 항공 교통

1) 개념

20세기에 들어오면서 산업혁명의 발달로 인한 교통수단 중의 하나인 항공기의 발달과 항공사의 등장은 전 세계를 일일 생활권으로 만드는 급격한 변화를 가져왔다. 항공기의 발달과 함께 여가문화의 발달에 힘입어 현대인의 여가활동을 목적으로 각종 관광자의 이동에 항공기를 이용하게 되었다.

항공산업은 국제수지의 개선, 외국과의 경제적 · 정치적 긴밀화, 그리고 국위선양이라는 관점에서 대부분의 국가들이 국적 항공사를 지원 · 육성하고 있으며 항공사는 관광객의 안전성, 정시성, 쾌적성 등의 서비스 제공과 대형화, 고속화, 가격인하 노력 등으로 항공이용자에게 편의제공을 위한 노력을 하고 있다.

2) 항공 교통의 특징

(1) 안전성

항공교통은 자동차, 기차, 선박 등의 타 교통사업에 비하여 안전성이 매우 높은 교통수단이다. 특히 항공기의 발달, 운항의 합리화 및 항공기 정비기술의 발달은 항공교통의 안전성에 기여하고 있다.

(2) 고속성

항공교통의 속도는 제트기, 초음속 여객기의 출현으로 비약적으로 빨라졌다. 그 결과 전세계 주요 도시를 연결하는 항공노선망이 구축되어 빠르고 편리한 여행이 가능해졌다. 또한 항공교통의 고속성은 비싼 운임에도 불구하고 이용객의 계속적인 증가를 가져오는 원인이 되었다.

(3) 정시성

항공교통은 항공기 정비의 어려움, 기상조건의 영향, 공항의 이용 상태에 따라 정시운항이 불가피하게 제약을 받는 경우도 있다. 그러나 다른 교통수단에 비해 비교적 정시에 운항되는 특성을 가지고 있다. 이는 항공사의 신뢰성과도 연관되는 중요한 문제이다.

(4) 쾌적성

항공교통에 있어 항공기의 기내 시설과 디자인, 인테리어, 운항기술 및 서비스 등이 구성요소가 된다. 현대사회로 올수록 각 항공사마다 동일한 항공기 기종을 보유하여 항공기 자체만으로는 항공수송사업의 상품차별화가 어렵게 되었다. 따라서 항공사들은 기내 설비의 쾌적성을 향상시켜 서비스 경쟁에서 우위를 점하려는 노력의 일환으로 항공기의 쾌적성이 강조되고 있다.

(5) 국제성

항공교통은 영업활동과 항공기의 운항관련규정, 여객 및 화물의 이동범위가 특정국가에 한정되기보다는 세계 다수의 국가와 관련되어있는 국제적인 성격을 가지고 있다.

3) 항공 교통의 분류

(1) 대형항공사(FSC: Full service carrier)

국제민간항공기구(ICAO)는 다양한 기준으로 항공사를 분류하고 있는데, 사업모델에 따른 항공사 종류에는 Full Service Carrier, No-frill Service Carrier, Low Cost Carrier가 있다. 우리나라의 경우 국적 대형항공사로는 대한항공과 아시아나항공이 있다.

〈표 6-2〉 사업모델에 따른 항공사 분류

항공사명	정의 및 특징
Full Service Carrier	• 전형적인 대형항공사 • 광범위한 노선망 운영 • 항공사에서 제공할 수 있는 거의 모든 서비스 제공
No-frill Service Carrier	• 간단하고 제한적인 기내 서비스 제공 • 저비용 항공운송 서비스 제공에 초점을 맞춘 항공사
Low Cost Carrier	• 저비용구조의 항공사로 낮은 운임을 제공하는 항공사 • 독립항공사 또는 대형 항공사의 자회사 등의 형태

[그림 6-2] 대형항공사의 기내서비스

(2) 저비용항공사(LCC: Low cost carrier)

① 저비용항공사의 개념

1978년 미국의 항공운송산업 규제완화(de-regulation)와 함께 시장진입이 자유화되면서 출현한 개념의 저비용항공사(low cost carrier)는 단순한 가격구조를 가지면서 비용절감 체제를 바탕으로 기존의 대형항공사보다 훨씬 낮은 판매가를 유지하는 항공사이며, 기내 서비스를 없애고(no-frills), 항공요금을 낮추며, 단일기종의 운영을 통해 비용을 절감함으로써 항공이용객에게 항공권의 가격을 낮게 책정 · 판매하는 항공사라고 말할 수 있다.

② 저비용항공사 현황

세계 최초의 저비용항공사는 1967년 미국의 사우스웨스트(southwest)항공사이며, 우리나라의 경우에는 2005년 한성항공(티웨이항공 전신)이 그 시초이다. 2020년 1월 기준 6개 저비용항공사가 운항 중이며, 플라이강원(Fly Gangwon)과 에어프레미아(Air Premia)도 운항을 준비 중이다.

〈표 6-3〉 국내 저비용항공사 현황

구분	제주항공	진에어	에어부산	에어서울	이스타항공	티웨이항공
설립일	2005.1.25	2008.1.23	2007.8.31	2015.3.25	2007.10.26	2005.8.31
영업범위	국제 · 국내	국제 · 국내	국제 · 국내	국제 · 국내	국제 · 국내	국제 · 국내
항공기보유	39대	27대	25대	7대	22대	24대
종사자	1,768명	1,353명	917명	331명	881명	1,147명

출처: 항공정보포털시스템. 항공기보유&종사자 수는 2018년 통계치임.

3. 육상 교통

초기의 여행은 주로 육상교통을 통해 이루어졌으며, 원거리 여행은 대부분 철도에 의해서 이루어졌다. 그러나 제2차 세계대전 이후 원거리 여행은 항공기에, 단거리 여행은 자동차에 밀려 철도교통의 성장세는 급격히 둔화되었다. 하지만 선진국들의 경우 철도 주유권과 각종 쿠폰제도가 잘 발달되어 있고, 고속철도 등장과 운송서비스의 개선 등으로 제2의 도약기를 맞이하였다. 특히 유럽의 경우 운송서비스 개선을 통해 철도산업이 여행교통수단으로서 이용률 1위를 점유하고 있다.

1) 철도 교통

(1) 철도 교통의 개념

철도(Railway, Railroad)란 철로 위를 동력으로 차량을 견인하여 여객이나 화물을 운반하는 넓은 의미로 육상교통기관의 하나로 분류하고 있으나, 일정한 궤도를 운행하고 교통수단으로 그 역할의 중요성이 높아지면서 철도교통수단으로 분류하게 되었다.

「철도산업발전기본법」 제3조에 따르면, 철도는 여객 또는 화물을 운송하는 데 필요한 철도시설과 철도차량 및 이와 관련된 운영지원체계가 유기적으로 구성된 운송체계로 규정하고 있다.

(2) 철도 교통의 특징

철도는 다른 교통수단에 비해 사고율이 아주 낮은 안전한 교통수단이며, 자연재해나 교통의 혼잡 등을 피할 수 있고 장거리 및 대량 수송이 가능한 신속하고 정확한 교통수단이다. 이러한 철도교통의 다음과 같은 기본적인 특징을 가지고 있다.

① 신속성과 정확성
② 육상 최대의 일시 운송능력
③ 거리 대비 경제성
④ 저공해와 고안전성

(3) 열차의 개념 및 분류

열차(train)는 정거장 외의 본 선로를 운행할 목적으로 안전하게 조성된 차량이나 차량군으로서 화차나 객차를 달아 선로를 통해 여객이나 화물을 실어 나르는 차량을 말한다. 일반적으로 철도가 육상에 마련된 철로로 일컬어지고, 열차는 그 위를 따라 운행되는 차량을 총칭하고 있다. 그러나 광의의 의미에서 철도가 열차의 형태를 띠고 있는 모든 것까지 정의하고 있어 철도에 열차가 포함되기도 한다.

열차의 분류는 목적, 운행시기, 운행방식 등에 의하여 〈표 6-4〉와 같이 구분할 수 있다.

〈표 6-4〉 열차의 분류

구분		내용
목적	여객 열차	여객이나 관광객을 대상으로 하여 운행하는 열차
	화물 열차	화물우편수하물을 싣고 운행하는 열차
	기타 열차	배선열차, 시운전열차, 구원열차 등
	정기 열차	철도 시간표에 따라 정기적으로 운행하는 열차
운행시기	계절 열차	계절의 여객 수요에 따라 탄력적으로 운행하는 열차
	부정기 열차	관광열차와 같이 여행사와 제휴하여 운행하는 열차와 주말만 운행하는 레저열차 등
	임시 열차	주말이나 연휴, 명절 등 여객수요에 대응하여 임시로 운행하는 열차
운행방식	급행 열차	주요 역과 최종 목적지만 정거하면서 빠른 속도로 운행하는 직행열차
	완행 열차	구간 정거역마다 정차하고, 느린 속도로 운행하는 완행열차

(4) 철도 교통 상품의 종류

① 유레일패스(Eurail Pass)

외국관광객의 유럽 유치를 위해 생겨난 특별할인 승차권으로 유럽 31개국에서 사용할 수 있다. 유레일패스는 사용방법과 기간에 따라 〈표 6-5〉와 같이 구분한다.

〈표 6-5〉 유레일패스 종류

패스 종류	특징
유레일 글로벌 연속패스	유럽 21개국을 정해진 기간 동안 무제한으로 이용 가능
유레일 세이버 패스	2인 이상의 여행자가 동시에 여행을 할 경우에 할인해 주는 패스
유레일 글로벌 플랙시 패스	개시일로부터 유효기간 안에 비연속적으로 원하는 날짜에 사용 가능

② 일본 철도 패스(JR: Japan Rail Pass)

일본을 여행하는 단기 체류 외국인을 대상으로 판매하는 특별기획 승차권으로 정해진 기간 내에 JR에서 운영하는 열차, 노선버스, 여객선을 무제한 이용할 수 있다. 패스의 종류는 그린차(특실)와 보통차로 구분되며, 기간에 따라 7일, 14일, 21일권이 있다. 그 외에도 일본은 각 지역별로 다양한 종류의 교통패스가 있으므로, 여행자는 본인의 여행일정에 맞는 패스를 구매하는 것이 좋다.

③ 미국 암트랙 패스(Amtrak Pass)

외국인이 일정기간(15일/30일) 동안 한 구역 내에서 암트랙을 자유로이 이용할 수 있는 할인승차권 시스템으로 2등칸인 코치좌석이 제공된다.

〈표 6-6〉 주요 국가별 초고속 열차

국가	열차	설명	
대한민국	KTX SRT	• 2004년 개통된 고속 열차 • 2016년 개통된 수서발 고속열차	
일본	신칸센	• 1964년 개통된 고속 열차. • 세계 최초의 상업용 고속철도 • TGV, 신칸센과 더불어 세계 3대 고속열차	
독일	ICE	• 1991년 독일의 고속 열차 • TGV, 신칸센과 더불어 세계 3대 고속열차	
프랑스	TGV	• 1981년 개통된 고속 열차 • 세계 최초로 300Km/h 운전달성 • TGV, 신칸센과 더불어 세계 3대 고속열차	
스페인	AVE	• 1992년 스페인 고속열차 • 마드리드~세비야 471Km	

(5) 관광열차

관광열차(tourist train)란 열차의 개념인 정거장 외의 본 선로를 운전할 목적으로 안전하게 조성된 차량이나 차량군으로서 기관차에 객차 등을 연결하여 이룬 줄지은 차량을 기본으로 하되, 주로 관광객을 목적지까지 이동시키는 중간매개체로서의 역할과 열차 자체로서의 매력물이 되는 속성으로, 관광의 통합적 일부로서 여행경험의 필수적인 부분을 형성하는 차량으로 일컬어진다.

주로 관광객을 관광목적지까지 열차로 신속하고 안전하게 이동시키는 중간매체 역할과 열차 그 자체가 관광객에게 1차적 매력물로서 역할하는 속성을 포함하고 있다. 관광객에게 포괄요금을 적용하여 전 여행일정을 모두 책임지는 패키지상품으로 기능을 수행하는 열차를 말하며, 다음과 같은 특성이 있다.

① 안전성 : 열차는 점유되어 있는 레일에 의하여 주행이 유도되므로 다른 교통기관에 비하여 안전성의 확보가 가능
② 정시성 : 비교적 기후의 영향을 받지 않고 정상적인 운전이 확보되며, 안시성(安市城)이 높은 서비스 제공 가능
③ 고속성 : 지정된 철로를 따라 운행되므로 장애물이 적어서 고속성 획득이 용이
④ 대량수송성 : 레일을 이용하여 많은 차량이 적은 에너지로 일시의 수송이 가능
⑤ 장거리성 : 육상교통 중에서 장거리 수송 면에서는 가장 유리
⑥ 저렴성 : 대량수송이 가능함에 따라 수송능력이 높아져 저렴한 수송이 가능
⑦ 편리성 : 열차는 작은 점유공간으로 도심지나 공장 내로 진입할 수 있어 이용자 수요에 대응하는 양질의 서비스 가능
⑧ 쾌적성 : 장시간의 여행에 있어서 차량의 동요가 적고 차량 공간이 넓어서 활동성이 확보되므로 동일시간 승차 시 자동차보다 피로가 적고 쾌적
⑨ 저공해성 : 배기가스에 의한 대기오염이나 소음 · 진동에 의한 주민에 미치는 영향 또는 자연환경 파괴 등이 월등히 낮음

(6) 철도관광상품

철도관광상품은 관광객을 목적지로 이동시키는 매체로서 철도가 주요 역할을 하며, 철도시설물, 차량 및 열차디자인, 이벤트 프로그램 등을 포함한다.

철도관광상품은 관광자원, 이용시설, 숙박, 교통, 식음료, 서비스 등 철도관광 상품이 가지는 유·무형의 이미지와 관광 목적에 따른 적극적 참여로 구분된다. 철도관광상품의 구성요소는 형태와 종류에 따라 내용과 범위가 다양하며, 시대와 사회문화적 영향에 의해서도 변화될 수 있다.

〈표 6-7〉 철도관광상품의 구성요소

구분		물적요소(유형)	인적요소(무형)
외적요소	관광자원	관광객, 관광지, 관광자원	체험활동
	서비스	연계교통, 안내시설, 숙박, 식사	관광안내, 여행보험, 이벤트
내적요소	운송	역사, 대합실, 승강장, 편의시설, 주차장, 관광안내정보	장소이동
	관광	철도문화상품	이벤트, 관광안내방송, 오락서비스, 철도 및 열차 내 문화
	열차	열차부대서설, 운행노선, 열차운행자	승무원 서비스, 분위기

■ 스위스 파노라마 기차여행

1) 글레이셔 익스프레스(Glacier Express)

세계에서 가장 느린 빙하특급열차. 마테호른이 있는 체르마트와 생모리츠를 연결하는 관광기차. 약 8시간 동안 91개의 터널과 291개의 다리를 지나면서 만년설에 덮인 알프스의 산, 깊은 계곡과 협곡들을 만날 수 있다.

2) 골든 패스(Golden Pass)

스위스에서 가장 큰 레만호수와 푸른 들판과 전나무 숲을 만날 수 있다. 지붕까지 전면이 통유리로 되어있는 골든패스 파노라마 열차와 역방향으로 운행하는 골든패스 클래식 열차가 있다.

■ 세계의 럭셔리 기차여행

- BLUE TRAIN(www.bluetrain.co.za)

증기기술을 활용하여 아프리카의 광활한 남쪽에서 북쪽으로 대륙을 가로지르는 장엄한 산맥을 둘러싸고, 건조한 사막의 풍경을 통해 야생동물로 가득한 길들여지지 않은 사바나 초원 위를 연결하는 꿈. 블루트레인은 이런 꿈으로부터 탄생한 열차이다. 5성 호텔급 서비스를 제공받으며 남아프리카 공화국을 기차로 횡단하는 환상적인 여행을 선물하는 럭셔리 기차이다.

* 프레토레아-케이프타운 노선 : 1600km의 다양하고 아름다운 풍경을 31시간 동안 볼 수 있음.
* 프레토리아-크루거 국립공원 노선 : 세계 최고의 사파리 공원 중 하나인 크루거 국립공원과 아프리카의 빅파이브(Big Five)가 있는 남아공 림포포 지역으로 이동. 그레이터 크루거(Greater Kruger)와 사비샌드(Sabi Sands) 지역에 위치한 많은 프라이빗 사파리 롯지(lodge)와 함께 환상적인 새로운 '레일 사파리(Rail Safari)' 조합 패키지 제공.

2) 도로 교통

자동차 산업의 발전은 철도교통 산업을 사양화시킨다는 견해가 있었으나 이는 육상교통 시스템의 단면만을 본 편견이다. 자동차 운송업과 철도 운송업은 각자의 결함을 상호 보완해 가면서 발전하고 있기 때문이다.

관광과 관련되는 자동차 운송업은 렌터카가 주이며, 선진외국의 경우 플라이 앤 드라이브(fly and drive) 형태가 유행하여 렌터카의 국제체인화 현상을 보이고 있다. 이처럼 자동차는 도로를 이용하여 관광지까지 가장 가깝게 접근할 수 있으며, 관광지 내에서 관광객의 운송이 편리하다는 점에서 매우 유용하게 이용되고 있다.

(1) 전세버스 사업

전세버스업이란 건설교통부령이 정하는 자동차를 사용하여 관광자를 운송하는 사업을 말하며, 특히 단체 관광자를 대상으로 영리를 목적으로 출발지부터 목적지까지 이동시키는 사업을 말한다.

여행사에 주로 판매되는 패키지 상품의 경우 전세버스를 이용하여 이루어지게 되며, 출발지에서 원하는 목적지까지 갈아타지 않아도 된다는 편리성의 장점과 비용 및 시간적인 면에서 저렴하게 이용할 수 있기 때문이라고 볼 수 있다. 그로 인해 전세버스는 주로 학생의 수학여행이나 인바운드 여행사, 일반단체 등에서 많이 이용한다.

(2) 렌터카 사업

렌터카 사업은 공항근처나 도심지에 위치하여 사업을 운영하고 있으며, 관광여행자보다 사업여행자들이 더 많이 이용하는 것으로 알려져 있으나 주요 관광지를 중심으로 빠른 성장을 보이고 있다. 대표적인 렌터카 회사로는 버젯(Budget), 에이비스(AVIS), 알라모(Alamo), 허츠(Hertz) 등이 있다.

4. 해상 교통

1) 크루즈 산업의 개념

크루즈(Cruise)란 개념은 'Excursion Ship'으로 Excursion(소풍, 짧은 여행) + Ship이 합해져 '관광하는 배'라는 뜻으로 즉, 호텔 숙박과 관광지 이동을 위한 교통이 따로 필요 없이 배 하나만을 이용하여 관광하는 것이라고 할 수 있다. 크루즈는 숙박을 하는 운송수단이면서 동시에 운송을 하는 숙박수단이 될 수 있기 때문이다.

크루즈 산업은 제1차 세계대전이 끝나고 대서양의 정기 여객항로에 운항되던 대형 여객선을 겨울철 비수기에 아열대 해역을 항해함으로써 선박의 운항효율을 높이려는 목적으로 시작되었다. 크루즈 산업은 여객 또는 화물을 수송하는 것이 아닌 유람을 주목적으로 하고 짧게는 며칠에서 수개월에 이르는 장기간의 관광을 통해 유적지나 관광자원이 풍부한 지역을 부정기적으로 운항한다는 특성을 가지고 있으며, 이를 위해 크루즈 선에는 승객을 위한 각종 편의시설이 구비되어 있고 그 규모도 대형이다.

크루즈의 개념은 학자나 기관에 따라 다양하게 정의를 내리고 있으며, 한국관광공사에서는 '운송보다는 순수관광목적의 선박관광으로 숙박, 음식, 위락 등 관광자를 위한 시설을 갖추고 수준 높은 관광상품을 제공하면서 수려한 관광지를 안전하게 순항하는 관광'이라고 정의하고 있다. 다시 말해, 운송의 개념과 호텔의 개념을 합한 것이다.

2) 크루즈 산업과 관광

크루즈 산업은 유람선을 이용한 독특한 관광으로 정기선로의 여객선이 아닌 선박회사 또는 여행업자가 포괄요금으로 관광객을 모집하여 운항하는 것이며, 순수관광목적 여행자에게 다수의 매력적인 항구 및 관광지를 방문하게 하는 항해여행을 말한다.

크루즈 산업은 1970년대 이후 연 9% 정도의 가장 빠른 성장을 보이고 있으며,

1980년 이후 타 관광산업에 비해 거의 2배의 성장률을 기록하고 있다. 2000년 기준 세계 크루즈 시장은 크게 북미시장(70%), 아시아/남태평양(16%), 유럽시장(14%)으로 재편되어 있으나 중남미, 스칸디나비아, 한국 등의 새로운 시장이 출현하여 중·단기시장이 더욱 활성활 될 것으로 기대하고 있다.

3) 크루즈 산업의 특징

(1) 이동시간의 활용

크루즈는 낮에는 각 기항지에서 기항지 관광을 즐기고 밤에는 선내 시설을 이용한 각종 레크리에이션 및 쇼 관람을 즐길 수 있다. 그리고 야간에도 선내시설을 즐기거나 잠을 자는 동안에 다음 관광지로 이동하기 때문에 이동을 위한 별도의 시간소요나 신체적 불편함을 겪지 않아도 된다. 더불어 일정 내내 크루즈 내에서 동일한 숙박시설을 이용하기 때문에 여행이 끝날 때까지 짐을 재정리할 필요도 없다.

(2) 저렴한 가격

단순히 크루즈 가격만을 생각하면 비싸다고 생각할 수 있지만, 크루즈는 특급 호텔 수준의 식사와 선내시설, 세계 각국의 쇼와 이벤트, 최고급 시설의 해상 스포츠를 저렴한 비용으로 즐길 수 있다. 따라서 관광의 수준과 서비스의 질에 비한다면 상대적으로 가격이 저렴하다고 할 수 있다.

(3) 안전성

국외여행에서 무엇보다도 중요한 것은 안전이다. 크루즈 탑승객들은 탑승 후 안전관련 훈련을 의무적으로 받아야 하고, 크루즈는 선박 안으로 외부인의 출입이 철저히 금지되며 선내에서 모든 즐거움을 누릴 수 있다. 모든 크루즈 선사는 안전에 대하여 최우선으로 생각하여 만전을 기하기 때문에 관광객은 안전한 여행을 즐길 수 있다.

(4) 출입국 수속의 편리성

일반적인 관광과는 달리 개별관광자나 단체관광자 모두 여러 나라의 출입국 수속을 일괄적으로 처리할 수 있으며, 이로 인해 수속시간 단축 및 개인별 수속의 번거로움 등의 불편함이 적다.

4) 크루즈의 분류

현대의 크루즈는 다양한 방법에 의해 분류할 수 있으나, 크루즈 항해지역, 선박의 크기, 수용능력, 크루즈 성격 및 목적에 따라 분류할 수 있다. 크루즈 항해지역에 따라 해양크루즈와 연안크루즈 및 내수면을 항해하는 하천크루즈로 구분할 수 있으며, 선박에서 승객이 사용할 수 있는 내부 용적크기를 나타내는 총톤수에 따라 소형 선박크루즈(25,000톤 이하), 중형 선박크루즈(25,000~70,000톤), 대형 선박크루즈(70,000~100,000톤), 초대형 선박크루즈(100,000톤 이상)로 분류한다. 승객 수용 능력에 따라서는 소형선(949명 미만), 중형선(950~1,999명), 대형선(2,000~2,999명), 초대형선(3,000명 이상)으로 구분한다.

그 외에도 크루즈 성격별로 전통형, 리조트형, 고급형, 호화형, 특선형 크루즈로 구분하기도 하며, 크루즈를 행하는 여행자의 목적에 따라 관광크루즈와 세미나크루즈, 테마크루즈로 분류하기도 한다.

〈표 6-8〉 크루즈의 분류

항해지역별	선박크기별	성격별	목적별
• 해양크루즈 • 연안크루즈 • 하천크루즈	• 소형 선박 크루즈 • 중형 선박 크루즈 • 대형 선박 크루즈 • 초대형 선박 크루즈	• 전통형 크루즈 • 리조트형 크루즈 • 고급형 크루즈 • 호화형 크루즈 • 특선형 크루즈	• 관광 크루즈 • 세미나 크루즈 • 테마 크루즈

5) 세계 3대 크루즈 선사

현재 크루즈시장은 세계 3대 선사를 비롯하여 크고 작은 수많은 선사들이 있다. 이들은 모두 크루즈시장에서 선사 나름대로의 특성을 가지고 있는데, 선박의 운항지역, 크루즈상품의 가격, 제공하는 엔터테인먼트나 서비스의 질, 표적시장으로 하는 수요자의 계층 등 여러 가지 요소에 따라서 조금씩 다른 성격을 가지고 있다.

대형 3대 선사가 크루즈 시장의 약 70%(침상수) 이상을 차지하고 있으며, 전 세계에 운항 중인 해양 크루즈선박 365척(2017년 기준) 중 약 50%에 해당하는 181척을 소유하고 있으며, 특히 양대 크루즈선사인 카니발(44%)과 로열캐리비안(24%)은 객실수 기준으로 전체 크루즈시장의 약 68%를 차지하며 시장을 거의 주도해 오고 있다.

선박수 기준으로는 로열캐리비안, 카니발, 스타크루즈가 3대 선사로 구분된다.

(1) RCI (Royal Caribbean International)

로열캐리비안 크루즈(Royal Caribbean Cruises Ltd.)는 로열캐리비안 인터내셔널(Royal Caribbean International), 셀러브리티크루즈(Celebrity Cruises), 아자마라크루즈(Azamara Cruises), 풀만투르(Pullmantur), 투이 크루즈(Tui Cruises), 스카이씨(Skysea)를 보유한 글로벌 리딩 선사다. 현재 총 49척의 크루즈선을 보유하고 있으며 아시아, 알래스카, 지중해, 북유럽, 카리브해, 멕시코, 캐나다/뉴잉글랜드, 호주/뉴질랜드, 쿠바, 남미, 갈라파고스 등 전 세계 7대륙 80개국 490여 곳의 기항지를 운항하고 있다. 뉴욕증시(NYSE) 및 오슬로 증시(OSE) 상장기업으로 본사는 미국 플로리다 마이애미에 위치하고 있다.

RoyalCaribbean INTERNATIONAL

(2) CARNIVAL(Carnival Corporation & PLC)

세계 최대의 레저 여행 회사인 카니발 코퍼레이션 & PLC는 전 세계 여행객들에게 특별한 휴가를 제공한다. 이 회사의 글로벌 크루즈 라인 브랜드 포트폴리오에는 카니발 크루즈 라인(Carnival Cruise Line), 홀랜드 아메리카 라인(Holland America Line), 프린세스 크루즈(Princess Cruise) 및 북미의 씨본(Seabourn)이 포함된다. P&O 크루즈(영국) 및 사우샘프턴, 잉글랜드의 쿠나드(Cunard), 독일 로스토크의 AIDA 크루즈, 코스타크루즈(제노아, 이탈리아), P&O크루즈(호주)가 포함되어 있다. 카니발 코퍼레이션은 크루즈 운영을 보완하는 알래스카와 유콘에서 운영되는 홀랜드 아메리카 프린세스 알래스카 투어 회사를 소유하고 있다.

이 브랜드는 전 세계 700개 이상의 항구를 방문하는 102척의 선박을 보유한 세계 최대의 크루즈 회사이며, 2017년부터 2022년까지 총 19척의 신규 선박이 카니발 코퍼레이션에 인도될 예정이다.

Carnival

(3) NCL(Norwegian Cruise Line)

50년이 넘는 크루즈라인으로 전 세계 450개 이상의 목적지로 다양한 일정을 제공하고 있다. 패밀리 크루즈, 싱글 크루즈, 카지노 크루즈 등 스페셜&테마 크루징으로 타 선사와 차별화된 서비스를 제공하고 있다. 월드 트래블 어워드의 '세계 최고의 크루즈라인' 2년 연속, '북미 최고의 크루즈 라인' 3년 연속 수상하였으며, 2019년 노르웨이지안 앙코르의 도입과 2022년부터 레오나르도 클래스 선박의 출시 등 2027년까지 10척의 선박을 추가로 도입할 예정이다.

NORWEGIAN CRUISE LINE

(4) STAR CRUISE

1993년 설립 이래 아시아 태평양 최고의 크루즈 선사인 스타크루즈(NCL 자매회사)는 세계에서 세 번째로 큰 규모의 크루즈 경영사로서, 전 세계 200여 곳 이상을 기항하고 있다. 2015년 기준 18개의 선박을 보유하고 있으며, 2017년 이후 4척의 선박이 새로 건조될 예정이다. 현재 스타크루즈는 홍콩, 호주, 중국, 인도, 인도네시아, 일본, 한국, 말레이시아, 싱가포르, 타이완 등의 사무소가 운영되고 있다.

STAR CRUISES

The Leading Crises Line In Asia-Pacific

스타크루즈는 아시아 태평양 내 다양한 크루즈 일정을 제공하고 있는 선도적인 선사로, 슈퍼스타 버고, 슈퍼스타 아쿠아리우스, 슈퍼스타 리브라, 스타 파이시스, 그리고 메가스타까지 총 5개의 선박을 운용하고 있다. NCL은 북·남아메리카, 하와이, 카리브해, 알래스카, 유럽, 지중해 및 버뮤다 등지를 기항하는 총 10개의 선박(Gem, Jewel, Pearl, Sun, Dawn, Star, Spirt, Sky, Pride of America)을 운용하고 있다.

6) 크루즈 여행상품

과거 크루즈 상품은 고소득계층과 장년층 및 시간적으로 여유로운 계층이 크루즈선사의 주요 마케팅 표적이 되었으나, 현대에는 크루즈에 대한 인식 변화와 새로운 계층의 수요가 증하고 있다. 특히 카니발 크루즈 라인의 '즐거운 크루즈(fun ship)' 개념 도입 이후 새로운 세분시장과 틈새시장이 크루즈여행의 표적이 되었다. 크루즈 상품의 다양화가 이루어지면서 과거 부유층을 대상으로 한 값비싼 세계일주 호화유람에서 다양한 연령층 및 소득계층을 표적으로 하는 여행상품들이 호평을 받고 있다.

특히 세계크루즈선주협회(CLIA)는 시장조사를 통해 크루즈 관광에 대한 역사가 짧고 경험이 충분하지 않은 반면 소득수준이 높아지고 있는 아시아시장의 수요증가를 예측하며, 특히 중국시장에서 높은 성장률을 보일 것이라고 하였다.

〈표 6-9〉 국내 크루즈 관광객 현황

구분	2012년	2013년	2014년	2015년
인원(명)	13,973	15,462	32,772	34,853

구분	탈아시아 Fly Cruise	아시아 Fly Cruise	국내 출발 크루즈
비율	63.1%	2.6%	34.3%

자료: 세계크루즈선주협회, 2017

국내 크루즈시장의 본격적인 시작은 2012년 2월 1일에 취항한 클럽하모니(Club Harmony)호라고 할 수 있으며, 그 성장이 계속되고 있다. CLIA의 보고에 의하면, 2015년 국내의 내국인 크루즈 관광객수는 34,853명으로 2012년 이후 매년 35.6%의 성장으로 보이고 있다. 이는 아시아에서 중국, 대만, 싱가포르, 일본, 홍콩, 인도, 말레이시아, 인도네시아 다음의 9번째 순위로서 우리나라 국민들의 경제수준에 비해 상대적으로 낮은 수준이다. 국내 크루즈 관광객들이 아시아 외의 국가에 비행기를 타고 가서 크루즈에 승선하는 탈아시아 Fly & Cruise 방식의 비율이 63%로 상당히 높으며, 97%가 대중크루즈 또는 프리미엄급 크루즈를 선택하는 것으로 조사되었다.

CHAPTER

7

여행업의 마케팅

1. 마케팅의 이해
2. 여행업 마케팅 전략
3. 여행객 마케팅 믹스
4. 여행업 STP 전략

CHAPTER 7

여행업의 마케팅

1. 마케팅의 이해

1) 마케팅의 기본 개념

기업이 설립의 궁극적인 목표인 이윤 달성을 위해 활용하는 여러 가지 도구 중 마케팅의 중요성은 날이 갈수록 증가되고 있다. 마케팅은 처음부터 존재한 것이 아니라 기업의 '목표 달성'이라는 필요에 의해서 탄생하였다.

(1) 마케팅의 정의

마케팅의 어원으로 들어가면 market(시장)에서의 활동(ing)으로 이해할 수 있는 데 마케팅(marketing)이란 용어는 라틴어 mercatus(mercere: 장사하다+tus 과거분사 어미)에서 유래하였는데, 어원적으로는 "시장에 내놓는 것(put on the market)"을 의미한다. 한편 학문분야에서의 마케팅은 20세기 초에 미국에서 태동되어 발전해왔다.

마케팅의 정의는 1960년 미국마케팅협회(AMA: American Marketing Association)에서 처음 공식적으로 발표하였으며 여러 가지 환경의 변화와 학문적으로 마케팅이 발전하는 과정에서 마케팅에 대한 정의도 변화를 가져왔다. 현재 가장 일반적으로 사용되고 있는 마케팅에 대한 정의는 1985년 미국마케팅협회에서 발표한 것에 기초를 두고 있으며, 2007년에 다음과 같이 다시 정의하였다.

"마케팅은 고객, 클라이언트, 파트너 및 전체 사회에 유용한 물품을 창출하고, 알리고, 교환하기 위한 활동, 일련의 제도 및 과정이다"(AMA, 2007)

학자들의 정의를 보면 필립 코틀러(P. Kotler)는 마케팅이란 '제품이나 가치를 창조하거나 다른 사람과의 교환과정을 통하여 소비자의 필요(needs)와 욕구(wants)를 충족시키는 인간활동'이라고 정의하였고 세계적인 경제전문가인 피터 드러커(Peter F. Drucker)는 '마케팅이란 가치 있는 고객의 체험을 창조하고 유지하는 것을 뜻한다.'라고 정의하였다.

이러한 마케팅의 개념과 가치 창출과정은 [그림 7-1]에서 확인할 수 있다.

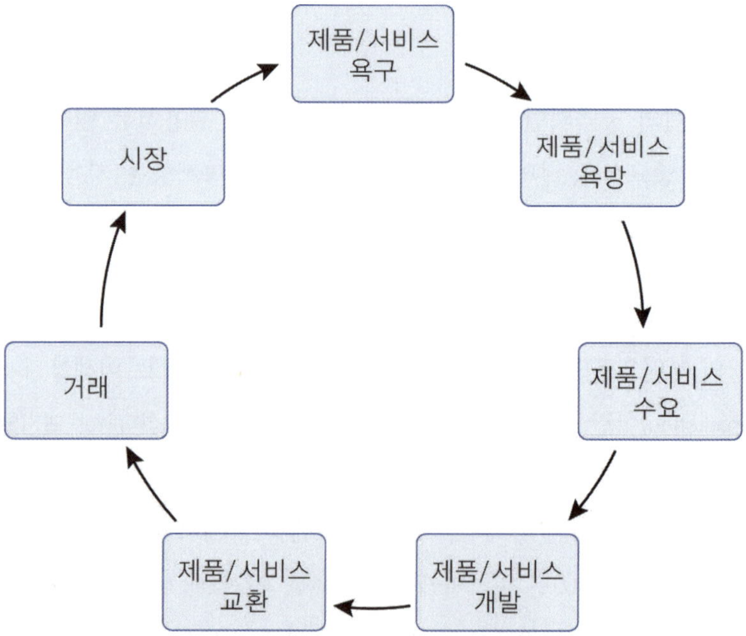

[그림 7-1] 마케팅의 개념 및 가치창출 과정

이를 종합해 보면 마케팅이란 기업의 이윤추구 즉, 목표달성을 위해 시장의 변화에 즉각적인 대처 및 고객의 욕구를 충족시키고 고객을 창조하고 유지하는 일련의 활동 혹은 과정이라고 정의할 수 있다.

(2) 마케팅의 발전과정

마케팅개념은 기본적으로 수요 · 공급체계의 논리에서 출발한다. 수요가 공급보다 많은 초기단계에는 생산의 효율성만을 생각하는 생산중심의 사고가 만연하였으나 오늘날에는 소비를 위한 생산이라는 소비자 중심사고로 바뀌고 있다. 또한 최근에는 사회 지향적인 마케팅개념을 도입하고 있는데, 마케팅은 각 시대를 반영하는 것으로 그 이념은 시장 환경에 따라 생산지향, 상품지향, 판매지향, 마케팅지향, 사회지향적 이념으로 발전해왔다. 또한 고객중심 마케팅 사고가 정착되면서 마케팅 패러다임도 대중마케팅, 표적마케팅, 개별마케팅으로 변화하고 있다.

관광업에 대한 마케팅의 개념은 비교적 최근에 발전하였다. 20세기 이전의 관광 상품과 서비스는 다른 산업과 마찬가지로 간결하고 전통적인 방법으로 판매되었다. 그 시절에는 관광지, 관광동선, 관광객 이용 시설 등이 한정되어 있었기 때문에 마케팅 활동이 굳이 필요하지 않았다.

관광산업에 마케팅이론이 적용되기 시작한 시기는 20세기 이후이다. 또한 마케팅이론이 점점 발전함에 따라 관광 관련 기업이 고객이 원하는 서비스를 제공하기 위한 맞춤형 마케팅(customized marketing)이 점점 활성화되고 있는 추세이다.

① 생산지향적(production-oriented)

20세기 초반 수요가 공급을 초과하여 제품을 만들어 내기만 하면 팔리는 시대를 말한다. 생산지향적 시장의 특징은 소비자는 모든 상품이 유사하다고 생각하여 소비자는 가격과 구매의 편리성을 위주로 생각하며, 생산자는 상품의 생산성과 유통 효율 및 비용 절약과 같은 생산성만을 위주로 생각하였다.

일반적으로 1900년대부터 1930년대까지를 말하며 국내의 경우는 1950년대까지가 이 시기에 해당된다고 볼 수 있는데, 이 시기에는 효율적인 대량생산 방법이 기업들의 목표가 되었다. 즉, 기업의 입장에서 고객의 욕구는 별로 중요하지 않으며, 생산자이자 공급자인 기업이 주도권을 갖는 판매자시장(seller's market) 중심으로 구성되었다.

관광분야에 있어서도 초기에는 호텔이란 숙박이 가능하고 간단한 식사가 제공되는 시설만을 갖추고 여행객이 잠시 쉬어갈 수 있다는 점에 큰 의미를 부여하던 시대라고 할 수 있다. 여행객이 자신의 원하는 호텔을 고를 수 있는 것이 아니라 여행 중에 숙박과 식사가 가능한 호텔이 있다는 것에 감사하던 시대라고 할 수 있다. 여행상품의 경우에도 여행사가 만들어 놓은 구성요소와 일정대로 여행객이 따라야만 하는 시기라고 할 수 있다.

② **상품(제품)지향적**(product-oriented)

산업혁명 이후 대량생산이 가능해지면서 공급은 점차 증가되었다. 소비자들은 보다 좋은 상품을 고를 수 있기를 희망하였다. 이 시기에는 상품의 품질을 높이는 것이 가장 중요한 경쟁력이 되었다. 같은 가격의 상품이라면 보다 좋고 품질이 우수한 상품을 선호하게 되었는데 이러한 품질의 기준은 소비자의 기호를 고려한 것이 아니라 생산자의 기준이다.

좋은 상품을 생산하고, 판매하는 것에 중점을 두는 시대이며, 따라서 마케팅 활동을 통한 품질개선이라기보다는 기업의 관점에서 우수한 상품을 개발하는데 비중을 두고 있었다.

관광분야에서는 초창기 패키지 여행상품이 대표적인 상품 지향적 상품이라고 할 수 있다.

소비자 입장에서는 동일한 비용으로 여행을 갈 경우 항공권, 숙박, 교통, 식사, 관광지 등의 구성요소를 각각 구매하는 것보다 패키지 여행상품을 구매하는 것이 보다 좋은 품질의 여행이 가능하다. 초창기 여행사의 경우 소비자의 기호를 고려한 상품 생산보다는 여행사 입장에서의 여행상품 생산에 주력을 하였다.

③ **판매지향적**(selling-oriented)

대규모 기업들이 증가하고, 상품의 대량 생산화 그리고 질 좋은 상품이 증가함에 따라 공급이 과잉되는 현상이 나타나게 되었다. 상품들이 남아돌면서 기업들은 재고를 줄이기 위한 노력을 시작하였다. 시장 요구를 충족시킬 수 있는 상품을 만드는 것보다는 현재 소유하고 있는 상품을 처분하는 데 노력을 기울였으며, 시장은 주도권 또한 생산자에서 소비자로 넘어가게 되어 판매자시장에서 구매자시장(buyer's market)으로 변화되었다.

기업은 판매될 수 있는 상품을 만들지 않고, 이미 만들어진 상품을 판매해야 했기 때문에 공격적으로 판매를 실시하였는데 이런 공격적인 판매는 일시적인 효과가 있을 뿐이다.

여행사의 경우 상품 판매를 위해 수익 대비 많은 비용의 광고비를 발생시켜 수익성을 악화시키는 경우도 있고, 출혈적 가격 인하로 인해 여행사간 과당 경쟁이 발생하기도 하였다.

④ 고객 · 마케팅 지향적(Guest · Marketing oriented)

제2차 세계대전 후 세계는 경제 성장의 시기가 시작되었고, 기업들 간의 경쟁은 더욱 심화되었다. 소비자의 욕구가 다양화되면서 판매중심의 경영방식으로는 더 이상 소비자를 설득할 수 없게 되었다. 소비자는 다양한 상품 중 본인이 선택할 기회를 가지게 되었고 기업은 고객의 필요와 욕구에 깊은 관심을 갖게 된 시기이다.

이 시기의 마케팅은 소비자의 필요와 욕구에 초점을 두고 상품의 생산, 유통, 소비와 관련된 모든 활동은 물론, 더 나아가 상품생산에서 유통, 판매 후 사후관리까지 전 단계에서 하나의 일치된 전략으로 구사하는 통합적 마케팅전략을 구사하는 데 초점을 두게 되었다.

포시즌(Four Seasons)호텔은 이러한 고객 중심 마케팅으로 큰 성장을 이룬 기업으로 오늘날 호텔업계에서 보편화되어있는 욕실용품, 헤어드라이기, 대형수건 등 다양한 고객 서비스를 최초로 시행한 것으로 유명하다. 여행업계에서는 천편일률(千篇一律)적인 패키지 여행이 아니라 Air-tel, 부분 배낭여행 그리고 새로움을 추구하는 소비자를 위한 SIT(Special Interest Tour) 등의 다양한 소비자 욕구에 맞춘 여행상품이 등장하고 있다. 항공산업에서도 단순히 항공좌석을 팔고 식음료를 제공한다는 측면보다는 고객의 공간이동 욕구를 충족시키고, 고객 만족의 측면에서 식음료 서비스 및 여행정보를 제공한다고 해석하는 것이 올바른 접근법이다. 다시 말해 고객의 욕구와 욕망, 니즈(needs)를 찾아 만족시켜 고객 만족을 통하여 그 고객이 다시 재방문 하도록 하는 것이 마케팅 지향적이라고 할 수 있다.

〈표 7-1〉 상품지향적 개념과 고객 · 마케팅 지향적 개념의 비교

상품지향적 개념	고객 · 마케팅 지향적 개념
가격이 저렴한 패키지 여행	미식가들을 위한 맛집 여행
가격이 좋은 항공좌석	기내서비스와 엔터테인먼트를 강화한 항공 좌석
친절한 여행 가이드	유네스코 전문해설가 교육을 수료한 전문 가이드
5성급 호텔	시내 접근성이 좋으며 부대시설이 좋은 리조트호텔

⑤ 사회 · 공익지향적(Societal-oriented)

사회지향적 마케팅 개념은 소비자의 욕구를 고려한 상품 판매를 바탕으로 한 고객만족과 기업의 이윤추구뿐만 아니라 기업이 직접적인 고객은 물론 미래의 고객이 될 수 있는 잠재고객을 생각하고 또한 사회전체의 이익도 함께 고려하여 사회 속의 기업 이미지를 강조하는 마케팅 개념이라고 볼 수 있다.

과거에는 기업이 이윤극대화를 통한 고용확대 등 경제적 목표에만 충실했다면, 현대사회에서는 기업의 사회적 영향력이 점차 확대되어가고 있다. 이제는 팔릴 것을 만들어서 파는 단계를 넘어 사회적 복지를 증진시킬 수 있는 좋은 제품을 만들어서 판매하는 시대가 된 것이다. 이와 같은 상황에서 환경 친화적인 에코마케팅(eco marketing)이나 그린마케팅(green marketing)이 등장한 것이다.

관광업계에서도 자연과 환경의 훼손과 파괴를 극소화해 생태계의 조화를 추구할 수 있는 대안관광으로서 '생태관광'을 상품소재로 개발하여 내놓고 있으며, 동남아시아의 어린이를 도와줄 수 있는 봉사형 상품도 등장하였다. 아시아나항공은 '사랑의 기내 동전 모으기' 운동을 유니세프와 함께 전개해 오고 있으며, 사회적 기업임을 강조하는 TV광고를 통해 고객들에게 기업의 긍정적 이미지와 함께 해당 항공사 이용고객들에게도 사회공헌사업에 동참하고 있다는 자부심을 함께 전달하고 있다. 호텔들은 일회용품 사용 자제와 그린카드(green card)의 사

용으로 환경보호에 동참하고 있다.

앞선 사례에서 살펴본 바와 같이 고객을 생각하고 사회를 생각하는 인간 지향적인 마케팅을 통하여 관광기업의 이윤 창출은 물론 사회 전체의 삶의 질을 향상시키기 위해 보다 나은 생활을 창조하여 공급하는 것이라고 말할 수 있다.

〈표 7-2〉 마케팅의 변천 단계별 핵심요소

경영개념	배경	수단	목표
생산지향	수요 〉 공급	대량생산이 가능	판매량 증가를 통한 기업의 수익 창출
상품지향	수요 〉 공급	우수한 상품 개발 (기업의 관점)	
판매지향	수요 〈 공급	판매 중심(가끔 공격적 판매)	
고객/마케팅지향	고객욕구 다양화	마케팅 믹스	고객욕구 충족에 의한 기업의 수익창출
사회/공익지향	지나친 상업주의 부의 편향	마케팅 믹스 + 사회적 이익 함께 고려 (사회 속의 기업 이미지)	고객욕구 충족과 공공의 복리 증진을 통한 기업의 이윤추구

마케팅의 발전단계를 요약하면, 상품의 생산이 기업의 가치만을 추구하는데 초점을 맞춘 생산 및 판매중심시대에서 시작하여 마지막 단계인 사회지향적 마케팅 시대에는 기업이 기업의 이익과 더불어 사회적 이익을 함께 고려하여 기업과 소비자 모두의 만족을 목표로 하고 있다.

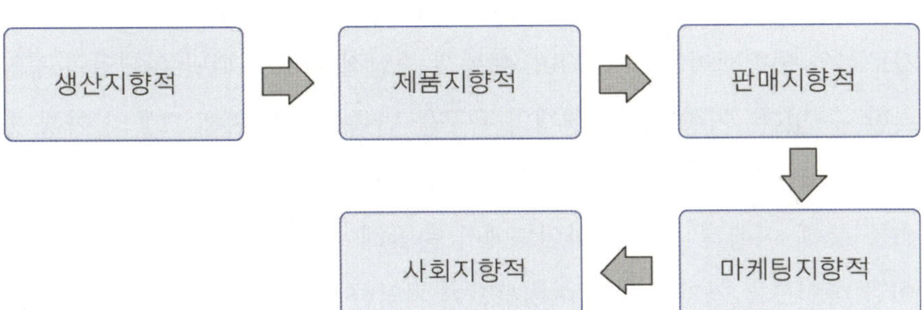

[그림 7-2] 마케팅개념의 발전과정

2) 여행업 마케팅 개념과 특성

(1) 여행업 마케팅의 개념

여행사는 무형의 여행상품을 주력 상품으로 판매하는 기업으로 여러 가지 측면에서 일반 제조업과는 다른 특징을 가지고 있다. 이러한 특징으로 인해 여행사의 마케팅은 일반적인 기업에서 사용하는 마케팅과는 조금 다른 방식으로 접근할 필요가 있다. 여행사 경영상의 특성과 여행시장, 그리고 여행상품이 가지고 있는 특성들에 대한 이해를 통해 여행사를 위한 마케팅을 실시하여야 한다.

여행사 역시 일반 기업과 마찬가지로 인간의 욕구와 필요를 충족시켜 기업의 목표인 이윤추구를 한다는 공통점을 가지고 있기에 일반적인 기업의 마케팅 이론을 기본으로 한 응용마케팅 방법을 쓰는 것이 좋다.

따라서 여행사는 여행객의 욕구를 충족시키기 위해 여행상품의 효용을 창출하고 기존 고객과 잠재 고객의 여행욕구를 파악하여 이를 여행상품을 구성하는데 적극 반영한다. 이렇게 생산된 여행상품을 효율적이고 다양한 방법으로 여행객들에게 널리 알리고 구매가 이루어지도록 노력하는 활동이다. 그런 점에서 여행업 마케팅은 여행객의 만족과 여행사의 이윤을 동시에 실현시킬 수 있는 최적의 수단으로 활용할 수 있다.

여행업 마케팅도 일반기업과 같이 여행객의 만족을 통한 기업이윤의 추구와 여행상품을 시장에 유통시키기 위한 전사적 활동과 더불어 그것의 조정을 가능하게 하는 조직의 문제라고 할 수 있다. 또한 일반적인 기업과 같이 여행사도 소비자로서의 여행객이 중심이 되며, 여행객 중심적 사고를 떠난 여행업의 경영은 생각할 수 없다. 여행사는 여행객의 욕구를 만족시키기 위해 그들의 여행 동기를 조사하고, 이를 바탕으로 여행상품의 기획과 개발, 그리고 여행객 수용태세의 정비를 통해 여행객 중심적 마인드에서 출발해야 한다.

이런 마인드를 가지고 있는 여행사만이 치열한 경쟁 시장 속에서도 성공할 수 있는 여행사가 될 수 있으며 이러한 목표를 달성해 주는 중요한 도구가 여행업 마케팅이라 할 수 있겠다.

(2) 여행업 마케팅의 특성

여행업 마케팅의 특성을 이해하려면 여행업이 일반 기업에 비해 가지고 있는 특성을 먼저 이해하여야 한다.

여행상품은 무형의 상품으로 눈에 보이지 않는다. 상품을 직접 보여주고 미리 경험하게 하고 구매를 선택하는 일반적인 제조 기업의 상품과는 달리 눈에 보이지가 않으며 구매를 먼저하고 경험을 하며 소비가 이루어진다.

일반적인 기업이 상품 생산, 판매, 경쟁회사, 가격 책정 등이 중요한 것에 비해 여행상품은 외부 환경의 변화에 아주 민감한 편이다. 국제 경제 위기, 환율의 급격한 변화와 같은 경제적 환경의 변화, 다양한 정치적 영향, 지진, 화산 발생과 같은 자연재해, 전쟁과 테러와 같은 국제적 영향, 사스 · 메르스 · 코로나 바이러스와 같은 국제적인 전염병 등에 엄청난 영향을 받는다. 여행사 내부적으로 아무리 좋은 상품을 만든다고 하더라도 이러한 부정적인 외부 환경적 요인이 발생하는 경우 여행 시장 전체에 심각한 위기를 가져다준다.

상품을 생산하여 유통 단계를 거쳐 소비자에게 전달되는 과정에서 물리적 이동을 통한 물류비가 발생하며, 시간적 · 공간적 비용이 발생하는 제조기업의 상품에 비해 여행상품은 이티켓(E-ticket) 등의 즉각적 전달(이메일, FAX, SNS 등)과 상품의 최종 전달이 시작되는 공항으로의 전달(여권, 비자, 샌딩 자료 등) 정도이며, 이는 여행사의 영업이 지역에 상관없는 판매가 가능하게 하는 데 영향을 준다.

여행업은 성수기와 비수기의 차이가 아주 크다는 특징이 있다. 휴가기간이나 각종 연휴 등에 출발하는 성수기 상품은 고가격임에도 불구하고 많은 판매가 이루어지기 때문에 최대한 많은 좌석을 확보하여 판매를 하는 것이 중요하며, 비수기에는 저렴한 가격이지만 판매가 쉽지 않기 때문에 다양한 전략을 통한 판매를 하여 성수기 좌석 확보를 위한 실적 쌓기를 할 필요가 있다.

여행사는 동일한 물건의 재판매가 거의 불가능하다. 일반적인 제조 기업 상품의 경우, 한번 만족한 고객이 동일한 물건을 구매하는 것은 아주 쉬운 편이지만, 한번 이용한 여행상품을 재구매하는 고객은 거의 없다. 여행상품이 시기, 출발일 등 다양한 조건에 따라 달라질 수 있으며, 여행객은 한번 방문한 지역보다는 새로운 지역을 방문하기를 희망하기에 동일한 상품을 재구매하는 일은 없다고 보아야 한다.

이러한 여행업의 특성은 여행사가 제조기업과는 조금 다른 방향으로 여행업 마케팅을 해야 하는 것을 설명해준다.

첫째, 무형의 상품인 여행상품을 마케팅하기 위해서는 팸플릿 등의 인쇄매체와 사진과 동영상 등 다양한 방법을 활용하여 상품을 광고, 홍보해야 한다. 특히 여행 일정표의 경우 무형의 여행상품을 구체적으로 정리해서 보여주는 도구라고 할 수 있으며, 정확한 일정표의 제시는 여행객에게 신뢰를 얻을 수 있다.

둘째, 외부 환경 변화에 민감하다. 아무리 뛰어난 여행사라고 해도 심각한 외부 환경적 요인이 발생한다면 마케팅에 어려움을 겪을 수밖에 없다. 여행사 내부적인 파악을 통해 여행사의 장단점을 객관적으로 파악하고 외부환경의 변화가 감지되면 즉각적으로 대응하는 것이 좋다.

셋째, 여행사의 위치에 관계없이 여행상품의 판매가 가능하기 때문에 보다 치열한 경쟁시장하에 놓일 수 있다. 상품의 표준화와 대표할 수 있는 여행상품을 무기로 하여 넓은 시장을 목표로 마케팅을 하여야 한다.

넷째, 성수기와 비수기가 있다. 각 시즌별로 마케팅 전략을 달리 할 필요가 있다.

다섯째, 동일한 상품은 재판매가 이루어지지 않는다. 동일한 고객이 동일한 여행상품을 구매하는 경우가 없기 때문에 만족한 기존 고객에 대해서는 새로운 지역이나 스타일의 상품을 추천하는 마케팅 활동을 할 필요가 있다.

〈표 7-3〉 여행상품 특성과 여행업 마케팅 전략

여행상품의 특성	여행업 마케팅 전략
무형의 상품	유형화 할 수 있는 다양한 방법 활용
외부 환경변화에 민감(경제적, 정치적, 자연재해, 국제적 영향, 국제적인 전염병 등)	외부 환경의 변화를 미리 예측하고 대비하여야 한다.
여행사 입지에 관계없는 판매 가능	넓은 시장을 가지고 상품의 표준화 필요
수요의 탄력성(성수기/비수기)	각 시즌별로 각각의 전략 수립
동일한 상품의 재판매 불가	만족한 경우 추천할 상품에 대한 안내와 홍보 필요

2. 여행업 마케팅 전략

1) 여행업 마케팅 전략의 개념

여행업 마케팅 전략이란 마케팅 목표를 달성하기 위해 다양한 마케팅 활동을 통합하는 가장 적합한 방법을 찾아 실천하는 것으로서 소속되어 있는 시장 내에서 기업의 목표 달성을 위한위치를 확보하기 위한 여행사의 계획을 제시해 주며, 목표, 표적시장, 경쟁전략의 3가지 내용을 포함한다.

(1) 목표

여행업 마케팅의 목표는 앞으로 여행사가 달성하고자 하는 목표로 시간적인 기한을 정하고 이를 위한 목표를 정한다. '최고의 허니문 여행사 ABC 여행사', '고객과 함께 하는 친절한 여행사'와 같이 고객에게 좋은 이미지 인식, 호감도 상승, 브랜드 가치 상승과 같은 추상적인 목표와 함께 시장점유율 향상, 매출액 증가, 수익성 증가, 송출 인원 증가 등의 수치화된 기준을 바탕으로 한 목표도 함께 설정해야 한다.

특히 수수료를 기반으로 한 여행상품의 특성상 상품 판매로 인한 수익성을 높이는 것은 매출 전체의 수익구조에 긍정적인 영향을 줄 수 있으며, 시장 점유율을 높이는 것은 여행사 브랜드 가치 향상과 함께 상품구성을 위한 원가를 낮추는 데에도 도움을 주기 때문에 더욱 중요한 목표라고 할 수 있다.

급격하게 점유율을 올리기 위해 마케팅에 비용을 많이 투자하거나, 1인당 수익을 낮추는 전략을 사용하는 경우 오히려 회사 전체 수익에는 악영향을 줄 수 있기 때문에 장기적인 계획을 세워서 점진적으로 목표를 달성하는 것이 좋다.

(2) 시장세분화와 표적시장

시장세분화는 다양한 여행상품을 구매하는 여행객을 일정한 특성을 가진 집단으로 나누는 것이다. 성별, 연령, 소득, 직업 등과 같은 인구통계적 특성과 함께 라이프스타일 등과 같이 다양한 기준으로 나눌 수 있다.

이러한 시장세분화가 이루어지면 이 중 여행사가 목표 달성을 위해 주력하는 고객 대상층을 표적시장이라고 한다. 배낭여행을 주력으로 하는 여행사의 경우 20대 대학생이 표적시장이 될 수 있고, 허니문을 주력으로 하는 여행사의 경우 미혼 남녀, 고가 크루즈 여행의 경우 50~60대 고소득자가 표적시장이 될 수 있다.

이러한 표적시장을 정하고 표적시장에 맞는 마케팅을 하는 경우 목표 달성에 보다 쉽게 다가갈 수 있다.

(3) 경쟁전략

여행상품을 선택하는 여행객은 다양한 기준을 가지고 여행사를 고른다. 치열한 여행상품 시장에서 다른 여행사와의 경쟁에서 이기고 여행객을 유치에 성공하기 위해서는 다른 여행사보다 뛰어난 강점이 필요하다. 여행사는 가능하면 이러한 강점을 자사의 경쟁우위로 삼아야 할 것이며, 이러한 경쟁적 우위를 확보하기 위한 노력이 경쟁전략의 주요 내용이다.

여행사는 본인 회사가 가지고 있는 능력과 경쟁 여행사의 강점과 약점을 객관적으로 비교하여 경쟁전략을 선택하여야 하며, 이는 보통 마케팅 믹스의 한 구성요인이 된다. 본인의 여행사가 속해 있는 여행 시장 여건에 따라 기본적 요인, 전략적 요인, 전술적 요인으로 나눌 수 있다.

① 기본적 요인

상품 판매를 위해 경쟁에 참여하기 위한 최소한의 요인으로 유통경로의 구성, 상품 가격 책정, 고객 요구 수준에 맞는 여행상품 제공 등과 같은 가장 기본적인 요인이다.

② 전략적 요인

경쟁기업에 비해 유리한 시장위치를 확보하게 해 주는 요인으로서 포함사항이 더 많은 패키지 상품, 다양한 광고 방법, 초특가 여행상품, 항공사와의 단독 거래를 통한 저렴한 단체 항공권 확보 등이 그 예이다.

③ 전술적 요인

여행사가 속해 있는 전체적인 시장에는 큰 영향을 주지는 못하지만 단기적인 전술을 통해 경쟁 여행사에 비해 우위를 점하는 요인으로 여행 박람회 특가 상품과 같은 일시적인 이벤트 할인 여행상품, 여행 도매업자(하나투어, 모두투어)의 경우 추가 수수료 지급 등과 같은 여러 가지 인센티브 등이 포함된다.

이러한 경쟁전략은 여행사가 가지고 있는 다양한 요인 중 사용을 할 경우 가장 효과적인 결과를 가져다 줄 수 있는 요인을 선택하는 것으로 제한된 자원을 경쟁전략의 확보 분야에 최대한 투입하도록 의도적인 노력을 해야 한다.

[그림 7-3] 여행업 마케팅 전략

2) 여행업 마케팅 전략의 수립 과정

여행업 마케팅 전략은 여행사가 속해 있는 시장의 상황을 잘 파악하고 본인의 여행사가 가지고 있는 능력을 최대한 발휘하게 하는 과정이라 할 수 있다. 마케팅 전략을 수립하기 위해 본인의 여행사가 속해 있는 시장상황을 먼저 파악할 목적으로 외부환경을 분석한다. 이후 여행사가 가지고 있는 능력을 객관적으로 알아보기 위해 내부 여건을 분석한다.

이러한 분석 기법을 SWOT 분석이라고 하며, 이는 강점(strength), 약점(weakness), 기회(opportunity), 위협(threat)을 바탕으로 한 분석이다. 강점과 약점은 여행사가 가지고 있는 내부환경을 분석하는 것이며, 기회와 위협은 여행사를 둘러싼 외부환경을 분석하는 것이다.

(1) 내부환경 분석

① 강점(strength)

여행사가 경쟁 업체에 비해 가지고 있는 강점을 파악한다. 여행상품, 조직 및 인력, 고객 데이터베이스, 브랜드, 원가 등의 다양한 요소 중 여행 시장에서 우위를 점하고 있는 강점을 파악한다. 이러한 강점을 여행객에게 널리 알려 경쟁 여행사와의 경쟁에서 이길 수 있게 노력한다.

② 약점(weakness)

경쟁 업체에 비해 부족한 부분을 파악한다. 강점과 같이 여행사 내부적인 여행상품, 조직 및 인력, 고객 데이터베이스, 브랜드, 원가 등의 다양한 요소가 있을 수 있으며, 약점을 파악하고 이 중 어떠한 것을 우선 순위로 개선해야 하는지를 정할 필요가 있다. 특히 비용이 많이 들지 않거나, 변화를 줄 경우 즉각적인 효과가 우선 일어나는 것이 있는지도 파악해야 한다.

(2) 외부환경 분석

① 기회(opportunity)

여행사가 속해 있는 여행 시장의 외부환경 중 긍정적인 요인에 대해 파악한다. 환율 인하로 인한 원가 지출감소, 무비자로 인한 여행의 접근성 강화, 세계경제의 호황, 여행지에 대한 미디어나 SNS 등의 지속적인 노출로 인한 홍보 등이 대표적인 여행업 마케팅 SWOT 분석 중 기회에 관한 내용이다. 이러한 외부요소를 어떻게 잘 활용할 수 있을지도 함께 고려해야 한다.

② 위협(threat)

여행 시장에서 여행사의 영업 활동에 부정적인 영향을 주는 요인이다. 외부환경의 영향을 많이 받는 여행사의 경우 위협에 관한 분석이 아주 중요하다. 대표적인 요인으로 환율과 유가 상승, 테러와 전쟁, 국가 간 외교 문제, 지진, 화산활동 등 자연재해, 사스, 메르스, 코로나와 같은 전염병 등으로 여행사에 부정적 영향을 미치는 다양한 위협요인이다. 이러한 위협요인에 대해 항시 주시하고 잘 대응하는 것이 중요하다.

[그림 7-4] SWOT 분석

3. 여행업 마케팅 믹스

1) 마케팅 믹스의 이해

기업의 목표를 달성하기 위해서는 효과적인 마케팅 전략이 수립되어야 하며, 각종 마케팅도구들을 어떻게 활용하며 동시에 이용 가능한 마케팅 도구 전체를 어떻게 조합하는 것이 기업의 목표달성에 가장 유리할 것인가를 결정하여야 한다. 기업이 마케팅전략을 계획하고 실시하고 마케팅 목표를 달성하는 데 있어서 기업이 통제 가능한 모든 변수들을 마케팅 믹스라고 한다. 전통적인 마케팅 믹스는 상품(product), 가격(price), 유통(place), 촉진(promotion)을 포함한 4P 전략이다.

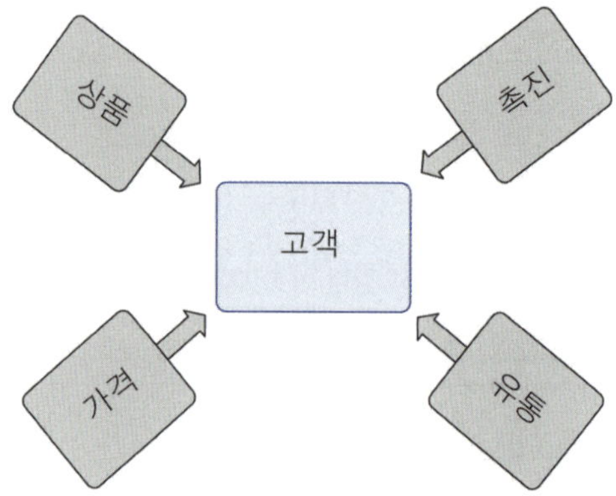

[그림 7-5] 전통적인 마케팅 믹스 4P

2) 여행업 마케팅 믹스

전통적 마케팅 믹스인 4P를 기본으로 하여 업종별 특성을 감안하여 다양한 마케팅 믹스가 사용되고 있다.

여행업에서는 인적 서비스가 아주 중요하다. 따라서 종사자의 역량에 따라 여행상품의 품질이 결정되며, 여행객의 상품구매 여부가 결정되기도 한다. 따라서 인적 서비스가 중요한 여행사의 업무특성을 고려하면 여행업 마케팅에서는 이러한 기본적인 믹스인 4P에 추가적인 마케팅 믹스로 인적 서비스인 종사자(people)를 추가해야 한다. 여행업 마케팅 믹스는 상품(product), 가격(price), 유통(place), 촉진(promotion)에 종사자(people)를 추가한 5P 전략을 활용하여야 한다.

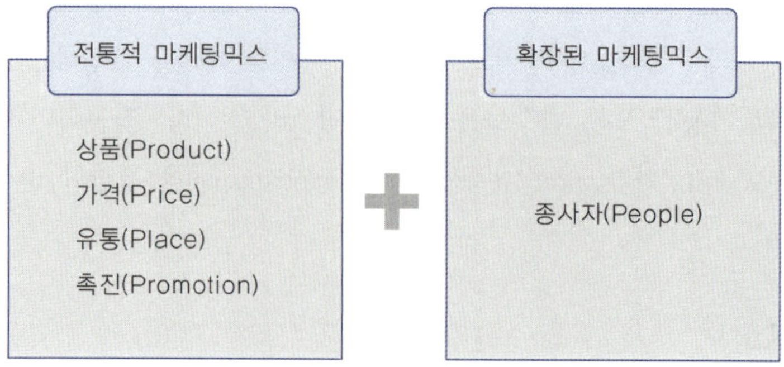

[그림 7-6] 여행업 마케팅 믹스 5P

4. 여행업 STP 전략

1) 여행업 STP 전략의 이해

기업에서 마케팅전략을 수립할 때 기본적으로 STP전략을 바탕으로 업무가 진행되는데, 여기서 STP전략이란 시장세분화(Segmentation), 표적시장(Targeting), 포지셔닝(Positioning)을 의미하는 것으로 마케팅을 진행함에 앞서 소비자층을 구분하고, 적정 표적층을 선별한 뒤 이들에게 상품을 어필할 방안을 수립하는 절차라고 할 수 있다.

여행사는 어떤 수준으로 시장을 세분화할 것인지 결정하고 기준에 따라 시장 세분화를 하여야 한다. 이렇게 세분화된 시장 중 가장 효과적인 결과를 가지고 올 수 있는 표적시장을 공략하여야 한다. 표적시장을 성공적으로 공략하면 그 결과 그 시장 내의 고객들의 마음속에 여행사의 상품과 회사가 자리 잡게 되는데 이것을 포지셔닝이라고 한다.

2) 여행업 시장 세분화 과정

여행사는 전 세계의 여행상품을 판매하고 있으며, 다양한 목적을 가지고 여행을 떠나는 고객이 많기 때문에 시장을 세분화할 필요가 있다. 성별, 연령, 소득, 직업, 교육수준, 가족관계 등과 같은 인구통계적 변수와 사회적 계층, 라이프스타일, 개성 등과 같은 심리적 변수 등 다양한 기준으로 세분화할 수 있다.

이러한 세분화의 기준이 결정되면 시장 세분화를 실행하고 이렇게 세분화된 시장에 대한 평가를 바탕으로 선택하고 집중해서 마케팅을 할 표적시장을 선정하게 된다. 이러한 세분화의 과정은 다음 [그림 7-7]과 같다.

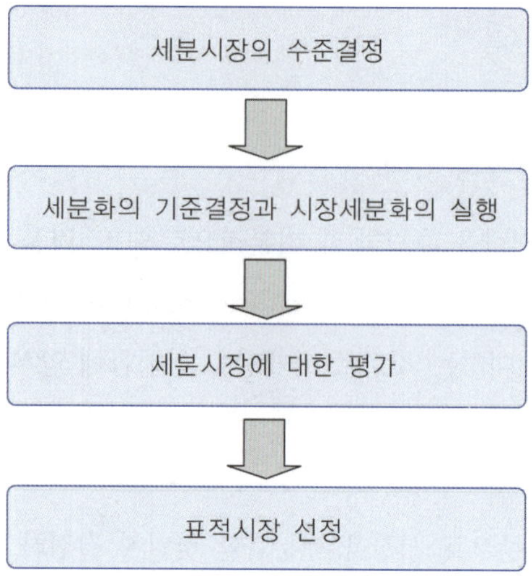

[그림 7-7] 여행업 시장 세분화 과정

3) 여행업 포지셔닝 절차

시장 세분화 과정을 통해 표적시장이 선정되면 이 시장에 대한 소비자인 여행객 분석과 경쟁 여행사에 대한 확인을 실시한다.

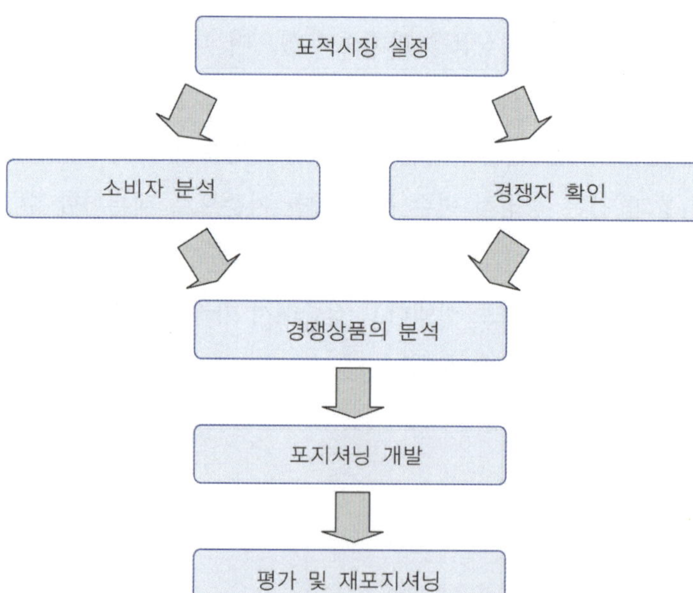

[그림 7-8] 여행업 포지셔닝의 절차

경쟁 상품에 대한 철저한 비교·분석 단계를 거쳐 포지셔닝을 개발한다. 개발된 포지셔닝에 대해 평가하고 그 평가 결과를 바탕으로 재포지셔닝 하는 것으로 여행업 포지셔닝 절차는 마친다.

여행상품은 무형의 상품이며, 구매 전에 경험을 할 수 없는 특성을 가지고 있기 때문에 포지셔닝 과정은 매우 중요하다 할 수 있다.

CHAPTER

8

여행상품

CHAPTER

8 여행상품

1. 여행상품의 정의

여행상품은 관광서비스 상품의 한 종류로서 제조업에서 생산하는 일반적인 상품과는 다른 여러 가지 특성을 지니고 있다. 여행상품에 대한 정의와 특성을 살펴보는 것은 여행사에 대한 이해의 증진 차원에서 매우 중요하다.

여행상품을 넓은 의미의 개념으로 정의하면 여행사에서 판매되는 모든 재화와 서비스를 기반으로 한 상품으로 여행공급업자를 통해 공급받는 항공좌석, 호텔객실, 관광교통, 그 밖의 관광 관련 시설에 대한 개별적인 이용을 가능하게 하는 단일 상품과 더불어 이들을 조합하여 만든 여행사의 패키지 상품과 같은 종합적인 여행상품 모두를 말한다.

좁은 의미의 여행상품은 여행공급업자로부터 공급받는 각각의 여행소재를 이용하여 여행사의 아이디어를 통해 결합하여 판매하는 상품으로 패키지상품 또는 기획여행 상품을 말한다.

2. 여행상품의 구성요소

여행상품은 하나의 또는 수많은 여행소재를 결합하여 만들 수 있다. 여행상품은 교통수단, 숙박시설, 식음료시설, 여행 매력물, 쇼핑, 인솔자 및 가이드 안내서비스, 기타서비스(여행자 보험과 비자 등)의 7가지로 구성할 수 있다.

1) 교통수단

출발지에서 여행목적지까지의 이동을 가능하게 하는 교통수단은 남북으로 분단되어 있고 삼면이 바다인 우리나라의 경우 대부분 이동수단으로 항공을 이용하게 된다. 항공기의 경우 빠르고 쾌적한 교통수단이나 가격이 비싼 단점이 있다. 보통의 패키지 여행상품을 구성하는 데 있어서 전체 여행경비의 절반이나 또는 그 이상을 차지하는 중요한 구성요소이다. 여행상품을 구성하는 데 원가구성이 많은 비용을 차지하기에 공급 가격을 낮출 수 있는 것이 아주 중요하며, 따라서 여행사는 항공 공급업자인 항공사와의 좋은 관계 유지가 필요하다.

일본과 중국, 러시아 등 우리나라와 가까운 일부 지역의 경우 선박을 통한 이동이 가능하다. 선박교통의 장점은 대량 수송이 가능하며, 저렴하고 항공기 이용과 다른 매력이 있다는 것이지만 단점으로는 시간이 많이 걸리고 날씨의 제약을 많이 받는다는 것이다.

여행목적지에 도착 후 다시 돌아오기까지 현지에서 사용되는 교통수단도 있다. 단체 패키지 여행상품의 경우 대부분 전용버스를 이용하는 편이며, 자유여행의 경우 렌터카, 유럽 여행과 같은 국가가 이동이 있는 경우에는 유레일패스와 같은 대중교통 탑승권 등이 있다.

상품명	종류
[부산출판 팬스타] 원나잇 크루즈 1박2일	선박
[부산출판 팬스타] 오사카 4박5일	선박
[부산출판 DBS훼리] 마츠에/요나고 4일	선박
[부산출판 부관훼리] 큐슈여행 2박3일 무박	선박
[부산출판 부관훼리] 큐슈온천여행 3박4일 ♨	선박
[부산출판 카멜리아] 큐슈 여행 2박3일	선박
[부산출판 카멜리아] 큐슈 여행 3박4일	선박
[부산출판 카멜리아] 남큐슈 온천 ♨ 4일	선박
[부산출판/쾌속선] 큐슈 여행 2박3일	선박

출처: http://www.modetour.com

[그림 8-1] 선박을 이용한 일본 여행상품

2) 숙박시설

당일여행 상품을 제외한 모든 여행상품은 숙박시설을 이용해야 한다. 여행사에서 취급하는 많은 상품이 3박 이상을 하는 경우가 많기에 숙박시설 역시 항공료와 더불어 여행경비에서 많은 비중을 차지하는 구성요소이다.

대부분의 패키지 여행상품의 경우 호텔을 숙박시설로 이용하고, 보통 5성급, 준 5성급, 4성급, 준4성급 등의 호텔들을 많이 사용한다. 대부분 관광을 목적으로 하는 패키지여행에서는 호텔에서 조식을 먹고 출발하여 관광지에서 저녁을 먹고 호텔로 들어오는 경우가 많기 때문에 부대시설을 사용할 시간이 거의 없는 편이다. 따라서 패키지여행에서 사용되는 호텔의 경우 객실 수준과 조식 수준이 가장 중요한 요소 중의 하나이다.

휴양을 목적으로 하는 여행에서는 호텔 객실 수준 외에도 수영장을 비롯한 부대시설도 아주 중요하게 생각한다. 보통 휴양지 리조트에 해당되며, 식음료 포함 유무에 따라 올인클루시브(All Inclusive), 골드카드, 실버카드 등으로 나뉜다.

숙박시설을 여행 중 단순히 1박하는 개념으로 여기며 저렴한 여행을 하고자 하는 여행객들을 위한 모텔이나 게스트하우스 같은 숙박시설도 있다. 대부분 배낭여행과 같은 자유여행에서 주로 사용된다.

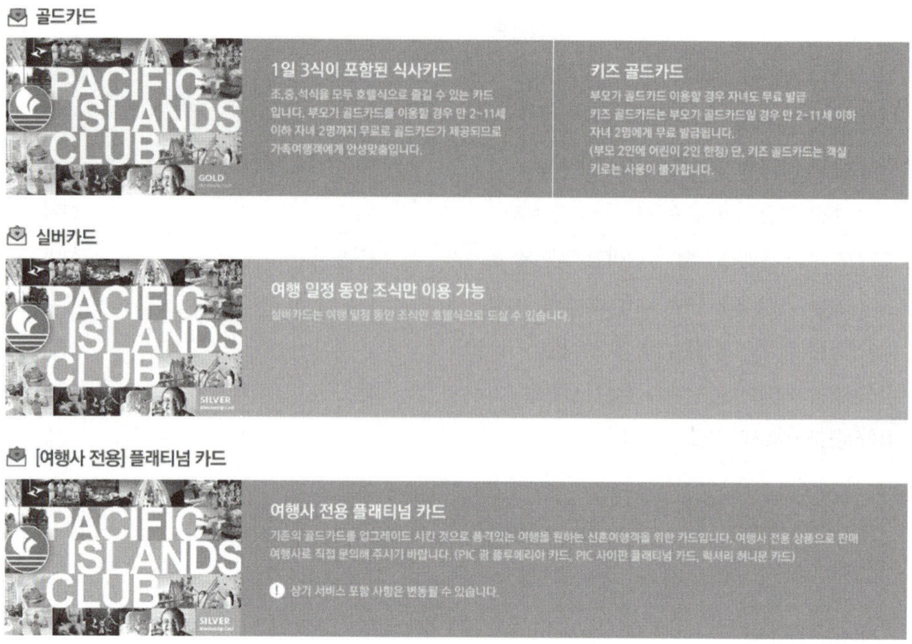

출처: http://www.pic.co.kr

[그림 8-2] 괌 PIC 카드의 종류

3) 식음료시설

여행이 대중화 되고 다양한 여행상품을 고를 수 있는 여행객들에게 여행 일정의 큰 변경 없이 차별화를 통해 여행상품의 장점을 강조할 수 있는 구성요소이다. 오늘날 소득수준의 향상으로 단순하게 몇 번 먹느냐가 중요한 것이 아니라 무엇을 먹느냐가 중요한 시대에 여행사는 구성에 신경써야 하는 요소이다.

일반적으로 패키지의 경우 조식은 호텔식으로 구성되며, 중식과 석식의 경우 현지식, 한식, 특식 등으로 구성된다. 여행객에 따라 한식만을 선호하거나 현지식만을 선호하는 경우도 있지만, 불특정 다수를 상대로 미리 만들어 둔 일정을 판매하는 패키지여행의 경우 하루 식사 중 현지식 1회, 한식 1회를 섞으면 가장 무난한 식사 구성이 될 수 있다.

관광목적지의 유명한 음식(프랑스의 달팽이 요리인 에스카르고, 스위스의 퐁뒤 요리, 중국의 오리구이인 베이징 카오야 등)을 추가하는 것은 여행객의 만족도를 올릴 수 있다.

식사 이외에도 식사 중 프랑스 와인 제공, 체코에서 체코맥주 등의 음료와 이탈리아의 유명 아이스크림 젤라또, 스카이라운지에서의 커피 한잔을 제공하는 것 역시 여행객이 그 여행상품을 선택하게 하는 중요한 요소가 될 수 있다.

〈표 8-1〉 패키지 여행상품에서 제공할 수 있는 국가별 특식

국가(도시)	특식
중국(북경)	북경오리구이 (베이징 카오야)
태국(방콕 or 파타야 등)	세계 3대 수프 중 하나인 새우 수프 (똠양꿍)
프랑스(파리)	달팽이 요리(에스카르고)
오스트리아(비엔나)	오스트리아 전통식사 + 와인 (호리리게)
헝가리(부다페스트)	헝가리 전통 스튜 (굴라쉬)

4) 여행매력물

여행매력물은 여행대상과 관광지 시설로 이루어져 있다. 여행객이 여행지역을 선택한 가장 중요한 요인이 여행매력물이다. 국립공원, 역사적 건축물, 박물관, 미술관, 번화한 거리, 공연, 테마파크 등의 관광지는 날씨 및 현지 사정에 영향을 받을 수 있기 때문에 일정 중 변경이 가능하도록 일정을 여유 있게 짜서 구성하는 것이 좋다.

예를 들어 프랑스 파리를 관광하는 패키지 여행상품의 경우 루브르 박물관과 베르사유 궁전은 필수적으로 방문해야 하는 여행매력물이다. 루브르 박물관은 매주 화요일, 베르사유 궁전은 매주 월요일이 휴관일이기 때문에 출발일에 따라 방문 순서가 변경될 수 있다. 또한 실외 관광지의 경우 비가 오는 경우 제대로 된 관광이 불가하므로 일정 변경이 가능하게 구성한다면, 현지 가이드의 판단으로 보다 만족도 있는 여행이 가능하게 바꿀 수 있는 구성요소이다.

〈표 8-2〉 국가를 대표할 만한 여행매력물

국가(도시)	여행매력물
미국(뉴욕)	자유의 여신상, 브로드웨이 뮤지컬, 엠파이어 스테이트빌딩 등
프랑스(파리)	에펠탑, 개선문, 노트르담 대성당, 베르사유 궁전, 오르세 미술관, 루브르 박물관 등
호주(시드니)	오페라하우스, 본다이비치, 왓슨스베이 등
싱가포르(싱가포르)	마리나베이샌즈호텔, 오차드 로드 등
대한민국(서울)	고궁, 남산타워, 명동·이태원 거리, 한강 등

5) 쇼핑

쇼핑은 여행의 또 하나의 즐거움이다. 우리나라에서 구하지 못하는 특별한 물건, 우리나라에 비해 아주 저렴한 물건, 또는 즐거웠던 여행을 추억하고 기념할 기념품 등의 구입은 여행의 즐거움을 높이는 또 하나의 구성요소이다. 홍콩 · 싱가포르 등은 쇼핑을 목적으로 여행을 가는 경우도 많다.

패키지 여행상품에서 쇼핑은 여행상품의 구성요소 중 하나로 현지 여행사의 수입원 중의 하나이다. 패키지 여행상품 가격을 결정함에 있어서 각 구성요소의 원가를 더하고, 현지 쇼핑센터의 지원(현지 차량 등)을 통해 가격을 낮추어서 상품가격이 결정된다.

패키지 여행상품의 구성 상 꼭 필요한 요소이기는 하나 때로는 무리하게 진행함으로 해서 문제가 야기되기도 한다. 최근에는 쇼핑센터를 방문하지 않는 노쇼핑(No-shopping) 상품도 많이 판매되고 있다.

〈표 8-3〉 동남아 패키지여행 시 주로 방문하는 쇼핑센터

국가(도시)	쇼핑센터
태국(방콕, 파타야)	라텍스, 보석, 잡화(꿀, 로열젤리, 야몽), 통캇알리
베트남(다낭)	라텍스, 노니, 커피, 게르마늄, 잡화
필리핀(세부)	라텍스, 건강식품, 잡화
싱가포르(싱가포르)	라텍스, 건강식품, 주방용품, 잡화
대만(타이페이)	찻집, 펑리수, 게르마늄, 라텍스

6) 인솔자 및 가이드 안내 서비스

여행사는 고객 접점에서의 서비스가 가장 중요하다. 여행일정 내내 함께 하며 여행일정을 관리하고 진행하는 안내 서비스를 하는 종사자가 인솔자와 가이드이다. 인솔자는 출발지에서 함께 출발하여 다시 돌아올 때까지 전 일정을 함께 하는 안내원이다. 한국에 거주하고 있으며, 공항이나 국가 간 이동 등에 주로 많은 역할을 한다.

유럽여행의 경우 대부분 인솔자를 동반하며, 일정 수준 이상의 단체가 형성되

지 않거나 저렴한 요금 구성을 위한 상품의 경우 인솔자가 동반하지 않는다. 가이드는 관광목적지 국가에 거주하며 현지 사정에 대해 잘 알고 있는 사람이다. 목적지 공항에서 대부분 미팅하여 여행 일정을 다 마치고 다시 공항까지 안내해 주는 사람으로 여행의 안내와 일정 진행의 모든 것을 책임지는 사람이다.

인솔자와 가이드는 여행사의 입장에서는 회사를 대표하여 고객의 안전과 여행만족을 책임지는 고객 접점 서비스 제공 종사자로 여행객들의 여행만족도에 가장 영향을 미치는 사람들이다. 여행사 입장에서는 이들에 대한 꾸준한 관리가 필요하며, 인솔자와 가이드 입장에서도 회사를 대표한다는 자부심과 함께 책임감을 가지고 안내 서비스를 해야 할 것이다.

〈표 8-4〉 패키지 여행 시 국가별 가이드의 특징

국가	특징
일 본	현지 가이드보다 한국에서 함께 동행하는 쓰루 가이드로 행사를 진행한다. (인솔자 + 가이드)
중 국	중국인 교포 3세(조선족)가 대부분 안내한다.
인도네시아	한국말을 할 줄 아는 인도네시아인이 안내를 한다. (외국인이 가이드를 하는 것이 불법이며 엄격하게 검사)
태국, 필리핀, 베트남 등	한국인 가이드와 함께 현지인 가이드도 함께 행사한다. (현지인 가이드가 가이드 자격증을 가지고 있는 경우가 대부분)
대부분의 국가	현지에 살고 있는 한국인이 안내한다. 국적이나 시민권 유무는 국가마다 다르다. 자격증이 필수인 나라도 있고, 자격증을 소지하지 않은 경우도 많다.

7) 기타서비스

여행을 구성하는 요소 중 기타서비스는 여행자 보험, 비자 등이다.

여행자 보험은 여행 중에 일어나는 대부분의 사건 · 사고에 대해 보상을 해 주는 여행객 전용 보험으로 여행 전에 필수적으로 가입해야 하는 첫 번째 요소라고 할 수 있다. 여행 경비 구성에 있어 적은 비용을 차지하지만, 만약 가입하지 않은 고객이 사고가 나는 경우, 여행사 입장에서 아주 큰 문제가 발생할 수 있다. 대부분이 1억원 한도의 여행자 보험을 가입하는 편이나 최근에는 2억원 이상의 보험 상품을 이용하는 경우도 있다.

비자와 같은 수속서비스는 해당 목적지 국가를 입국함에 있어서 추가적인 서류가 필요한 경우 여행객의 편리를 위해 여행사에서 제공하는 서비스이다. 출국 전 여러 가지 서류를 준비하여 받는 비자, 현지 도착해서 비용 지불과 함께 받는 도착비자, 미리 웹사이트에서 받는 전자비자와 미국의 ESTA, 캐나다의 eta 등이 그것이다. 방문 목적에 따라 필수적으로 받아야 하는 비자는 여행이 처음이거나 낯선 여행객의 입장에선 준비에 어려움이 많고, 실수할 경우 입국이 불가능하여 여행전체가 취소될 수 있으므로 전문가 집단인 여행사에서 대행하여 처리하는 경우가 대부분이다.

■ 여행자보험

보장명 \ 나이		성인 15~79세 6개월 미만	아동 6개월~14세	실버 79세 6개월~ 99세 6개월 미만
상해	사망	1억원	-	1억원
	후유장애	1억원		
	해외의료비	300만원		
	국내입원비	500만원		
	통원/조제비	통원 25만원(회당/90회 한정), 조제 5만원(건당/90회 한정)		
질병	사망	1,000만원	-	-
	해외의료비	100만원		
	국내입원비	100만원		
	통원/조제비	통원 25만원(회당/90회 한정), 조제 5만원(건당/90회 한정)		
배상책임(면책 1만원)		100만원		
휴대품 손해(면책 1만원)		50마원(1품목, 1조, 1쌍 20만원 보상 도난 시 현지 경찰신고확인서(폴리스리포트) 필요		
특별비용		100만원		
비급여 특약형	도수치료, 체외충격파, 증식치료 실비	350만원		
	비급여 주사료	250만원		
	자기공명영상진단 (MRI/MRA)	300만원		

출처: http://www.hanatour.com

[그림 8-3] 패키지 여행 시 기본으로 가입하는 여행자 보험 보상내용

이와 같은 7가지의 구성요소를 바탕으로 여행상품을 구성할 수 있으며, 이러한 패키지 상품 외에도 항공, 호텔, 여행매력물 등 각각의 하나의 요소 역시 여행상품으로 판매가 가능하다. 오늘날 정보기술의 발달과 인터넷, 모바일 등의 통신 기술의 발달로 인하여 항공권 전문 판매여행사, 호텔 객실 예약 전문 여행사, 현지 투어 전문 여행사 등 한두 가지 구성요소를 전문으로 판매하는 여행사들이 증가하고 있는 추세이다.

3. 여행상품의 특성

여행상품은 일반적인 기업에서 판매하는 유형의 상품과는 다른 몇 가지 특성을 가지고 있다. 무형성, 소멸성, 비탄력성, 계절성, 이질성, 상품의 유사성, 모방의 용이성, 여행객이 상품 생산에 직접참여, 상품 전달의 편리 등이다.

이러한 특성은 여행상품 판매에 있어서 타 상품 판매와 다른 차이점을 보여주며, 여행상품을 판매하는 여행사의 영업 방식에도 영향을 미친다.

1) 무형성

여행상품은 항공좌석, 호텔 객실과 같은 대부분의 관광 상품과 같이 무형성을 가지고 있다. 제조기업의 일반적인 상품처럼 눈으로 보거나 손으로 만지거나 혹은 냄새를 맡을 수 없다. 눈에 보이지 않는 것과 같은 무형성 때문에 여행객은 여행상품을 구매하는 데 있어서 동일한 여행상품의 구매 경험이 있는 다른 사람들의 평가에 크게 비중을 두게 된다. 따라서 여행상품에 대한 후기를 보고 여행상품을 결정하는 여행객이 많으며, 패키지 여행상품과 같은 단체상품을 진행하는 가이드의 경우 여행객의 상품 후기가 곧 가이드의 능력으로 평가되기 때문에 최선을 다해 행사를 진행한다.

또한 눈에 보이지 않는 무형성 때문에 여행상품에 대한 평가는 상품 외적인 유형의 요소를 참고로 하여 여행상품 구매 결정을 하는 경우가 많다. 예를 들면 여행사의 외관, 사무실 실내, 청결상태, 상담하는 여행사 종사자의 용모 등의 유형요소를 통해 여행상품을 평가하기도 한다. 따라서 많은 여행사들은 유형적인 요소를 활용하여 자사의 여행상품의 우수성을 고객에게 어필하기 위해 노력한다. 또한 브랜드는 무형적인 요소로 인하여 여행객이 상품구매 전에 느끼는 불안 요소를 줄이는 데 도움이 된다.

2) 소멸성(비저장성)

여행상품은 생산과 동시에 소비된다. 따라서 여행상품은 저장이 불가능하다. 항공좌석, 호텔 객실 등은 당일 판매하지 않으면 소멸된다. 프랑스 파리로 가는 대한항공 항공편이 300개의 좌석을 가지고 있는 경우 항공기 출발 전까지 200석밖에 판매하지 못하였다면 나머지 100 좌석은 영원히 판매를 할 수 없다. 이로 인해 잃어버린 수입은 영구적으로 사라지는 것이다. 호텔 객실 등도 마찬가지이다. 항공사의 좌석과 호텔의 객실을 주 구성요소로 하여 상품을 구성하는 여행사의 상품도 마찬가지다. 따라서 많은 여행사들은 가지고 있는 여행상품을 최대한 판매하기 위해 여러 가지 프로모션을 제공하거나 또는 여행사나 여행관련 사업자 간의 각종 협조체제를 구축하여 소멸성에 대한 위험부담을 최소화하려고 노력하고 있다.

3) 비탄력성

여행상품은 공급의 비탄력성을 가지고 있다. 여행상품의 주요 구성요소인 항공사의 좌석과 호텔 객실 등은 수요가 갑자기 증가한다고 하여 공급을 일시적으로 늘릴 수가 없다. 물품을 생산하여 판매하는 제조기업의 경우 야간 근무나 3교대 근무와 같이 근무 시간을 늘리거나, 근무 인력을 추가로 투입하여 공급을 일시적으로 늘릴 수 있지만, 여행상품은 그렇지가 않다. 세계적인 축제를 하는 관광지에 평소 200개의 객실이 가능하여 400명의 여행객을 수용할 수 있지만 축제기간에 관광객이 증가한다고 400개의 객실을 일시적으로 구성하여 800명의 여행객을 수용하는 것은 불가능하다. 항공 좌석 역시 성수기에 일시적으로 항공좌석을 늘리는 것은 쉬운 일이 아니다. 전세기와 같이 일시적인 공급 증가의 예외가 있기는 하지만 대부분의 여행상품은 공급의 비탄력성을 가지고 있기 때문에 성수기와 같은 경우에는 항공 좌석 및 호텔 객실의 확보를 하는 것이 여행상품 구성하는데 매우 중요하다 할 수 있겠다.

4) 계절성

여행상품은 여행객이 직접 이동하는 대표적인 야외 활동이라고 할 수 있다. 따라서 계절과 기후적인 요인에 따라 선호도가 달라질 수 있다. 여행상품에 따라 여행 수요가 특정한 시기에 편중될 수 있다는 뜻이다. 4계절이 뚜렷한 우리나라의 국내여행은 봄과 가을에 수요가 몰리는 편이며, 우리나라가 추운 겨울의 경우 따뜻한 지역(ex. 동남아시아)을 찾는 여행객들이 증가한다. 비가 많이 오는 시기인 우기나 40도가 넘는 더운 시기는 날씨적인 요인에 의해 선호하지 않는다. 여행상품이 계절성을 띄고 여행객의 선호도가 달라지기 때문에 성수기와 비수기로 나뉘며 여행사는 성수기뿐만 아니라 비수기에도 상품 판매에 신경써야 한다. 비수기의 경우 여행상품 인하, 추가적인 혜택 등을 가지고 여행상품 판매를 하고 있다.

5) 이질성/주관성

여행상품은 상품을 구성하고 있는 여러 가지 요소(항공, 호텔, 식사, 차량, 관광지, 가이드 안내 등) 외에도 다양한 요소로 인해 상품의 만족도가 달라질 수 있다. 가이드와 같은 인적 서비스, 날씨, 여행 경험, 기대 등이다. 항공좌석, 호텔, 관광지, 식사 등 동일한 여행상품이지만 가이드에 따라서 또는 야외활동이 많거나 풍경이 중요한 관광지의 경우 날씨에 따라 만족도가 달라질 수 있다.

또한 여행 경험과 여행상품에 대한 기대에 따라 만족도도 달라질 수 있는데 동일한 날짜에 4성급 호텔을 이용하는 태국 패키지 여행상품을 구매한 친구 2명 중 한 명은 태국 여행 이전에 초특가로 일본 배낭여행을 다녀왔고, 또 다른 한 명은 최고급 리조트를 이용한 필리핀 럭셔리 여행을 다녀온 경우 동일한 상품 동일한 객실을 이용하였으나, 호텔을 포함한 여행상품 만족도는 다를 수 있다.

즉 여행상품의 품질은 그것을 누가, 언제, 어떻게 제공하는가에 따라 매우 다르게 나타날 수 있으며 여행상품 제공자의 기분에 따라 여행상품의 품질은 매우 달라질 수도 있다. 한편, 여행상품을 제공받는 고객의 상황에 따라서도 여행상품의 품질은 달라질 수 있다.

6) 상품의 유사성

항공기 및 항공노선, 호텔과 같은 숙박시설, 관광지, 식사, 현지 차량 등 여행상품을 구성하는 요소가 비슷하기 때문에 여행객의 관점에서 보면 여행사의 상품이 거의 유사하다고 느낄 수 있다. 전세기와 같은 단독 항공 노선이나 여행사 독점 계약 리조트와 같은 타 여행사가 구성할 수 없는 요소가 없는 한 여행상품은 유사할 수밖에 없다. 다만 전세기나 독점 계약 리조트의 경우 자본이 많이 소요되고 다 판매하지 못할 경우 손해를 볼 수 있다는 위험 부담이 크기 때문에 대부분의 여행사들이 여행소재 공급업자와의 관계 유지를 통해 가격 차별화를 시도하는 것이 상품의 유사성에서 경쟁 회사에 비해 우위를 가질 수 있는 좋은 방법이다.

7) 모방의 용이성

우리나라 출발 해외여행 상품의 경우 선박을 이용하는 일부 지역을 제외하고는 공항에서 항공기로 목적지 국가로 이동하여 호텔에서 숙박하고, 호텔에서 조식을 먹고 여행사 전용 차량으로 유명 관광지를 관광하는 형태를 지니고 있다.

여행사에서 차별화된 관광지를 개발하고 최적의 동선으로 여행객에게 만족할 수 있는 여행상품을 개발한다고 하여도 특허와 같은 독점적인 상품 진행이 불가능하다. 관광지의 경우 독점적으로 사용할 수 있는 것이 아니기 때문에 쉽게 모방이 가능하다.

따라서 유행에 따라 트렌드 변화에 따라 새로운 관광지가 개발되고 여행상품이 개발되면 많은 여행사에서 판매하는 것이 이와 같은 이유 때문이다. 사실 많은 여행업체들이 적극적인 여행상품 개발을 하지 않는 것은 이러한 이유도 있을 수 있다.

8) 여행객이 상품 생산에 직접 참여

공장에서 생산되는 일반적인 유형재 상품과는 달리 여행상품은 소비자인 여행객이 여행상품 생산에 참여할 수 있다. 여행상품은 구매와 동시에 소비가 이루어지며, 이 여행상품의 생산에 여행객도 직접 참여한다. 예를 들어 여행의 안내를 맡은 가이드에게 호응을 잘해 주어 가이드가 힘이 나서 일반적인 팀에게 안내하지 않은 좋은 장소를 별도로 안내하여 여행객의 만족도를 높이고 결과적으로 여행상품의 품질이 좋다고 소비자가 느끼게 될 수도 있고, 반대로 여행객 중 일부 여행객이 매번 시간 약속을 지키지 않을 경우 나머지 여행객은 그 여행객으로 인해 여행상품의 품질이 떨어지는 것을 느낄 수 있다.

9) 상품 전달의 편리, 배달의 편리

물리적 이동이 이루어져야지만 상품 전달이 되는 유형재와 달리 여행상품은 상품 전달이 편리하다. 예전에는 항공권을 직접 전달해야 하였으나, 이티켓(E-ticket)의 사용으로 인해 이제는 여권이나 비자 등의 경우를 제외하면 물리적 이동 없이 여행상품 전달이 가능하다. 이러한 상품 전달의 편리성은 시간, 거리의 제약을 극복하고 여행상품의 판매가 가능하기 때문에 여행사와 여행객 모두에게 편리함을 가져다주었다.

여행객은 전화 또는 인터넷 등의 사용을 통해 여행상품을 구매하고 여행사 방문 없이 여행을 갈 수 있게 되었다. 이러한 여행상품 전달의 편리는 여행사 간의 치열한 경쟁을 발생시켰고, 여행사 내 상품 판매와 방문 판매 위주의 영업 방식에서 온라인, 홈쇼핑, 모바일 등 다양한 여행사 상품 영업 방식으로의 변화를 가져다주었다.

4. 여행상품의 분류

1) 패키지(package) 상품

보통 여행사에서 판매하는 가장 대표적인 상품은 패키지 상품이라고 불리는 여행상품이다. 여행에 필수적인 구성요소를 여행사에서 일괄 구매하고 여행사의 아이디어를 추가하여 여행객이 각각의 구성요소를 개별 구입하는 것에 비해 저렴하게 만드는 것이다. 여행객의 수요를 예측하여 미리 만드는 상품으로 기획여행상품이라고 한다.

패키지라는 말 그대로 여행의 구성요소를 하나의 묶음으로 만든 상품으로 여행객의 입장에서는 항공 · 호텔 · 식사 등에 대해 개별 예약 및 확인의 번거로움 없이 여행사를 통해 한 번에 일괄구매가 가능하다는 장점이 있다.

패키지 상품은 가격 정책을 위해 포함사항과 불포함사항으로 나뉘며, 불포함사항은 여행 일정 중 개인에 따라 추가되는 비용이다. 불포함사항 내용 중 가이드와 기사경비 등은 필수적으로 지불해야 하는 비용이며, 추가되는 유류할증료의 경우 실제로 항공권 발권시점에 따라 비용이 추가될 수도 있고 오히려 인하될 수도 있다. 싱글차지(single charge)라고 불리는 독실사용료의 경우 2인 1실로 구성된 호텔 숙박시설을 1인이 혼자 사용할 때 내는 추가비용이다.

현지 선택관광(optional tour)의 비용은 불포함 사항으로 말 그대로 선택을 하면 되지만, 일부 저렴한 여행상품의 경우 선택이라 하기보다는 권유나 강요 등을 함으로 여행객과 가이드 간의 마찰이 발생하기도 한다.

우리나라의 경우 삼면이 바다로 둘러싸여 있으며, 또한 남북이 분단된 특수한 상황이라 패키지 여행상품의 주 교통수단은 항공기를 이용하게 되며, 중국이나 일본, 그리고 러시아 블라디보스토크의 경우 선박을 이용하는 상품도 있다. 패키지 상품은 여행지역과 상품의 특징별로 주로 다음과 같이 구분하고 있다.

(1) 지역별 분류

① 동남아

동남아시아는 태국, 필리핀, 베트남, 캄보디아, 말레이시아, 인도네시아, 라오스, 미얀마, 싱가포르 등의 우리나라에서 3시간~6시간 정도의 거리로 기후가 따뜻하고 물가가 저렴하다는 이유로 우리나라 사람들에게 가장 인기가 좋은 지역이다. 1년 내내 높은 기온을 지니고 있어서 우리나라가 추운 겨울에 인기가 많으며 바다에서 체험관광이나 리조트 등에서 물놀이를 하며 휴식을 하는 등의 관광 활동이 많아서 여름 휴가철에도 인기가 많은 지역이다.

태국	필리핀	베트남	말레이시아	미얀마
• 방콕	• 세부	• 하노이	• 코타키나발루	• 양곤
• 파타야	• 보라카이	• 다낭	• 쿠알라룸푸르	• 바간
• 우아힌	• 마닐라	• 푸꾸옥	• 페낭	• 헤호
• 푸켓	• 마닐라&보라카이	• 나트랑	• 랑카위	• 만달레이
• 카오락	• 팔라완	• 달랏	• 채러팅	• 하롱베이+양곤(미얀마)
• 끄라비	• 보홀	• 호치민	• 조호바루	**인도**
• 치앙마이	• 클락/수빅	• 베트남&캄보디아	• 말레이시아연계	• 북인도
• 아유타야	**싱가포르**	• 하롱베이+양곤(미얀마)	**브루나이**	• 남인도
• 까오야이	• 바탐	• 다낭+씨엠립(앙코르왓)	**인도네시아**	• 라자스탄
• 라용/코사멧	• 싱가포르&홍콩	**캄보디아**	• 발리	• 네팔
• 코사우이	• 싱가포르연계	• 씨엠립(앙코르왓)	• 자카르타	• 스리랑카
• 방콕&싱가포르	**대만**	• 프놈펜(앙코르왓)	• 족자카르타	• 몰디브
• 방콕&홍콩	• 타이페이(인천)	• 씨엠립(앙코르왓)*다낭	• 롬복	• 인도&네팔
	• 타이페이(김포)	• 캄보디아&방콕	**라오스**	• 남인도&스리랑카
	• 타이페이(청주)		• 비엔티엔	• 스리랑카&몰디브
	• 타이중		• 방비엥	• 서남아연계
	• 가오슝		• 루앙프라방	
	• 대만&홍콩			

출처: http://www.hanatour.com

[그림 8-4] 동남아 여행상품의 분류

동남아라고 줄여서 부르는 동남아시아는 우리나라 기준이 아닌 세계지도 상에서 아시아 대륙 중에서 동남쪽에 위치해 있는 국가들을 말하며, 우리나라와 일본, 중국은 동북아시아로 분류된다. 인도를 비롯한 서남아시아와 우즈베키스탄 등의 중앙아시아 지역에 비해서 거리 및 시간적 제약, 기후, 여행 매력물 등의 차이로 인해 동남아 여행상품은 다양하게 구성되어 있다.

대부분 3박 5일, 4박 6일 정도로 구성되어 있고 1개 국가만을 방문하는 단일 국가 상품과 2개 국가 이상을 한 번에 방문하는 멀티 상품으로 구성되어 있다. 일반적인 관광형태인 패키지 여행상품과 허니문 여행, 골프 여행 등 다양한 목적으로 방문하는 지역이다.

② 중국

우리나라와 인접한 국가인 중국은 역사적으로도 우리나라와 밀접한 관계가 있다. 자금성과 만리장성 등으로 대표하는 중국의 수도인 북경, 중국 경제 중심의 상해와 같은 대도시를 중심으로 한 여행상품과 뛰어난 자연경관을 가지고 있는 장가계 · 계림 · 태항산 · 구채구 · 백두산 등 단일 국가이지만 다양한 여행상품이 구성되어 있다.

우리나라와 지리적으로 가깝고 위도도 비슷한 편이라 1년 중 봄, 가을에 여행이 몰리는 편이며, 넓은 영토로 인하여 지역별 기온이나 문화, 자연경관 등이 다양한 지역이다. 동남아 상품과 비슷하게 저렴한 물가로 인하여 상품가격대가 저렴하게 형성되어 있는 편이나, 입국 시 비자가 필요한 국가로서 정치 · 외교적인 상황에 의해 비자 문제도 신경써야 할 때도 있다.

대부분의 여행상품에서 한국 여행객을 안내하는 가이드가 한국 국적이거나 한국에서 태어나 이민 등으로 그 나라에 거주하는 편이지만, 중국의 경우 중국에서 태어난 조선족이라 불리는 교포 3세 등이 가이드로서 안내를 하는 특징이 있다.

동남아의 경우 한 국가를 방문한 경우 재방문을 꺼려하는 경향이 있지만,[1] 중

1) ex. 태국 방콕 · 파타야 여행 경험이 있는 경우 본인이 속해 있는 모임이나 단체에서 다음 여행을 태국의 다른 여행이더라도 본인은 여행을 희망하지 않는 편이 많음(재방문 의사 약함)

국과 일본의 경우 동일 국가 재방문에 대해 꺼리지 않는 편이다.[2] 3박 4일과 4박 5일의 단기간 여행상품이 대부분을 차지한다.

홍콩과 마카오는 중국에 속해 있으나 한국 출신의 가이드, 비자가 필요 없다는 점 등이 중국보다는 오히려 동남아의 여행 형태와 비슷하다고 할 수 있다. 중국 지역은 대부분 단체 관광형태의 패키지 여행상품이 많은 비중을 차지하고 있으며, 하이난 지역을 비롯한 남쪽 지역의 경우 골프 여행도 많은 편이다. 허니문을 선호하는 지역은 아니며, 홍콩과 마카오 지역은 자유여행도 많이 선호하는 지역이다.

• 북경	• 장가계	• 계림	• 하이난(삼아)
• 북경/장가계	• 태항산	• 귀양	• 하이난(해구)
• 상해	• 황산	• 곤명	• 홍콩
• 항주	• 삼청산	• 리장	• 마카오
• 소주	• 백두산	• 중경	• 심천
• 강남수향	• 대련	• 하문	• 몽골
• 신선거/설두산	• 무한	• 성문	• 내몽고
• 서안	• 은시	• 구채구	극동러시아
• 청도/연태/위해/페리	• 제남	• 하얼빈	• 블라디보스톡
	• 정주	• 실크로드(우루무치/돈황/칠채산)	• 하바롬스크
	• 무석		• 이르쿠츠크/바이칼
			• 사할린
			• 캄차카

출처: http://www.hanatour.com

[그림 8-5] 중국 여행상품의 분류

③ 일본

우리나라와 중국과 함께 동북아시아의 한 국가인 일본은 지리적으로 가깝고 특히 부산의 경우 매우 가까워서 선박을 이용한 상품도 많이 구성되어 있다.

2) ex. 중국 북경 여행 후 다음 번에 본인이 속해 있는 모임이나 단체에서 중국 장가계를 여행하는 경우 특별한 문제가 없음(재방문 의사 강함)

섬나라이기 때문에 지역적으로 분류가 잘 되어 있는데, 동경을 중심으로 한 지역, 오사카를 중심으로 한 지역을 가지고 있는 혼슈 지역, 후쿠오카와 벳부를 대표로 하는 큐슈 지역, 삿포로를 중심으로 북해도라고 불리는 홋카이도 지역, 상대적으로 한국 사람들이 많이 방문하지 않는 시코쿠 지역으로 총 4개의 지역으로 나뉜다.

우리나라와 계절이 비슷하여 봄과 가을에 인기가 많은 지역이고, 온천 여행으로 인한 겨울철에도 인기가 많다. LCC의 발달과 자유여행의 발달로 인해 단기 자유여행객도 많은 지역이다. 자유여행객들은 방학을 이용하는 경우도 많기 때문에 1년 내내 많은 여행객들이 방문하는 지역이라고 할 수 있다.

대마도의 경우 부산에서 선박으로밖에 이동이 되지 않지만, 가장 가깝고 한국 역사를 가지고 있는 독특한 지역으로 대마도를 찾는 대부분의 관광객은 한국 사람이다.

일본을 방문하기 위해 비자는 필요하지 않지만, 독도 문제와 같은 정치 문제와 기타 외교적인 문제로 일본 여행상품 불매 운동이 한번씩 일어나는 지역이며, 일본 여행상품 가이드의 경우 쓰루가이드(through guide)라고 부르는데, 한국에서 함께 출발하여 일본에서는 안내 업무를 하고 다시 한국으로 함께 돌아오는 인솔자 + 가이드의 역할을 하는 독특한 지역이다.

중국과 마찬가지로 재방문에 대해 꺼리지 않는 편이며, 자유여행을 비롯한 여행상품에서는 동일한 지역 재방문에 대해서도 거부감이 적은 지역이다.[3)]

2박 3일과 3박 4일 상품이 대부분의 여행상품을 구성하며, 주말을 이용하거나 야간 비행기를 이용한 1박 2일이나 1박 3일 상품, 대마도 상품의 경우 당일여행 상품도 있다.

가이드를 동반하는 패키지여행이 많은 편이며, 가까운 거리, 치안이 좋은 편이며, 단기간에 다녀올 수 있기 때문에 자유 여행도 많은 지역이다.

3) ex. 일본 오사카를 패키지 여행한 여행객이 이후 자유여행으로 오사카를 재방문 함

도쿄(관동)	• 나가사키	**호쿠리쿠/중부**	**일본훼리**
• 도쿄	• 벳부	• 나고야	• 후쿠오카
• 요코하마	• 유후인	• 도야마	• 벳부
• 하코네	• 사가	• 간자와	• 가고시마
• 시즈오카	• 기타큐슈	• 게로	• 오사카
• 후지산	• 가고시마	• 타카야마	• 구마모토
오사카(관서)	• 미야자키	• 니가타	• 나가사키
• 오사카	**오키나와**	**주고쿠**	• 교토
• 교토	**홋카이도/토호쿠**	• 요나고	• 나라
• 나라	• 삿포로	• 돗토리	• 돗토리
• 고베	• 오타루	• 히로시마	• 요나고
• 사라하마	• 하코다테	• 오카야마	• 야마구치
• 와카야마	• 노보리벳츠	• 야마구치	• 대마도
규슈	• 후라노/비에이	**시코쿠**	
• 후쿠오카	• 도동(道東)	• 마츠야마	
• 구마모토	• 아오모리	• 다카마츠	
	• 아키타	• 나오시마	

출처: http://www.hanatour.com

[그림 8-6] 일본 여행상품의 분류

④ 남태평양

남반구에 위치한 호주, 뉴질랜드, 피지와 북반구에 위치한 괌, 사이판, 팔라우 등이 포함된 거리적으로는 광범위한 지역이다.

먼저 호주와 뉴질랜드를 대표로 하는 남반구 지역은 북반구와 계절, 문화 등이 반대인 지역이다. 우리나라가 여름일 때 호주와 뉴질랜드는 겨울이며, 보통 장거리 여행상품이 비행시간과 시차 등으로 여행 마지막 날인 한국으로 귀국하는 일정에 기내 숙박이 있지만, 호주와 뉴질랜드의 경우 여행 첫날인 한국에서 목적지 국가로 출국하는 일정에 기내 숙박을 하는 일정이 되는 경우가 많다.

비행시간이 10시간이 넘는 장거리 지역 상품이지만 시차가 2~3시간 정도로 시차 적응에는 문제가 없는 지역이다. 시드니, 포트스테판 등을 중심으로 한 호주 지역과 오클랜드를 중심으로 한 뉴질랜드 북섬 지역, 크라이스트처치와 밀포드 사운드를 중심으로 한 뉴질랜드 남섬을 한 번에 보는 호주/뉴질랜드 남북섬 10일 상품이 대표적인 상품이다.

호주 지역과 뉴질랜드 북섬을 포함한 호주/뉴질랜드 북섬 8일과 호주 지역(시드니, 골드코스트 등)만을 둘러보는 호주 6일 여행상품도 있다.

이곳은 깨끗한 자연 경관을 강점으로 한 여행상품이며, 전 세계에서 가장 세관과 검역이 까다로운 곳으로 음식물 등의 반입에 아주 유의를 해야 하는 지역이다.

호주와 뉴질랜드가 관광 위주의 여행상품이라면 북반구의 괌, 사이판, 팔라우 등은 휴양 위주의 여행상품이다. 괌, 사이판, 팔라우 등은 우리나라에서 4시간 내외로 이동할 수 있는 지역으로 거리상으로는 동남아 지역과 비슷하다. 따뜻한 날씨와 깨끗한 바다와 리조트 중심의 휴양을 목적으로 한다는 점 역시 동남아와 비슷하다. 괌과 사이판은 미국령으로 물가는 동남아에 비해 비싼 편이다.

남태평양 상품은 호주 뉴질랜드의 경우 패키지여행 비중이 높고, 괌, 사이판, 팔라우 등은 휴양 중심의 여행이나 자유여행도 많이 선호하고 있다. 허니문으로도 인기가 있는 지역이다.

호주	뉴질랜드
• 시드니	• 오클랜드
• 골드코스트	• 로토루아
• 멜번	• 퀸즈타운
• 케언즈	• 크라이스트처지
• 브리즈베인	괌
• 포트스테판	사이판
• 울릉공	팔라우
• 캔버라	피지
• 태즈매니아	티니언
• 홍콩+시드니	

출처: http://www.hanatour.com

[그림 8-7] 남태평양 여행상품의 분류

⑤ 유럽

많은 여행객이 인생에서 한번쯤 가보고 싶어 하는 유럽 지역은 여행상품의 지역분류 중에서 가장 많은 국가가 포함되어 있다. 영국, 프랑스, 스위스, 이탈리아가 중심인 서유럽, 독일, 오스트리아, 체코, 헝가리 등이 중심인 동유럽, 덴마크, 노르웨이, 핀란드, 스웨덴이 중심인 북유럽, 그리스와 터키, 스페인이 포함된 지중해, 크로아티아 등의 발칸지역과 러시아 등 유럽 내에서도 다양한 지역별 분류가 가능하다.

유럽 지역은 10시간 이상의 장거리 이동을 기본으로 하여 비교적 고가의 여행으로 한번 출발을 하면 4~5개국 이상의 멀티 상품이 주를 이룬다. 여러 국가를 한꺼번에 여행하고 국가 간 이동 시에는 가이드가 동행하지 않는 경우가 많아서 대부분의 유럽 여행상품은 인솔자가 포함되어 있다. 유럽은 관광지역을 국가 중심보다는 도시 중심으로 나누는 경우가 많아서 가이드가 있는 지역의 경우 도시별로 짧게 나오는 경우가 많다.[4] 다른 지역은 가이드와 며칠씩 함께 행사를 진행하여 가이드와 고객 간의 친밀도가 점차 높아지는 경우가 많지만 유럽의 도시 가이드는 반나절 또는 2~3시간만 가이드를 하는 경우도 많아서 인솔자의 역할과 유럽에 대한 전문적인 지식 등이 여행 만족도에 많은 영향을 준다. 유럽 지역 인솔자는 유럽지역만 전문으로 하는 전문인솔자가 대부분이며, 대형 여행사에 소속되어 있는 고용형태가 많다.

유럽 지역을 다시 지역별로 분류하면 다음과 같다.

가. 서유럽

영국의 런던, 프랑스의 파리, 스위스의 융프라우, 이탈리아의 밀라노, 베니스, 로마 등을 중심으로 하는 여행으로 보통 영국/프랑스/스위스/이탈리아의 4개국을 기본으로 한 8~10일 상품이 대부분을 이룬다. 유럽 지역 여행상품 중 가장 선호하는 여행지역이며 보통 유럽여행을 하면 가장 먼저 떠올리는 지역이다. 로마를 대표로 하는 유럽 역사의 중심지인 이탈리아가 중심이며 독일 등을 포함한 5개국 이상의 여행상품도 있다.

4) ex. 이탈리아 로마 가이드, 베니스 가이드, 밀라노 가이드 등

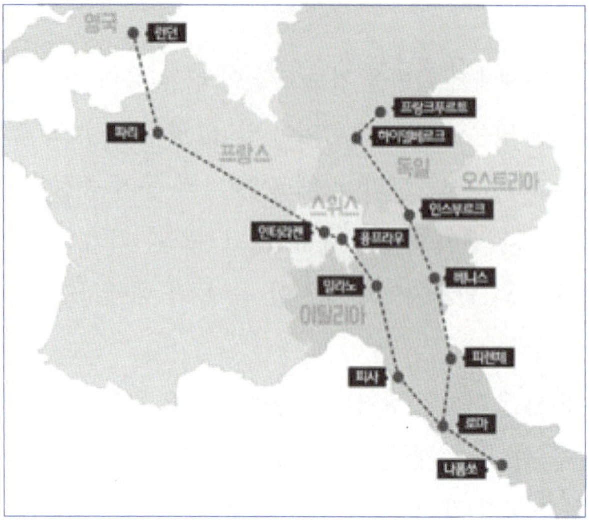

출처: https://www.ybtour.co.kr

[그림 8-8] 서유럽 6개국 12일 이동 동선

나. 동유럽

독일, 오스트리아의 비엔나, 잘츠부르크, 체코의 프라하, 체스키크롬로프, 헝가리의 부다페스트 등 3~6개국 정도로 구성되어 있으며 9일 정도의 여행기간을 가진다. 서유럽과는 또 다른 역사 문화를 가지고 있는 지역이며, 서유럽 상품에 비해 상대적으로 저렴한 가격이라 여행 만족도가 높은 편이다.

출처: https://www.ybtour.co.kr

[그림 8-9] 동유럽 4개국 9일 이동 동선

다. 북유럽

덴마크, 노르웨이, 스웨덴, 핀란드 등 유럽 대륙의 북쪽에 위치한 국가를 중심으로 한 여행상품이다. 사회보장 제도가 잘되어 있는 국가들이며 물가 수준이 높은 지역이다. 피요르드와 같은 자연 경관을 중심으로 여행을 하는 노르웨이가 중심이며 대부분 북유럽 4개국 9~10일 정도의 여행상품이 구성되어 있다. 러시아를 포함한 러시아 북유럽 12일 상품도 있다.

계절적 영향을 받는 북쪽 지역이라 여름이 성수기로 인기가 있으며, 대신 가격대도 높게 형성된다.

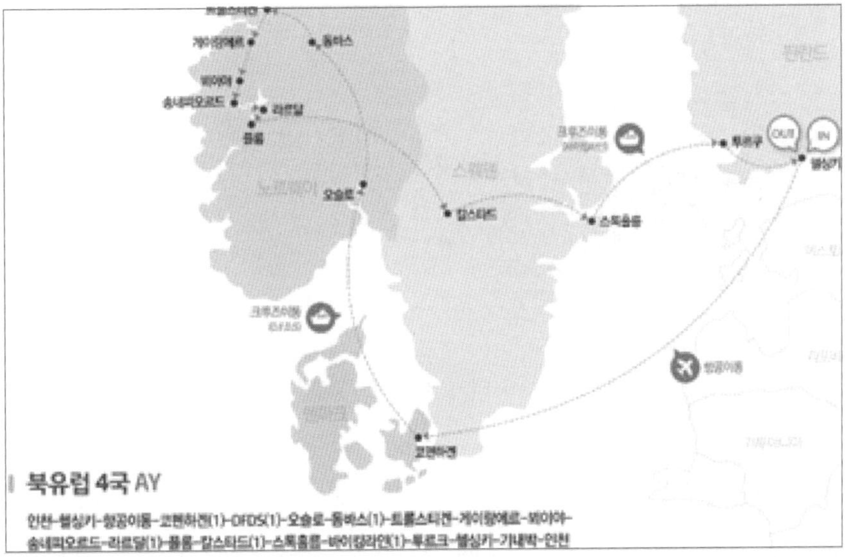

출처: https://www.ybtour.co.kr

[그림 8-10] 북유럽 4개국 9일 이동 동선

라. 지중해

지중해 인근의 지역으로 구성되어 터키, 그리스, 스페인, 포르투갈이 대표적인 국가이다. 터키와 그리스는 유럽의 동쪽에 스페인과 포르투갈은 남서쪽에 위치하고 있어서 같은 지역으로 포함되어 있으나 동시에 4개국을 가는 상품은 전혀 없다.

보통 터키나 스페인을 각각 1개국 여행을 하거나 터키, 그리스 2개국, 스페인,

포르투갈 2개국의 상품으로 구성되어 있다. 일정은 7일에서 9일 내외의 상품이 대부분을 이룬다.

유럽 여행 중 가장 저렴한 가격대가 형성되어 있는 지역 중 하나로 인솔자가 동반하지 않는 여행상품을 구성하기도 한다.

출처: https://www.ybtour.co.kr

[그림 8-11] 터키 일주 9일 이동 동선

마. 발칸지역

다른 지역에 비해 가장 최근에 알려진 지역으로 크로아티아, 슬로베니아 등을 중심으로 단독으로 상품을 형성하기도 하고, 동유럽 지역과 발칸 지역을 한 번에 돌아보는 동유럽·발칸 여행상품으로 구성하기도 한다. 단독이든 동유럽·발칸 여행상품이든 9일 내외로 상품이 구성되어 있다.

출처: https://www.ybtour.co.kr

[그림 8-12] 동유럽 발칸 5개국 10일 이동 동선

바. 러시아지역

모스크바와 상트 페테르부르크를 중심으로 한 러시아 일주 여행상품과 러시아·북유럽 상품 등으로 구성된다. 날씨가 추운지역이라 겨울보다는 여름에 선호하는 지역이며, 러시아 지역 중 블라디보스토크와 하바롭스크 지역은 한국에서 3시간 내외의 거리로 유럽 여행이 가능한 지역이다. 여행사에 따라 러시아의 블라디보스토크와 하바롭스크는 유럽에 분류하지 않고 극동러시아로 중국홍콩과 함께 분류하는 경우도 있다.

러시아 일주는 5~6일 정도, 러시아·북유럽 상품은 12일, 극동러시아 상품은 3~4일 정도로 구성되어 있다.

서유럽	동유럽	북유럽	지중해/터키	중동	아프리카
• 영국	• 체코	• 러시아	• 터키	• 두바이	• 남아프리카공화국
• 프랑스	• 헝가리	• 노르웨이	• 그리스	• 이스라엘	• 케냐
• 스위	• 오스트리아	• 핀란드	• 이집트	• 요르단	• 탄자니아
• 이탈리아	• 폴란드	• 스웨덴	• 스페인	• 이란	• 짐바브웨
• 독일	• 슬로바키아	• 덴마크	• 포르투갈	**중앙아시아/코카서스**	• 잠비아
• 네덜란드	• 크로아티아	**발탁**		• 우즈베키스탄	• 보츠와나
	• 슬로베니아	• 에스토니아		• 카자흐스탄	
	• 불가리아	• 라트비아		• 아제르바이잔	
	• 루마니아	• 리투마니아		• 조지마	
				• 아르메니아	

출처: http://www.hanatour.com

[그림 8-13] 유럽 여행상품

유럽 여행상품의 경우 대부분이 패키지 여행상품이며, 허니문 상품도 인기가 있는 편이다. 골프여행은 거의 형성되어 있지 않고, 10개국 이상 20여일 이상 여행을 하는 유럽 배낭여행 상품도 인기가 있다. 성지 순례를 목적으로 유럽 여행상품을 계획하는 사람도 많아서 성지 순례 여행상품 전문 여행사도 있다. 지중해 지역을 중심으로 한 크루즈 여행상품도 고가이지만 여행을 좋아하는 사람들의 버킷리스트에 있는 여행상품이라 할 수 있다.

⑥ 미주

미주 지역은 미국과 캐나다, 그리고 중남미 지역으로 구성되어 있다.

우리나라에서 출발하는 대부분의 해외여행 상품이 서쪽으로 이동하는 데에 반해, 미주 지역 상품은 항공기를 타고 동쪽으로 이동하는 특징이 있다. 장거리 이동시간이 있고, 제트기류와 시차의 영향이 있기 때문에 미서부를 여행하는 경우 출발 시간보다 도착시간이 빠르다.[5)]

미주 상품 중 미국은 다시 로스엔젤레스, 라스베이거스, 그랜드캐년을 포함한 다양한 캐년을 함께 여행하는 미서부 지역 여행상품과 뉴욕, 보스턴, 워싱턴과 나이아가라 폭포 등을 여행하는 미동부 · 캐나다 상품으로 나뉘며 미국 여행상

5) ex. 10월 1일 14시 30분 인천 출발 항공기를 타면 10월 1일 9시 40분에 로스엔젤레스에 도착

품은 미국 현지의 한인여행사가 주도하는 연합상품으로 많이 진행되기 때문에 간혹 여행 고객 간의 가격차이로 인해 여행 후 여행사에 컴플레인을 하는 경우도 발생한다.[6] 이러한 경우는 장거리 항공권의 특성상 예약시점에 따라 가격차이가 많이 날 수 있기 때문에 이런 점을 감안하여 미국 여행상품을 판매할 때는 손님에게 정확한 안내를 해줄 필요가 있다.

캐나다의 경우 캐나다만 여행하는 캐나다 일주 상품과 미동부를 함께 가는 미동부 · 캐나다 상품으로 나뉜다.

중남미 지역의 경우 거리적 · 시간적으로 제약이 가장 많은 지역 중 하나로 특수지역으로 분류되기도 한다. 아프리카와 함께 가장 장거리이가 고가의 여행상품이며, 정치적 · 외교적 영향도 많이 받고 치안도 좋지 않은 지역이다.

미서부 상품의 경우 7~9일 정도이며, 미동부 · 캐나다 상품은 10일, 캐나다 일주 상품은 8~9일의 상품이 많다. 중남미의 경우 장기간 여행상품이 많다.

알래스카	미국동부	하와이	캐나다	중남미
미국서부	• 뉴욕	• 오아후(호놀룰루)	• 밴쿠버	• 멕시코(칸쿤)
• 로스앤젤레스	• 보스턴	• 빅아일랜드	• 빅토리아	• 쿠바
• 라스베이거스	• 나이아가라	• 마우이	• 캘거리	• 브라질
• 샌프란시스코	• 퀘벡(캐나다 동부)	• 카우아이	• 밴프	• 칠레
• 그랜드캐년	• 토론토(캐나다 동부)		• 휘슬러	• 아르헨티나
• 3대 캐년	• 몬트리올(캐나다 동부)		• 토론토	• 페루
• 그랜드 서클	미국 남부		• 오타와	• 파라과이
• 옐로스톤	• 애틀랜타		• 킹스턴(천섬)	• 우루과이
• 시애틀	• 올랜도		• 나이아가라	
	• 마이애미		• 퀘백	
	• 뉴올리언즈		• 몬트리올	
	• 키웨스트			

출처: http://www.hanatour.com

[그림 8-14] 미주 여행상품

6) ex. A 여행사를 이용해서 대한항공으로 미동부를 여행한 B 고객의 여행상품 300만원, C 여행사를 이용해서 미국 델타항공으로 미동부를 여행한 D 고객의 여행상품 280만원, E 여행사를 이용해서 아시아나 항공으로 미동부를 여행한 F 고객의 여행상품 320만원, B, D, F 고객이 한국의 여행사는 달리 선택하였으나 미동부 여행 중에는 함께 한 경우

대부분의 미주 상품은 패키지 여행상품이 많고, 하와이와 같은 지역은 허니문과 휴양의 목적으로도 많이 이용하는 여행상품이다.

⑦ 특수지역

여행객이 상대적으로 적은 특수지역은 모험심이 강한 여행객에게 인기 있는 지역이라 할 수 있다. 편안함을 추구하는 단체 관광이 아니라 조금 위험하거나 불편해도 남들과 다른 여행을 할 목적의 여행객이 많으며, 아프리카, 중동, 중앙아시아 및 인도를 포함한 서남아시아 등이 포함되어 있다.

(2) 상품특징별 분류

① 허니문

허니문은 신혼여행객을 대상으로 하는 여행상품이다. 일반적인 패키지 여행상품과 구성형태는 비슷하게 되어 있으나, 토요일과 일요일 저녁 출발이 대부분을 이루고 최소 인원 2명부터 출발 가능한 상품이 대부분인 것과 같이 패키지 여행상품과 다른 점도 많다.

인생에서 한 번뿐인 여행상품이라 숙박 및 식사, 여행 활동 등도 최고급으로 구성되어 있으며, 스냅 촬영 등 트렌드를 반영한 여행 일정 등이 추가되어 있기도 한다.

출처: http://www.naeiltour.co.kr

[그림 8-15] 스페셜 테마 허니문

동남아를 중심으로 한 허니문 여행상품이 주를 이루고 있었으나, 최근에는 동남아 외에도 유럽, 남태평양, 미주 지역 등 다양한 지역을 방문하는 여행상품이 판매되고 있으며, 전 일정 가이드 동행 여행상품이 아닌, 일부 자유여행 상품이나 에어텔 형식의 허니문 여행상품도 판매되고 있다.

② 골프

늘어나는 골프 인구에 비례하여 골프 여행상품을 이용하는 사람도 증가하고 있다.

우리나라가 추운 날씨를 보이는 겨울에 특히 수요가 많으며, 코스 · 예약 · 가격 등의 문제로 인해 해외로 골프 여행을 가는 사람들이 많다. 물가가 저렴한 중국과 물가도 저렴하고 날씨도 따뜻한 동남아 지역이 인기가 많으며, 지리적 이점으로 인해 일본으로 골프를 가는 여행객도 늘어나고 있다.

허니문 여행상품과 달리 골프 여행을 이용하는 여행객은 재구매가 아주 높은 편이라 골프를 전문으로 하는 여행사와 골프 여행상품 담당자는 고객 데이터 베이스를 활용한 마케팅을 하여야 한다.

③ 크루즈

대규모 선박인 크루즈를 이용하여 이동과 숙박을 동시에 할 수 있고, 선내에서 식사 · 오락 · 유흥 등 다양한 활동을 하며 즐길 수 있는 크루즈는 고가의 여행상품이다.

예전에는 부유층의 사람들만이 이용할 수 있는 특수한 상품이었으나 크루즈 상품의 대중화로 인해 가까운 일본, 중국, 동남아를 운항하는 크루즈의 경우에는 대중적으로 쉽게 접근할 수 있는 여행상품이다.

여행객의 스케줄에 맞추는 여행이 아닌, 크루즈 선의 운항스케줄에 맞춰 여행을 계획하여야 하며, 장기간 휴가를 쓰기 힘든 여행객들을 위해 항공기를 이용하여 크루즈 출항지로 이동하여 짧게 크루즈 여행을 즐기고 다시 항공기로 돌아오는 플라이 앤 크루즈(Fly & Cruise) 여행상품도 증가하고 있다.

■ 크루즈 상품 특별약관 ■

본 여행상품은 계약금 지불을 기준으로 표준 여행약관 제15조 외에 약관 5조에 의해 특약일 적용이 되는 상품입니다.
여행 상품은 계약금 지불 시점부터 계약이 체결되며, 계약해제 요청 시 귀책사유에 따라 취소 수수료가 부과됩니다.
취소수수료 부과 기준은 (국외여행표준약관/특별약관)에 따릅니다. 특별약관 적용의 경우, 표준약관보다 높은 취소수수료가 부과될 수 있으니 취소수수료 부과 세부기준을 반드시 확인하셔야 합니다.
취소료 부과에 있어서는 어떠한 예외사항도 없으며, 여행 당일 취소로 인한 환불도 적용되지 않습니다.

크루즈 예약 후 취소 시, 다음과 같이 취소료가 부과됩니다.(1인당)
출발 75일 이전 취소 시 위약금 없음
출발 74일~60일 전 취소 시 예약 보증금 100만원
출발 59일~30일 전 취소 시 총여행경비의 50%
출발 29일~15일 전 취소 시 총여행경비의 75%
출발 14일~당일 취소 시 총여행경비의 100% (전액 환불 불가)

출처: http://www.lottetour.com

[그림 8-16] 크루즈 상품 특별약관(동부 지중해)

④ 트레킹 및 레포츠

대표적인 체험 관광 상품으로 개인의 취미활동을 바탕으로 한 여행상품이다. 개별적으로 참가하는 여행도 있고, 동호회 단위로 진행하는 여행상품도 있다.

출처: http://www.hyecho.com

[그림 8-17] 산티아고 순례길 도보 여행상품 도보 이동코스

트레킹 상품의 경우 전문가나 매니아가 선호하는 고난도의 트레킹도 있지만, 대중적으로 쉽게 참가할 수 있는 트레킹 상품도 있다. 레포츠 상품의 경우 스키, 스킨스쿠버, 서핑, 캠핑, 자전거 등 다양한 종목으로 구성하고 있다.

⑤ 종교문화탐방

종교 발생지, 종교의 역사적인 지역이 있는 곳 등을 방문하는 여행상품이다. 불교, 기독교, 천주교 등 해당 종교에 의미가 있는 지역을 방문하며, 절이나 교회 등 종교 단체의 요청에 의해서 진행되기도 한다.

각 종교별 성지순례만을 전문으로 하여 영업하는 성지순례 전문여행사들도 있다.

출처: http://www.galtour.com

[그림 8-18] 이스라엘-요르단 성지순례 여행상품 이동 동선

2) 세미패키지(semi-package) 상품

(1) 에어텔(air-tel)상품

항공기를 뜻하는 Airplane과 호텔을 뜻하는 Hotel의 합성어인 Air-tel은 항공권과 호텔숙박권으로 구성된 여행상품이다. 처음에는 상용 출장을 가는 여행객을 대

상으로 판매한 여행상품이었으나, 개별 여행객들의 증가로 인해 현재에는 아주 대중적으로 사용되는 용어이자 여행상품이다. 비교적 치안이 안전하고 대중교통이 발달한 지역을 중심으로 소규모 그룹이 선호하는 자유여행 상품이다. 에어텔 상품에 렌터카를 포함할 경우 에어카텔(Air-car-tel)이라는 용어를 사용하기도 한다.

(2) 배낭여행(back pack) 상품

대학생들이 가장 주요한 고객층인 여행상품으로 비교적 저렴한 가격에 장기간 여러 국가를 여행하는 여행상품이다. 가격에 민감한 편이며, 경유편 항공을 이용하고 게스트하우스에서 숙박하는 등 가격을 낮추는 것에 중점을 두고 있다. 할인항공권 · 교통패스 · 국제학생증 등의 최소한의 상품구성을 가지고 있다. 보통 여행기간은 유레일패스와 같은 교통패스 유효기간에 맞추어 설정되며, 주로 유럽이나 동남아시아가 배낭여행지로 인기가 높다.

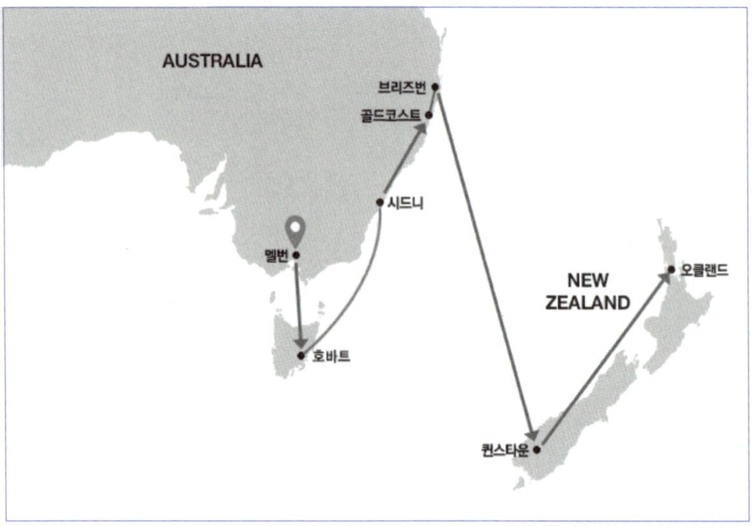

출처: http://www.naeiltour.co.kr

[그림 8-19] 호주 · 뉴질랜드 단체배낭 22일 이동 동선

(3) 호텔팩(hotel pack) 상품

배낭여행의 일종으로 일정한 여정을 갖는 왕복항공권과 호텔숙박을 구비한 상품이다. 게스트하우스 이용이 불편하거나 안전 문제로 호텔 숙박을 선호하는

배낭여행객을 위한 상품이라 할 수 있다. 또한 개별여행에 대해 두려워하거나 여행을 준비할 시간이 없는 배낭여행객들을 위한 단체배낭 여행상품으로도 많이 활용하고 있다. 인솔자가 동반하며 항공 이동과 국가 간 이동 시에는 인솔자의 인솔하에 움직이고 여행지에서는 개별로 움직이는 형태의 인솔자 동반 호텔팩이 인기가 많은 편이다.

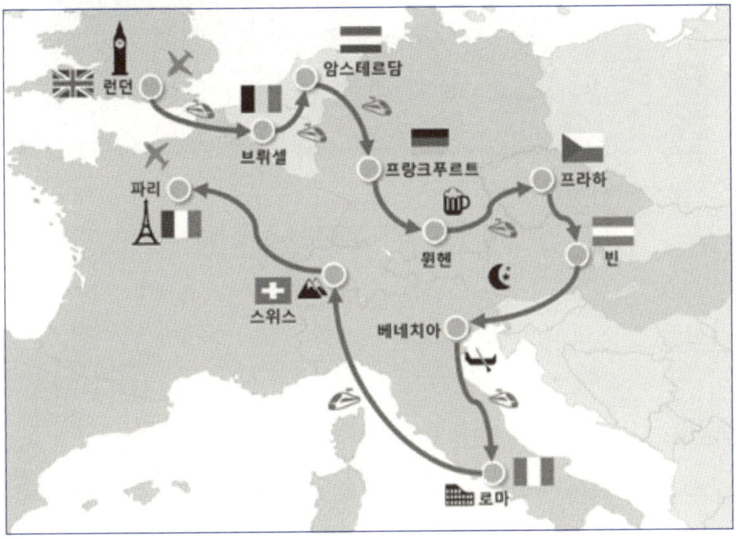

출처: http://www.naeiltour.co.kr

[그림 8-20] 유럽 호텔팩 22일 상품 이동 동선

(4) 코치(coach) 상품

유럽과 미국 등 지역이 넓은 대륙에서 전용버스(coach)를 이용한 여행상품이다. 단체여행의 성격을 가지고 있으나 단체 이동 후 여행 지역에 도착하면 각자 개별 여행을 한 뒤 합류하는 여행상품이다. 현지의 캠프장과 같은 곳에 주차를 하고, 재료를 준비하고 취사 및 숙박을 한다. 여러 국가의 사람들이 함께 모여 여행하는 다국적 코치 상품도 있는데, 유럽에서는 '컨티키'(contiki), 미주에서는 '선트렉'(suntrek)과 '트렉아메리카'(trek america)가 대표적인 다국적 코치전문 여행사이다.

출처: http://www.trekamerica.co.kr

[그림 8-21] 트렉아메리카 전용 밴

3) 단일상품

(1) 항공권

여행상품을 구성하는 가장 기본적인 구성요소이자 원가 구성상 가장 높은 비용을 차지하는 항공권은 단독으로도 여행상품을 구성할 수 있다.

상용 출발이나 개별여행, 유학이나 친척 방문 등 다양한 이유로 여행사에서 항공권을 구매할 수 있으며, 여행사는 항공권을 판매하며 일정한 수익을 얻는다.

항공사에서 커미션을 주던 시대에서 현재에는 커미션을 주지 않는 항공사가 많고, 메타서치등 항공료 비교 사이트 등의 활성화로 인해 여행사에서 항공권을 구매하는 여행객이 줄어들고 있다.

하지만 여행사는 항공사로부터 볼륨인센티브(항공권을 정해진 목표 이상의 판매할 경우 지급하는 수수료나 타스프(TASF: Travel Agent Service Fee)라고 불리는 여행사 서비스 비용을 받으며 여행상품의 하나로 항공권을 판매하고 있다.

'수익성 악화…악화'… 벼랑 끝 중소여행사 'TASF 제도화' 절실하다

세계여행신문(GTN) 김기령 기자 2019-07-24

- 올 상반기 TASF 분석 전년대비 9%나 줄어
- 중소여행사 숨통 트려면 'TASF 정착' 필수

중소여행사의 수익성이 악화일로를 걷고 있는 가운데 2010년부터 10년 가까이 시행돼 온 TASF(여행업무취급수수료) 발행 건수가 줄어든 것으로 나타났다. 중소여행사들의 수익 창구인 TASF가 위협받고 있다는 불안감이 조성되면서 TASF 제도화를 외치는 목소리에 힘이 실리고 있다.

2008년 대한항공의 수수료 제로 선언을 필두로 우리나라에 제로컴이 시행된 이후 TASF는 여행사의 수익을 챙길 수 있는 유일한 창구 역할을 해왔다. 항공 발권수수료 폐지에 따른 여행사의 수익구조 붕괴를 최소화할 수 있는 대안이었다. TASF가 시행된 지 10년째지만 성과는 썩 좋지 않다는 평가가 지배적이다.

2019년 상반기 TASF 데이터를 분석한 결과〈표 참고〉, 1월부터 6월까지 TASF(발행) 건수는 138만 7,955건으로 전년 대비 9.3% 줄었다. 지난해 153만 건이 발행된 데 비해 감소폭이 10%에 달한다. 특히 지난 3월 TASF 발행건수는 18% 넘게 떨어져 약 22만 건에 그쳤다.

TASF 총 발행 금액도 약 470억 원으로 지난해(약 517억 원)보다 9.1% 감소했다. 지난해에는 900억 원 이상 발행됐던 달이 절반을 차지했던 것과 달리 올해는 평균 700억 원대에 불과했다.

지난해만 해도 TASF 발행 건수와 금액이 증가세였던 것과 대비된다. 올해 들어 수치가 급감한 것은 OTA 예약과 항공사 직판이 증가하면서 여행사를 통한 예약이 줄어들었기 때문이라는 분석이다.

2019년 상반기 TASF 건수 및 증감률

	2019	2018	증감률
1월	244,484	285,264	-14.3%
2월	202,475	215,909	-6.2%
3월	224,736	274,856	-18.2%
4월	228,780	266,439	-14.1%
5월	246,561	252,746	-2.4%
6월	240,919	235,757	2.2%
합계	1,387,955	1,530,971	-9.3%

2019년 상반기 TASF 금액 및 증감률

	2019	2018	증감률
1월	8,262,688,765	9,220,352,648	-10.4%
2월	7,170,817,825	7,343,910,506	-2.4%
3월	7,772,283,444	8,796,537,644	-11.6%
4월	7,843,920,906	9,129,134,836	-14.1%
5월	8,399,691,878	9,081,299,298	-7.5%
6월	7,618,334,091	8,182,506,125	-6.9%
합계	47,067,736,909	51,753,741,057	-9.1%

홍사운 KATA 항공협력국 국장은 "항공사의 직판 움직임과 더불어 OTA의 성장과 항공권 판매 채널의 확대가 대리점 수익 감소로 이어진 것"이라고 말했다.

여행 트렌드, 여행객의 여행 패턴이 급변하고 있기 때문에 향후 여행사 의존도는 더욱 줄어들 것으로 전망되고 있다. 이에 따라 이후 TASF 발행 건수와 금액 감소도 점쳐지고 있다.

한 여행사 관계자는 "TASF 제도가 시행되고는 있지만 제대로 되고 있지 않다"며 "고객들은 여전히 여행사가 수수료를 받는 것에 대해 이해하지 못하고 있으며 수수료 자체도 여행사마다 천차만별로 책정하고 있다"고 전했다. 현재 별도로 지정된 TASF 비율은 없으며 일반적으로 5~10% 범위 내에서 책정되고 있는 것으로 나타났다.

TASF가 여행사들의 수익창구 역할을 제대로 수행하기 위해서는 제도화가 시급하다는 의견이 지배적이다. 10년 전 TASF 시행 초기에도 KATA에서 제도 정착을 위해 노력했지만 도입되지 못했다. 중소여행사들은 입을 모아 제도화를 외치고 있다.

한 여행사 대표는 "수수료 규정이 마련되는 등 TASF가 제대로 정착되면 지금처럼 어려운 시기에 소규모 여행사도 숨통이 트일 것"이라고 피력했다.

TASF 제도화에 대한 중소여행사들의 의견에 대해 KATA 측은 "TASF를 여행사의 자율에 맡기는 것이 낫다는 판단하에 제도화는 현실적으로 불가능하다"는 입장을 전했다. 이어 "언제나 을의 위치에 있을 수밖에 없는 여행사를 위해 공정위에 불공정 약관법 위반 건도 청구했고 여전히 진행 중인 상태"라며 "협회 차원에서 항공사의 불공정 행태를 바로잡기 위한 제도 개선을 위해 노력하고 있다"고 덧붙였다.

한편, KATA는 올해 초 여행사들이 IATA에 지불하는 TASF 이용료를 건당 100원에서 90원으로 10% 인하하는 등 여행사 수익 보호를 위한 노력을 이어가고 있다.

〈김기령 기자〉 glkim@gtn.co.kr

(2) 호텔 예약 상품

전 세계 호텔예약을 대행하는 상품이다. 출장 등의 목적으로 항공권과 호텔을 구매하는 고객들이 있으며, 특히 출장자의 경우 유명한 여행 목적지가 아니고 준비할 시간이 없는 관계 등으로 여행사에 의뢰하여 호텔 예약 및 구매를 하는 경우가 많다.

인터넷의 발달로 인하여 직접 호텔 예약이 가능하고, 호텔 관련 정보와 가격 비교까지도 가능하지만, 호텔 가격 비교사이트, 특히 외국계 호텔 가격 비교사이트의 경우 여러 가지 문제점이 발생하기 때문에 여행사 역시 단일 여행상품의 하나로 호텔 예약 상품을 판매하고 있다.

(3) 교통패스

교통패스는 한 번 구입을 하면 유효기간이 끝날 때까지 해당 지역 대중교통을 여러 번 이용할 수 있다. 유럽 배낭여행 시 주로 사용하는 유레일패스가 대표적이다. 유럽 대륙에서 이용할 수 있는 유레일 패스는 사용조건에 따라 유레일 글로벌 패스, 유레일 셀렉트 패스, 유레일 원컨트리 패스로 나뉜다. 또한 유럽 내에서 한 국가에서만 사용 가능한 1개국 패스(프랑스 패스, 스위스 트래블패스, 독일패스 등)이 있으며, 영국의 런던과 프랑스의 파리, 런던에서 벨기에의 브뤼셀 구간을 해저터널을 이용한 고속 철도인 유로스타도 있다. 일본 JR열차와 신칸센 등을 일정기간 동안 무제한으로 이용할 수 있는 일본의 JR패스 등이 있다.

여행사에서 취급하지는 않으나 주요 관광도시에는 도시 내 대중교통인 지하철과 시내버스 등을 정해진 기간 이용할 수 있는 교통카드 등도 교통패스의 일종이라 할 수 있다.

(4) 현지 투어

개별 여행객을 위한 현지 여행상품을 말한다. 단체로 함께하는 여행은 싫어하지만 개인 여행은 힘든 자유여행객이나, 대중교통의 접근이 안되는 관광지, 가이드의 설명을 들으며 하면 더욱 더 좋은 박물관이나 미술관 투어를 포함한 관광 등을 포함한다. 보통 반나절이나 하루 일정으로 진행하며 출발 전 미리 예약·

구매하고 현지에서 호텔이나 미리 정한 목적지에서 만나 행사를 진행한다.

(5) 각종 공연 예약상품

세계 각국의 극장·레스토랑·공연장 등의 예약을 대행하는 상품이다. 직접 해당 공연을 예약하는 경우도 있겠지만, 언어의 문제, 예약 시스템이 잘 구축되어 있지 않거나 직접 사는 것보다 여행사를 통해 살 경우 할인이 되는 등 다양한 이유로 여행사를 통해 공연 예약 상품을 구매하기도 한다.

(6) 관광지 및 테마파크

세계 각국의 유명 관광지와 유명 테마파크의 이용권의 예약을 대행하는 상품이다. 공연 예약 상품과 마찬가지로 직접 구매할 경우 다양한 이점이 있는 경우 여행사를 이용한다.

(7) 각종 서류대행 상품

세계 각국의 방문을 위한 비자 발급 대행, 국제학생증, 유스호스텔회원증과 같은 국제 신분증 발급대행과 해외여행자 보험 가입 등이 있다.

비자의 경우 직접 대사관이나 영사관을 방문하였을 때 드는 시간과 비용, 찾을 때의 번거로움과 목적에 따른 비자 준비의 까다로움 등을 극복하기 위해 여행사를 많이 이용하는 편이다.

CHAPTER

9

여행상품 가격

1. 여행상품 가격의 개념
2. 여행상품 가격결정의 중요성
3. 여행상품의 가격결정 요소
4. 여행상품의 가격결정 방법
5. 여행상품의 가격 차별화 전략

CHAPTER

9 여행상품 가격

1. 여행상품 가격의 개념

여행사는 항공좌석, 호텔숙박, 식사, 관광지, 여행 안내서비스 등의 구성요소를 잘 결합하여 여행상품을 생산한다.

이렇게 생산된 여행상품은 유통경로를 통해 여행소매업자나 여행객에게 판매한다. 여행사는 여행상품 생산에 필요한 구성요소인 항공좌석, 호텔숙박, 식사, 관광지 등을 직접 소유하고 있지 않기 때문에 여행소재 공급업자들의 공급능력에 매우 의존하고 있는 실정이다.

여행상품 구성요소들은 공급의 비탄력적인 특성을 가지고 있기 때문에 수요의 증가와 감소에 상관없이 공급량은 비슷하게 유지되고 있으며, 여행사는 여행소재 공급업자들에게 여행사가 필요로 하는 수준의 공급량을 안정적으로 확보하는 것이 중요하다.

여행상품은 성수기와 비수기에 따라 수요의 증가와 감소폭이 크기 때문에 1년 단위의 계획을 세우는 것이 좋다. 성수기에는 최대한의 공급량을 확보하여 여행사 수익을 극대화하고, 비수기에는 여행사 스스로를 위해 또 공급업자와의 관계 유지 및 추후 성수기 공급량 확보를 위해서 최대한 여행상품 판매에 노력해야 한다.

여행사의 여행상품 가격결정에는 몇 가지 특징이 있다.

첫째, 여행사는 여행소재들을 직접 소유하고 있지 않기 때문에 여행소재 공급업자가 제시하는 요금에 의해 좌우되는 경향이 있다. 그렇기 때문에 여행소재 공급업자로부터 저렴한 가격을 받는 것이 좋은 상품 가격을 구성하는 결정적인 요인이 될 수 있다.

둘째, 여행소재 공급능력이 비탄력적이기 때문에 공급능력에 맞게 여행상품을 구성하고 공급할 수밖에 없다. 항공좌석이 200석이고 10개 여행사가 20개의 좌석을 나누어 팔기로 하였다면 20개의 좌석을 팔기 위한 가장 좋은 가격 정책을 실시하여야 한다.

셋째, 여행상품은 한 팀당 인원에 따라 수익성이 크게 달라질 수도 있기 때문에 초기 예약 및 구매를 독려하기 위해 선착순 요금제를 활용하기도 한다. 300만원 짜리 동유럽 여행상품을 예를 들면 10명이 출발하는 경우 1인 수익은 10만원, 20명이 출발하는 경우 1인 수익은 20만원, 40명이 출발하는 경우 1인당 수익은 70만원이라고 할 때, 최대로 모객하여 최고의 수익을 높이기 위해 처음 10명까지는 280만원에 모객을 시작하여 출발 확정을 보장하고, 이후 추가 모객을 통해 여행사 수익을 극대화하는 전략을 쓰기도 한다.

일반적으로 여행상품의 가격은 원가인 직접비용과 간접비용에 여행사의 이윤인 수익을 더하여 결정한다. 여행상품 가격의 계산공식은 다음과 같다.

여행상품 가격 = 직접비용 + 간접비용 + 여행사 수익

직접비용은 항공료나 선박비용 같은 교통비용와 지상비용로 이루어지며, 지상비용은 숙박비, 식사비, 현지 교통비용, 관광지 입장료, 가이드 경비 등이 포함된다. 간접비용은 인솔자 비용, 해외여행자 보험, 기타 국내에서 발생되는 비용과 광고선전비, 판촉비, 기타경비 등이 포함된다.

2. 여행상품 가격결정의 중요성

여행상품 가격은 여행객의 입장에서 상품을 선택할 때 가장 중요한 결정요인 중 하나로 작용하기 때문에 여행사 마케팅 담당자 입장에서는 가격을 결정하는 것이 가장 중요한 문제 중 하나가 된다. 가격 경쟁은 가장 민감한 특성을 가지고 있으며, 기업의 입장에서는 즉각적인 효과가 나타난다. 특히 공급량이 한정되어 있고 성수기, 비수기의 특성을 가지고 있는 여행사에서는 가격결정이 더욱더 중요한 문제이다.

만약 여행사에서 경쟁우위를 확보하기 위해 여행상품 가격을 인하하였는데, 경쟁사 역시 모방을 하여 동시에 여행상품 가격 인하를 하는 경우, 가격 인하를 통한 점유율 확보나 송출객 증가로 인한 수익증가와 같은 목표 달성을 이루기는 힘들고, 오히려 수익성의 감소만 가져오게 될 수 있다.

특히 여행사와 같은 관광서비스 기업의 경우 성수기에는 가격을 올려 수익을 올리고 수요를 조정하고, 비수기의 경우 낮은 가격 정책을 유지하여 최대한의 시장 점유율을 유지하기도 하는데, 가격은 여행업 마케팅 믹스의 5P 중에서 다른 믹스보다 달리 쉽게 변화시킬 수 있고 가장 빨리 변화를 결과를 얻을 수 있다.

3. 여행상품의 가격결정 요소

여행상품의 가격결정에 영향을 미치는 요소는 다음과 같다.

1) 여행기간

여행기간이 길면 길수록 그만큼 숙박, 식사, 관광지 비용 등 체재경비가 많이 들어가기 때문에 여행상품의 가격이 올라간다. 일부 동남아시아나 중국 여행상품 중 여행기간은 더 길지만, 항공료가 저렴하거나 옵션 기회가 적은 동일한 여행상품에 비해 여행상품을 싸게 책정하는 경우도 있다. 또한 설이나 추석 같은 연휴기간을 100% 활용하는 3박 5일 상품의 경우 연휴 앞뒤에 2일 정도 평일을 함께 가야 되는 4박 6일 상품에 비해 기간은 짧지만 훨씬 더 높은 가격을 책정한다.

〈표 9-1〉 여행기간에 반비례하는 여행상품 가격 책정의 예

여행상품	여행기간	가격	특징
중국 서안 여행	3박 5일	499,000원	수요일 밤 출발
	4박 6일	399,000원	일요일 밤 출발
태국 방콕 · 파타야 여행	3박 5일	1,200,000원	설 연휴기간 여행
	4박 6일	900,000원	설 연휴 2일 전 출발

2) 여행거리

여행상품을 구성하는 요소 중에서 대부분 항공료가 가장 많은 부분을 차지하고 있다. 항공요금은 이동을 위한 수단으로 주로 거리에 비례하여 인상된다. 따라서 여행거리가 길면 길수록 가격이 올라간다.

항공요금을 책정하는 것에는 다양한 변수가 있기 때문에 예외가 있을 수 있다. 특히 직항노선을 이용하는 경우와 국적항공사를 이용하는 경우에는 그렇지 않은 경우에 비해 항공료가 올라가는 경향이 있다. 직항노선으로 국적기를 이용하는 경우가 경유노선으로 외국항공사를 이용하여 훨씬 더 많은 거리를 이동하는 상품에 비해 높은 가격이 형성된다.

〈표 9-2〉 여행거리와 여행기간에 반비례하는 여행상품 가격 책정의 예

여행상품	가격	항공 스케줄
서유럽 4개국 10일 (영국/프랑스/스위스/이탈리아)	4,190,000원	인천-런던, 로마-인천 대한항공 직항 스케줄 이용
서유럽 6개국 12일 (영국/프랑스/스위스/이탈리아/오스트리아/독일)	3,890,000원	인천-런던, 프랑크푸르트-인천 대한항공 직항 스케줄 이용

3) 여행시기

여행상품은 계절적인 영향을 받는다. 또한 성수기와 비수기에는 공급과 수요의 불균형으로 인해 다른 가격 정책을 사용할 수 있다. 성수기에는 공급에 비해 수요가 많고, 원가 역시 인상되기 때문에 수익을 높게 추가하여 고가격 정책이 가능하며, 비수기에는 반대로 낮은 가격 정책을 실시한다.

4) 팀당 인원

여러 명이 단체로 함께 움직이는 단체여행의 경우 한 팀당 여행인원의 수에 따라서도 가격이 영향을 받는다. 항공운임은 단체 할인운임을 적용받아야지만 상품 가격을 낮출 수 있다. 호텔 역시 일정 개수 이상의 객실을 사용할 때 단체 할인운임을 적용받는다.

현지 지상비와 가이드 인건비가 높은 유럽이나 일본 같은 지역은 상품별 예상 모객인원에 따라 여행상품의 가격 정책을 달리 할 수 있다. 한 팀에 많은 인원이 모객될수록 지상경비는 급격하게 낮아지므로 팀당 모객 인원이 많을수록 유리하다.

다만 가이드 1명과 차량 1대로 행사가 가능한 인원의 정원을 초과하는 경우, 팀을 2개로 나누고 가이드 1명과 차량 1대를 추가로 배정해야 하므로 최대 행사 가능인원을 정하여 여행상품을 구성하는 것도 여행사 수익성을 좋게 하는 좋은 방법이라 할 수 있다.

5) 구성 내용

여행상품의 가격은 구성내용에 따라 달라진다. 항공료의 경우 일반석인지 비즈니스석이나 일등석인지에 따라 가격이 차이가 난다. 숙박의 경우에도 숙박시설의 등급, 객실당 이용인원에 따라 달라질 수 있다.

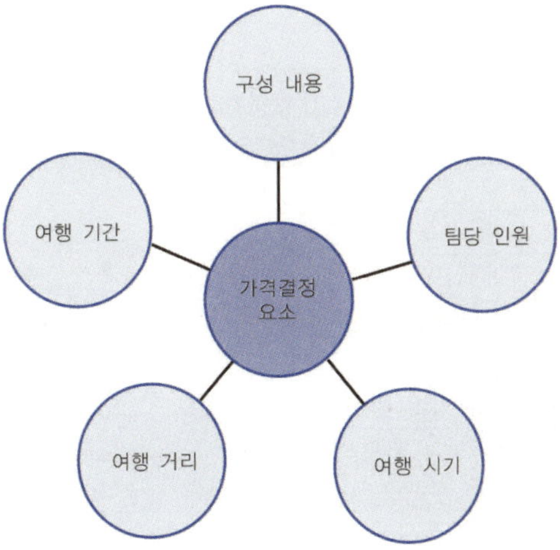

[그림 9-1] 여행상품의 가격 결정 요소

보통 객실당 이용 인원의 경우 3명이 동일한 객실을 사용할 경우에는 상품 가격의 변화가 없지만, 혼자서 객실을 사용할 경우 미리 정해진 싱글차지를 추가한 여행상품 가격이 결정된다. 또한 식사, 방문관광지의 수, 인솔자의 유무, 쇼핑센터 방문횟수, 선택관광 등도 여행상품 가격에 영향을 미친다.

4. 여행상품의 가격결정 방법

여행상품의 가격은 여행소재 공급업자로부터 공급받는 여행상품 구성소재의 원가, 여행사의 마케팅 목표, 마케팅믹스, 조직 등에 따라 달라질 수 있으며, 이러한 가격 정책은 여행상품 시장의 특성과 수요, 경쟁 여행사의 여행상품 가격, 그 밖의 외부 환경에 따라 달라질 수 있다.

여행사가 여행상품의 가격을 결정하는 방법은 여행객과 같은 소비자 중심으로 적정가격을 설정하는 수요에 따른 가격 설정 방법, 여행사와 같은 기업 중심으로 적정가격을 설정하는 비용에 따른 가격 설정 방법, 경쟁 여행사와 같은 경쟁사 중심으로 적정 가격을 설정하는 방법 등이 있다. 여행상품은 다른 일반상품과는 달리 여행에 관련된 소재공급업자들의 공급가격을 원가로 사용하여 가격을 결정하고 수익률이 일반 기업에 비해 적은 편이기 때문에 비용에 따른 가격 설정 방법을 많이 사용하는 편이다.

수요에 따른 가격 설정

소비자 중심에서 가격을 결정한다
(소비자 중심으로 적정가격 설정)

비용에 따른 가격 설정

총비용에 이익을 덧붙여 결정한다
(기업 중심으로 적정가격 설정)

경쟁사에 따른 가격 설정

경쟁 제품보다 저렴하게, 경쟁에 지지 않도록 결정한다
(경쟁사 중심으로 적정가격 설정)

[그림 9-2] 가격 결정 방법

1) 수요에 따른 가격결정

가격은 상품과 서비스를 거래하는 구매자와 판매자 모두를 포함하고 있는 시장의 수요/공급의 법칙에 의해 결정된다. 공급은 일정한데 수요가 증가하면 가격이 상승하고 반대로 수요가 감소하면 가격은 하락한다. 또한 수요는 일정한데 공급이 증가하면 가격은 하락하고 공급이 감소하면 가격은 상승한다.

여행사 상품 시장의 수요와 공급의 특징은 공급은 비탄력적인 데 비하여 수요는 탄력적이라는 점이다. 즉 항공사의 좌석과 호텔의 객실은 공급이 일정한 반면에 수요는 성수기와 비수기에 따라 증감의 폭이 크다. 따라서 성수기와 비수기에 따라 가격을 탄력적으로 운용할 수 있어야 한다. 수요에 의한 가격결정은 결국 소비자 입장에서 적정가격을 정하는 것이므로 소비자들의 집합인 시장에 대한 연구가 필수적이다.

2) 비용에 따른 가격결정

가장 일반적인 가격결정 방법으로 총원가에 이윤을 붙이는 방법이다. 많은 여행사들이 주로 사용하는 방법이다. 원가인 비용은 여행사가 여행상품 가격의 최저점이 된다. 기본적으로 여행사는 여행상품의 생산과 유통, 서비스 관리에 들어가는 비용을 초과하는 가격설정을 희망한다. 일반적으로 가격의 하한선은 비용에 의해 결정되고 상한선은 시장과 수요에 의해 결정된다. 비용에 따른 가격결정은 일정한 이윤확보 측면에서 장점이 있으나 적당한 시장 점유율을 확보하고 수요변동과 경쟁상황을 대처하는 측면에서는 유연성에 문제가 있다.

여행상품의 원가는 항공요금, 현지 숙박 및 음식, 관광과 관련된 지상비, 비자, 공항세 등의 기타요금, 인솔자의 경비로 구성되는데 통상적으로 원가의 10%의 이윤을 추가한다. 여행사와 같은 관광기업은 서비스산업이기 때문에 이윤에 너무 집착하지 말아야 하며, 서비스에 초점을 맞추어 이윤을 창출하려고 노력해야 할 것이다. 그러나 기업의 궁극적인 목표인 이윤 창출에 있어 손익 분기점을 무시 할 수는 없을 것이다.

손익 분기점이란 수입과 지출이 일치하는 상태를 말한다. 즉, 이익도 손실도 발생하지 않는 매출상태를 의미한다. 일반적으로 대부분의 사업이 영업개시 첫 해부터 이익을 창출하는 것은 어렵기 때문에 장기적인 관점에서 가격관리를 통해 이익을 확보해야 한다.

3) 경쟁에 의한 가격결정

경쟁에 의한 가격결정은 여행사가 자체적으로 계산한 비용이나 예상하고 있는 수요에 근거하기보다는 주로 경쟁사의 가격에 비교하여 자신의 가격을 결정하는 방식을 말한다. 이 경우 반드시 경쟁사의 가격과 동일하게 가격을 책정하는 것을 의미하는 것은 아니며 오히려 경쟁사의 가격을 자사 가격결정의 기준점으로 사용할 수 있다.

여행사에서 경쟁에 의한 가격결정이 사용되는 이유로는 여행상품은 고관여 상품이기 때문에 여러 상품을 동시에 비교하는 경우가 많기에 경쟁사의 가격과 비교하여 최종 선택하는 소비자가 다른 일반적인 상품 구매자에 비해 많기 때문이다. 특히나 여행상품은 시간이 지나면 소멸되기 때문에 비수기나 전세기 항공좌석의 경우 경쟁사에 비해 먼저 판매를 할 필요가 있는 경우가 많다.

하지만 여행사의 여행상품은 공급이 비탄력적이기 때문에 성수기의 경우 무리한 경쟁에 의한 가격결정을 할 필요가 없다. 경쟁 여행사가 낮은 가격 정책을 사용한다고 하더라고 성수기에는 자신이 보유한 여행상품이 다 소진되고 나면 추가 좌석 확보가 힘들기 때문에 추가적인 고객은 다른 여행사 상품을 찾게 될 것이고, 가격이 좀 더 높더라도 우리 여행사 상품의 판매 역시 문제없이 이루어질 수 있기 때문이다.

5. 여행상품의 가격 차별화 전략

1) 가격 차별화 개념

가격전략의 기본은 여행상품의 품질과 가격의 상관관계를 의미하는 가치를 먼저 파악해야 한다. 아무리 우수한 여행상품도 가격이 지나치게 높으면 가치가 떨어지고, 반면에 열등한 여행상품도 가격이 상대적으로 낮으면 가치는 오르게 된다. 가치를 결정하는 것은 시장과 고객이다.

일반적으로 원가에 이윤을 더하는 비용에 따른 가격 결정 방법을 주로 사용하는 여행사의 경우 수요와 공급에 의해 합리적인 수익의 정도를 결정할 수도 있는데 여행상품의 계절성을 극복하기 위해서 여행사들은 다양한 이벤트와 가격 차별화, 단체고객 유인 등 여러 가지 아이디어가 필요하다.

여행사는 비용에 따른 가격 결정 방법을 주로 사용하지만 여행상품은 고관여 상품이며 수요탄력성이 높기 때문에 경쟁에 기초한 가격설정 방법 역시 많이 사용한다. 대부분 경쟁사와의 상품 가격 비교를 통해 비슷하게 가격을 결정하거나 약간 낮게 설정하는 것이 일반적이다. 보통 시장세분화를 통해 각 시장집단의 특성에 맞는 여행상품의 개발과 마케팅 및 가격을 차별화하는데 가격이 경쟁 여행사에 비해 높으면 판매가 감소하고, 반대로 가격이 낮으면 매출은 늘지만 여행사의 이미지가 실추되거나 장기적으로 총수익에 영향을 줄 수도 있다.

2) 가격 차별화 전략의 종류

(1) 저가전략

여행상품의 수준에서 크게 차이가 나지 않거나 시장에서의 경쟁이 치열하여 가격이 유일한 경쟁수단이 될 때 저가전략을 활용할 수 있다. 또는 여행소재 공급업자로부터 좋은 요금을 받는 경우 원가 절감을 통한 저가전략을 활용할 수도 있다.

팀당 인원에 따른 1인당 이윤이 급격하게 증가할 때 저가전략을 사용하고 팀당 인원을 증가시켜 1인당 이윤과 총수익을 증가시키는 방법 역시 가능하다. 그리고 여행상품 시장의 규모가 크고 경쟁자가 쉽게 진입할 수 있는 도입기에 있다면 저가격전략은 신속하게 시장에 침투하는 데 적합하여 시장침투 가격전략이라고 불린다. 또한 기존 시장에서 새로운 경쟁자가 나타날 경우 가격을 낮추어 견제하는 것 또한 저가전략 중 하나라고 할 수 있다.

(2) 고가전략

특정고객을 대상으로 고가를 지불할 만큼 여행상품이 차별화되어 있고 품질수준과 보장성을 높여줄 때 가능한 전략이다. 항공기 일등석, 호텔이나 리조트의 특실 등 고가 또는 독점적 지위를 띠는 여행상품은 자신의 신분을 보여주는 사회적 상징으로 작용한다. 명품시장에서는 가격을 인하할 때 오히려 매출이 감소하는 경우가 있다. 즉, 처음부터 상품에 높은 가격을 매겨 그만한 가격을 지불할 의사를 가진 소비자를 공략하는 전략이다.

한진관광의 KALPAK, 하나투어의 ZEUS 등이 고가 전략을 사용하는 대표적인 여행상품이다.

잠재경쟁자의 진입이 당분간 없다고 판단되는 도입기에는 고가전략으로 상품 판매단위당 높은 마진을 실현할 수 있다. 예를 들면 여행상품 중 아프리카 상품이나 크루즈 상품들이 시장 도입기 때에는 경쟁업체의 부재로 인해 고가전략으로 인한 수입 증대를 꾀하였다.

출발일 보기

10월

출발/도착일	상품명	항공	가격
10/05(화) 10/30(토)	[프라이빗 제트-포시즌] 고대문명 탐험(멕시코시티, 이스터섬, 요르단, 카이로 등)	KE	210,598,400원

출처: http://www.kalpak.co.kr

[그림 9-3] 고가 전략을 사용하는 여행상품 – KALPAK

(3) 심리적 가격전략

가격을 단순히 경제적인 관점에서 판단하는 것이 아니라 가격이 지닌 심리적인 측면을 고려하는 전략이다. 즉 여행객이 심리적으로 싸게 느껴지도록 가격을 설정하는 심리지향적 가격이다.

① 단수가격(Odd Pricing)

단수가격이란 경제성의 이미지를 제공하여 구매를 자극하기 위해 단수의 가

격을 구사하는 전략인데 단수가격 정책의 목적은 소비자들에게 상품가격이 정확한 가격에 의해 가장 낮게 책정되었다는 인식을 심어주기 위한 것이다. 이러한 방법을 통해서 여행사는 소비자에게 지각된 가격이 실제 가격보다 상당한 차이가 있음을 느끼게 한다. 예를 들어 여행상품이 580,000원에 비하여 579,000원은 훨씬 싸다고 느끼게 하는 것이다.

▶반짝특가◀ [출발확정] [4박4성+대운하투어] ★서유럽 3국 9일 융프라우, 베니스, 나폴소 베네치아 대운하(수상택시) 투어 등 스페셜 포함	**2,899,000원**	**출발가능**
[싱글차지할인] [세미팩] [출발확정] [자유시간+] [2박4성+대운하] 서유럽 4국9일 파리, 인터라켄, 로마 자유시간 베네치아 대운하(수상택시) 투어 등 스페셜 포함	**2,899,000원**	**출발가능**
[퍼즐팩] [출발확정] [테마 in 유럽: 미식] [2박4성+대운하투어] 서유럽 4국9일 융프라우, 런던 베네치아 대운하(수상택시) 투어 등 스페셜 포함	**2,999,000원**	**출발가능**

출처: http://www.hanatour.com

[그림 9-4] 단수가격 전략을 사용한 여행상품들

② 관습가격(Customary Pricing)

관습가격이란 실제 상품의 원가가 상승함에도 불구하고 소비자들이 오랜 기간 동안 일정금액으로 구매하였기 때문에 여행사들은 동일한 가격대로 계속 유지하는 전략이다.

대표적인 해외여행 상품인 태국 여행상품의 경우 여행 초창기와 지금과 비교해볼 때 여행상품의 가격은 거의 차이가 나지 않는다. 30년 동안의 물가상승률과 화폐가치의 하락 등을 감안하면 오히려 엄청나게 가격이 인하된 셈이다. 여행객들을 지금까지 그 가격을 관습가격으로 받아들이고 있다. 가격이 변화한다면 상품가가 인상되었다는 느낌을 받게 된다.

이 경우 여행사는 원가상승에도 불구하고 여전히 가격인상은 힘든 실정이다.

그래서 여행사는 어쩔 수 없이 여행상품의 내용을 줄이는 방법을 채택하기도 한다. 즉, 입장료가 많이 드는 관광지를 무료 관광지로 대체하고 식사수준을 낮추는 등 원가를 낮추는 방법을 사용하기도 한다.

③ 특정 시기에 따른 가격 차별화 전략

계절적으로 성수기와 비수기에 따라서 혹은 주중과 주말 등 수요의 변화가 심한 시기에 따라 가격을 조정하는 것을 의미한다. 또 하루 중에도 수요가 적은 시간대에 가격을 저렴하게 하여 수요를 분산시키거나 창출하는 해피아워(happy hour) 또는 얼리버드(early bird) 전략도 이에 해당한다. 예를 들면 계절적으로 북경여행상품의 가격대를 보면 성수기와 비수기의 차이는 2배 이상의 차이가 나며, 호텔 숙박은 주말과 주중 요금이 다르다. 또한 제주도 항공요금을 보면 낮 출발 항공요금과 밤 출발 항공요금에서 차이를 나타낸다.

④ 상품등급에 따른 차별화 전략

여행상품은 동일한 지역 동일한 일정을 가더라도 여행상품 구성요소 및 서비스 수준에 따라 상품의 가격을 다르게 책정하는 경우가 있다. 항공기의 퍼스트와 비즈니스, 이코노미 클래스, 호텔객실의 스탠더드룸과 스위트룸 등은 가격이 다르고 그만큼 서비스 수준에 차이가 나며, 이러한 구성요소의 조합으로 완성되는 여행상품은 다양한 가격이 나올 수 있다. 특히 인터넷 웹사이트 등에 노출되는 여행상품 가격을 낮추기 위해 최저가 상품을 기본적으로 구성하고 실속상품, 품격상품 등 상품 등급을 구분하여 다양한 가격 정책을 활용한다.

⑤ 캡티브 프로덕트 전략(Captive product pricing)

일단 어떤 상품을 싸게 판매한 다음 그 상품에 필요한 소모품이나 부품 등을 비싸게 파는 전략이다. 컴퓨터 프린터는 싸지만 잉크는 비싸게, 호텔의 객실은 저렴하지만 부대시설 사용은 비싸게, 여행상품은 저렴하지만 옵션투어 가격은 비싸게 책정하는 가격 정책이다.

동남아나 중국의 초저가 상품의 경우 상품가격은 199,000원, 299,000원 등 저렴하게 되어 있지만 실제로 여행을 가면 추가되는 비용이 오히려 상품가격보다 높은 경우가 많다. 이러한 여행상품이 캡티브 프로덕트 전략을 사용하는 경우이다.

여행사에서는 효과적인 여행상품 판매를 위해 이 전략을 사용하더라도 추가 예상경비 등의 정확한 안내 등을 통해서 여행 후 고객불만 요소를 제거해야지만 고객만족으로 이어질 것이다.

CHAPTER

10

여행상품 유통

1. 여행상품 유통의 개념
2. 여행상품 유통경로
3. 여행상품의 유통기관

CHAPTER

10 여행상품 유통

1. 여행상품 유통의 개념

여행상품의 유통경로란 여행상품의 생산업자로부터 여행객에게 상품과 서비스를 이용하게 하는 과정에서 포함되는 과정을 말한다. 생산과 소비를 연결하는 경제활동으로 마케팅 믹스의 한 가지 요소이다. 유통경로는 여행소재 공급업자, 도매여행사, 소매여행사, 여행객을 포함하고 있다.

유통의 경로는 단순하고 최소화하면 좋지만 여행상품 유통의 경우에는 중간 단계를 거치는 경우가 많다. 유통경로에서 여행소재 공급업자, 도매여행사 등이 소매여행사와 같은 중간 단계를 활용하는 이유는 다음과 같다.

첫째, 상당수 많은 여행상품의 생산업자(여행소재 공급업자, 도매여행사 등)들이 최종 여행객에게 직접 상품을 유통시킬 만한 자금과 조직력을 가지고 있지 못하기 때문이다. 독자적인 자신의 경로를 구성할 능력이 있는 여행상품 생산업자라고 하더라도 이러한 자금과 조직을 그들의 주요사업에 집중 투자함으로써 훨씬 많은 이윤을 낼 수 있기 때문이다.

둘째, 소매여행사들은 표적시장의 여행객들이 여행상품을 그들이 원하는 시간에, 그리고 편리한 장소에서 훨씬 용이하게 구입할 수 있게 해 주는 역할을 한다.

셋째, 소매여행사들은 여행상품 생산업자(여행소재 공급업자, 여행사(도매) 등)가 생산한 여행상품을 바탕으로 소비자들이 원하는 방식으로 전환시켜 주는 기능을 하고 있다. 유통경로를 통해서 소매여행사들은 여행상품 구성요소를 여행소재 공급업자들로부터 대량으로 구입하여 여행객들이 원하는 다양한 형태로 만들어서 소량으로 판매한다.

넷째, 여행소매업자들은 여행상품 생산업자(여행소재 공급업자, 도매여행사 등)가 생산한 여행상품을 홍보, 추천하는 기능을 가지고 있다. 여행객이 필요한 다양한 여행상품 구성요인에 대해 여행소매업자들은 추천해 줄 수 있기 때문에 여행상품 생산업자로서는 광고나 마케팅 비용을 줄일 수 있기 때문에 소매여행사를 통한 유통경로를 이용한다.

2. 여행상품 유통경로

여행상품의 유통경로는 여행사가 생산한 상품을 최종소비자인 여행객에게 전달시키는 방법으로 다음과 같이 나눌 수 있다.

1) 여행소재 공급업자 → 여행객의 경로

여행소재 공급업자가 여행소재 상품을 여행사(소매)와 같은 중간 단계를 거치지 않고 여행객에게 직접 판매하는 것으로 직접유통 과정이다.

여행시장의 규모가 작거나 지역적으로 밀집되어 있어서 여행소재 공급업자가 여행객과의 직접적인 접근이 용이할 때 이루어진다. 주로 인터넷, 스마트폰 어플리케이션, 전화, 우편 등을 사용한다. 이러한 유통경로는 여행객의 측면에서 컴퓨터와 통신기술의 발달로 인해 시간과 장소의 제약을 벗어나 직접적으로 여행소재 공급업자와의 접촉이 가능하다는 점에서 더욱더 선호되고 있다. 특히 인터넷과 스마트폰 어플리케이션은 직접유통 선택에 막대한 영향을 미쳤다. 주로 항공사, 호텔, 렌터카, 테마파크, 관광지 등에서 직접판매를 위한 유통경로를 인터넷과 스마트폰 어플리케이션으로 개설하고 판매하는 방법을 많이 사용한다.

이러한 유통경로의 장점과 단점을 여행소재 공급업자와 여행객의 측면으로 나누어 살펴보면, 먼저 여행소재 공급업자는 여행객과 직접 접촉함으로써 고객을 관리하기 쉽고 수요를 직접 통제하고 확인할 수 있으며, 재판매 기회가 확대할 수 있다. 또한 중간 유통경로업체에게 줄 수수료를 절약할 수 있어서 결과적으로는 이윤을 증가할 수 있으며 여행객과 직접적인 거래를 하기 때문에 추천판매가 가능하다는 장점이 있다. 반면에 여행객에게 다양한 광고와 판촉전략으로 알려야만 여행객이 직접 유통경로를 이용할 수 있으며, 직접접촉을 위한 조직과 인력을 구성하는데 많은 비용과 노력이 든다는 단점이 있다.

여행객의 측면에서 보면 중간 유통경로 업체를 통하지 않고 공급업자와 직접 거래하므로 여행기간과 내용을 변경하기 쉬우며, 더욱더 정확성을 기할 수 있다. 또한 더 빠른 구매도 가능하다. 여행소재 공급업자의 이벤트나 프로모션을 활용할 경우 저렴한 가격으로 구매가 가능하다는 장점도 있다.

반면에 여행객이 적절한 여행 소재 공급업자를 찾기가 쉽지 않고 정확한 정보의 획득이 어려우며, 여러 가지 대안이 있는 경우 구매를 결정을 하는 것도 쉽지 않다. 구매 후 문제가 발생할 경우 처리가 힘든 경우도 있고, 특히 해외의 업체와 거래하는 경우 문화적 차이나 의사소통 방법으로 인해 문제가 발생할 수도 있다.

[그림 10-1] 여행소재 공급업자 → 여행객의 경로

2) 여행소재 공급업자 → 여행업자 → 여행객의 경로

여행시장이 확대되고 경쟁업자의 경쟁력이 커지면서 여행소재 공급업자들이 여행객과 직접적으로 접촉하여 판매하는 것에 한계가 있고, 경쟁력 강화를 위해 생산되는 여행상품의 품질에 매진해야 하는 치열한 경쟁상황에서 매우 적합한 유통경로라고 할 수 있다. 여행사는 여행소재 공급업자를 대리하여 여행소재를 여행객에게 판매하고, 판매의 대가로 공급업자로부터 일정한 비율의 수수료를 받는다. 이러한 단계의 장·단점은 다음과 같다.

여행소재 공급업자의 측면에서는 여행업자를 통하여 판매함으로써 직접판매를 위한 인력, 조직, 시스템 구축 및 유지 비용을 줄일 수 있으며, 수수료가 나가는 대신에 많은 수의 여행객과 거래를 할 수 있고, 중간 유통 단계인 여행사로부터 수집된 여행객에 대한 정보를 활용하여 다양한 시장을 개척하기가 쉽다는 것이다.

단점으로는 거래를 하면서 수수료가 나가게 되고, 여행사와 여행소재 공급업자 사이에 어느 쪽의 구매력(buying power)이 더 큰지에 따라서 다양한 조건에 맞추어 가격협상을 해야 하는 상황에 처하게 된다.

여행객의 측면에서 보면 여행사를 통해 구매하는 경우 이미 개발된 여행상품이나 패키지화된 여행상품을 더 저렴하게 이용할 수 있고, 한 곳에서 다양한 여행소재를 구입할 수 있으며 여행전문가인 여행업자의 서비스를 받을 수 있다는 장점이 있다. 하지만 여행업자가 다양한 여행소재 공급업자와 거래를 하지 않는 경우 상대적으로 좋지 않은 여행소재를 구매할 가능성이 있고, 프로모션 등이 적용된 직접거래 특가상품과 비교할 때 여행사의 수수료 등에 의해 가격이 비싸질 가능성도 있다.

[그림 10-2] 여행소재 공급업자 → 여행업자 → 여행객의 경로

3) 여행소재 공급업자 → 여행도매업자 → 여행소매업자 → 여행객의 경로

이 형태는 가장 발달된 유통과정이라 할 수 있다. 이 형태는 여행소재를 하나의 상품으로 단순한 알선을 통한 판매를 하지 않고, 보다 부가가치가 높은 여행상품을 개발하여 적극적인 판매에 주력하는 유통과정이다. 중간 유통과정은 다시 여행도매업자와 여행소매업자로 나뉜다. 여행도매업자는 여행객의 수요를 미리 예측하고 대량의 항공좌석을 확보하고, 호텔의 객실을 대량 예약하는 등 규모의 경제를 이용하여 좋은 가격으로 여행요소를 일괄 구매한다. 그리고 이러한 여행소재들을 잘 구성하여 다양한 여행상품을 만들어 여행소매업이나 대리점을 통해 여행객에게 판매한다. 이러한 단계를 통한 유통경로의 장점은 다음과 같다.

첫째, 여행소재 공급업자는 안정적인 대규모 거래처를 확보함으로서 기본적인 물량 판매가 가능하고 나머지 물량에 대한 판매에 집중할 수 있다.

둘째, 여행소재 공급업자는 여행도매업자와 여행소매업자가 각자 본인들의 상품 판매를 위해 여행소재 공급업자의 상품도 함께 홍보해 주므로 마케팅과 홍보비용이 절감된다.

셋째, 여행도매업자가 시장의 수요에 맞는 여행상품을 개발하여 판매함으로써 비수기에 판매가 촉진된다.

넷째, 여행도매업자가 다량으로 구매하여 판매함으로써 가격이 저렴해진다.

다섯째, 수많은 여행소매업자가 여행도매업자의 상품을 함께 판매함으로써 상품이 다양해질 수 있으며 상품별 출발 가능성도 높아진다.

여섯째, 여행상품의 생산과 판매기능이 분리됨으로써 전문성이 이루어진다.

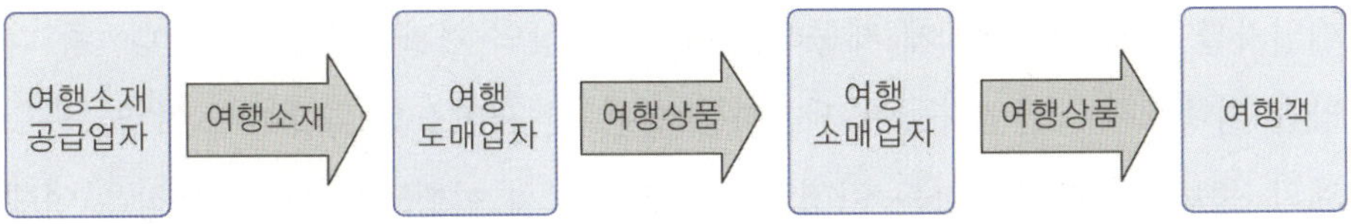

[그림 10-3] 여행소재 공급업자 → 여행도매업자 → 여행소매업자 → 여행객의 경로

이와 같이 여행상품의 유통경로를 3단계로 설명하였지만, 여행상품이 전문화되고 통신·정보기술이 발달하면서 유통경로도 복잡화·다양화되고 있다.

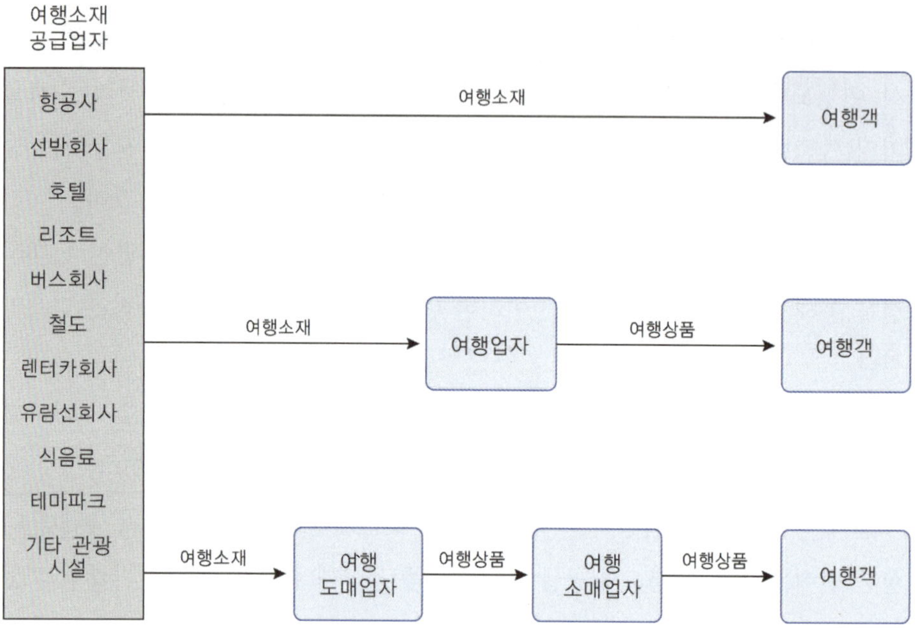

[그림 10-4] 여행상품 유통 경로

3. 여행상품의 유통기관

1) 여행도매업자

여행도매업자(wholesaler)는 수요를 예상하여 여행목적지로의 수송, 객실 및 다른 가능한 서비스(여행, 여흥 등)를 준비하여 이를 완전한 상품으로 만들어 여행소매업자를 통해 여행객에게 제공하는 유통과정상의 기관이라 할 수 있다. 즉 다양한 여행소재 공급업자들이 제공하는 상품 및 서비스를 결합하여 여행상품을 계획, 준비, 판매, 관리하는 여행업자이다. 따라서 여행도매업자의 특징은 여행상품을 고객에게 직접 판매하지 않고 여행소매업자를 통해서 판매한다는 점이다.

여행도매업자는 아웃바운드와 인바운드 여행에 대한 여행상품 개발을 전문적으로 담당한다. 여행도매업자의 역할을 살펴보면 다음과 같다.

첫째, 여행소재 공급업자로부터 여행소재를 다량으로 확보하여 다양한 여행상품을 기획한다.

둘째, 여행객의 기호를 조사하여 여행상품을 기획함으로써 여행객에게 보다 좋은 상품을 제공한다.

셋째, 여행싱품의 판매는 소비자를 대상으로 직접 판매하지 않고 여행소매업자를 통하여 간접판매를 한다.

넷째, 여행객의 기호 변화에 따른 적절한 상품개발에 선도적인 역할을 한다.

다섯째, 여행상품의 생산과 판매업무를 분업화하여 전문성과 능률성을 높인다.

여섯째, 여행소재의 대량구입으로 원가를 절감시켜 여행 시장의 상품 가격을 낮춘다.

2) 여행소매업자

여행소매업자(retailer)는 여행도매업자나 여행소재 공급업자로부터 여행상품을 공급받아 여행객에게 직접 판매하고, 상품 판매의 대가로 일정한 수수료를 받고 여행객에게 여행과 관련된 모든 업무를 하는 여행사이다. 여행소매업자의 특징은 주로 여행도매업자로부터 공급받은 여행상품을 판매하고, 그에 따른 부수적인 서비스를 제공한다는 점이다.

여행소매업자는 여행도매업자에 비하여 여행상품당 수익은 낮으나 여행상품을 생산하지 않기 때문에 생산에 따른 비용부담 없이 사업의 안정성을 유지할 수 있다는 장점이 있다.

여행도매업자와 여행소매업자의 구분이 법규상의 분류는 아니다. 이러한 구분은 유통구조상의 분류일 뿐이며, 사실상 여행도매업자와 소매업자는 내용과 기능에서 별로 차이가 없다. 여행사는 도매업을 하면서도 소매업을 겸업하기도 하고 순수하게 도매업이나 소매업에만 주력하기도 하기 때문에 여행사들은 도매업이나 소매업의 역할을 모두 수행하고 있는 것이라고 할 수 있다.

3) 랜드사

랜드 오퍼레이터(land operator) 또는 투어 오퍼레이터(tour operator)라고도 하며, 통상 랜드사라고 불린다. 이는 여행목적지에서 행해지는 여행활동(호텔 숙박, 식사, 교통운송, 관광, 안내 등)에 대하여 예약 및 알선을 해 주는 업자이다. 따라서 랜드사는 목적지에 도착하는 여행객에게 여행도매업자로서 여행소매업자를 통해 여행상품을 판매한다. 지상수배업무의 여행공급업자로서 랜드사는 계약을 통해 여행도매업자에게 지상패키지를 공급하기도 한다.

랜드사는 특정한 여행패키지의 전문화된 서비스를 제공하는 데 역점을 둔다. 랜드사는 공급업자로서는 자신들이 직접 버스, 호텔 및 기타 설비를 제공할 수도 있고, 그것들은 다른 랜드사나 타 여행소재 공급업자, 호텔업자, 버스업자, 렌터카업자, 레스토랑업자 등으로부터 공급받을 수 있다.

CHAPTER

11

여행상품 촉진

1. 여행상품 판매촉진의 개념
2. 여행상품 판매촉진 전략
3. 여행사 광고
4. 여행상품의 인적판매

CHAPTER

11 여행상품 촉진

1. 여행상품 판매촉진의 개념

1) 여행상품 판매촉진의 개념

판매촉진은 소비자의 즉각적인 반응을 유도하기 위한 단기적 방법의 하나로서 소비자나 유통경로상의 기관들로 하여금 특정상품 및 서비스를 보다 빨리, 그리고 보다 많이 구매하게 하는 목적으로 고안된 단기적인 다양한 유인도구를 말한다. 광고가 구매에 대한 이유를 제공하는 것이라면 판매촉진은 구매를 위한 유인을 제공하는 것이다.

판매촉진은 인적판매 · 광고 · 홍보 등을 포함하여 소비자의 구매를 자극하는 모든 활동으로, 치열한 경쟁 환경 속에 있는 여행사의 판매촉진은 항공사나 호텔과 같은 여행소재 공급업체와의 우호적인 관계를 유지하면서 매출을 지속적으로 증대시키기 위한 인적판매 · 광고 · 홍보 · 기타 일체의 수요창조를 위한 판매활동으로 정의할 수 있다.

여행사는 잠재 여행객을 포함하여 마케팅 환경에 대해 여행상품은 물론이고,

자사의 활동에 관한 정보를 지속적으로 제공하여야 한다. 다시 말하면 여행사는 자사의 여행상품에 대해 여행객에게 정보를 제공하고 설득하여, 행동수정 기능이 효과적으로 나타나도록 촉진전략을 전개하여야 한다.

2) 여행상품 판매촉진의 역할

판매촉진은 여행사의 목표고객이자 잠재고객들에게 여행상품과 관련된 내용을 전달하는 여행사의 마케팅활동 중 하나이다. 판매촉진 활동은 실제 및 잠재고객들에게 상품에 대해 알리고 수요를 환기시키려는 목적을 가지고 있다. 따라서 여행사 마케팅 활동의 성공여부는 촉진활동에 의해 크게 좌우된다.

여행사에서 실시하고 있는 판매촉진 활동의 역할을 살펴보면 다음과 같다.

(1) 여행사 인지도 강화

여행상품을 한 번도 구매한 경험이 없고 구매계획이 없는 고객을 대상으로 판매촉진을 하는 것이 새로운 고객을 유치하기 위한 판매촉진의 첫 번째 단계이다. 새로운 고객을 창출하기 위해서는 욕구나 관심을 자극해야 하며 다양한 판매촉진 활동을 통해 여행사에 대한 인지도와 여행상품에 대한 관심을 유발할 수 있다.

(2) 여행상품의 소개

판매촉진 활동은 여행사의 여행상품을 시장의 고객에게 소개하는 역할을 한다. 보통 여행사에서 여행상품을 알리는 방법으로 DM(direct mail)의 제작 및 발송, 고객초청 및 발표회 등이 있으며 최근에는 SMS와 MMS 등을 활용한 안내 메시지를 많이 활용한다.

이러한 판매촉진 활동은 기존의 고객에게 여행상품 구매의욕을 불러일으키고 경쟁사의 상품과 비교할 기회를 주어 상품구매 문의를 유도할 수 있다.

(3) 구매 횟수의 증대

결국 판매촉진의 목표는 여행상품을 많이 판매하는 것이고, 판매촉진을 통해 여행사가 고객에게 제공할 수 있는 우수한 여행상품과 서비스를 알리는 것이다. 이런 판매촉진 과정을 통해 기존 고객 이외에 잠재고객이나 경쟁사 고객을 유치

할 수 있고, 판매촉진은 이러한 과정을 거쳐 구매 횟수를 증대시키고 고객의 수를 증가시키는 역할을 한다.

(4) 경쟁사와의 경쟁 우위

다양한 판매촉진 활동은 경쟁사와의 경쟁에서도 우위를 가져오는 역할을 한다. 언제나 경쟁 여행사의 상품을 구매하는 고객에게 성공적인 판촉활동을 실시한다면, 경쟁사에 대한 충성도가 감소하고 우리 여행사의 상품에 대한 관심을 불러일으킬 수 있다. 이는 이후 구매로 이어지고 경쟁사의 고객감소와 우리 여행사의 고객증가로 인해 시장점유율에서도 우위를 점할 수 있다.

(5) 현재 고객의 구매증진

꾸준하게 여행상품을 구매하는 고객에게 보다 좋은 조건, 새로운 여행상품에 대한 판촉활동을 진행한다면 더욱 구매행동이 강화될 수 있다. 또한 계획보다 빨리 구매를 하는 등 구매시기의 변화도 가져올 수 있다.

〈표 11-1〉 판매 촉진 활동의 역할

목표 고객	고객 분류	판촉활동의 역할
미이용자	여행상품을 전혀 이용하지 않은 고객	• 여행사에 대한 인지 • 여행상품에 대한 인지 및 관심
잠재고객	여행에 크게 관심이 없는 고객	• 여행상품 소개를 통한 관심 증대 • 여행상품 구매 문의 유도
일반고객	다수의 여행사 여행상품 이용 고객	여행상품 구매 증가
경쟁사 고객	경쟁사 여행상품 주이용 고객	• 경쟁 여행사에 대한 충성도 감소 • 우리 여행사 상품 관심 유발 및 구매 유도
기존 고객	우리 여행사 여행상품 주이용 고객	• 구매행동 강화 • 구매시기의 변화

3) 여행상품 판매촉진의 수단

(1) 특별 판촉물의 제공

특별한 판촉물의 제공은 잠재고객이나 판매가능 고객 또는 유통경로상의 참여기관, 제휴업체들에게 무료품목을 제공하는 것으로, 흔히 여행사 이름 · 로고 또는 여행상품을 판매촉진 할 메시지를 담아서 제공한다. 비용이 많이 들지 않으면서 활용을 잘 할 수 있는 물품을 선택하는 것이 좋다. 주로 스마트폰 관련 악세사리나 사무용품 그리고 여행용 물품과 같은 것을 선택한다.

(2) 구매시점 광고

구매시점 광고는 여행사 사무실을 방문한 고객에게 여행상품에 대해 자연스럽게 노출하는 각종 형태의 광고와 진열대로 판매촉진의 일환으로 실시된다. 구체적으로 윈도우 디스플레이, 카운터나 고객이 쉽게 볼 수 있는 공간에 상품에 대한 내용을 소개하는 팸플릿 등이 있다. 구매시점 광고는 소비자의 구매시점에서 구매행동을 유발하는 촉진수단으로서, 흔히 충동구매와 소비자의 정서 · 감정 및 심리적 구매 욕구를 유발하는 데 사용되는 판매촉진 수단이다.

(3) 시청각 자료의 제공

여행사의 상품은 무형성을 가지고 있기 때문에 상품 판매 시 여러 가지 문제점을 유발시킬 수 있다. 여행사 종사자는 고객에게 상품을 미리 보여줄 수 없기 때문에 사진과 동영상 자료 등과 같은 시청각 자료는 고객들에게 여행상품에 대해 이해시키며 구매욕구를 불러일으키는 데 매우 효과적인 수단이 된다. 또한 사진 · 슬라이드 · 동영상 자료와 같은 시청각 자료는 다양한 형태로 제작 · 배포하여 판매촉진 활동의 보조수단으로 활용할 수 있다.

(4) 쿠폰

쿠폰은 특정 상품이나 서비스를 구입할 경우에 쿠폰의 소지자가 소정의 할인혜택을 받을 수 있도록 하는 증명서이다. 소비자가 상품이나 서비스를 구매하도록 유도하는 방법으로서 견본품 다음으로 효과가 있다고 한다. 일반적으로 쿠폰은 홈페이지 · 우편 · 잡지 · 신문 · 브로슈어 등을 통해 전달되거나 고객에게 직접 전달된다.

최근에는 여행사가 관련업계와 업무를 제휴하여 공동으로 판매촉진 활동을 수행하는 경우가 증가하고 있다. 예를 들면, 카드 회사는 여행사와 제휴하여 카드 회원들에게 여행상품이나 항공권 구매 등에 활용할 수 있는 각종 할인쿠폰을 제공하고 여행사는 카드 회사의 상품을 알리고 회원가입을 권유하는 활동을 한다.

(5) 마일리지

여행사의 마일리지 적립제도는 판매촉진 활동을 위한 좋은 도구이다. 마일리지 적립을 통해 기존 고객의 재구매를 유도할 수 있고, 일부 프로모션 상품에 특별 추가 마일리지 제공을 통해 구매를 유도할 수 있다.

(6) 가격할인 이벤트

여행박람회의 이벤트 특가상품, 날짜 임박 특가상품 등 일시적인 가격할인을 통해 판매를 촉진하기도 한다. 이러한 가격인하는 여행사의 수익성을 낮출 수 있다고 생각되지만 여행사의 상품은 저장이 불가능하다는 특징이 있기 때문에 소멸되기 전에 판매를 완료하기 위한 노력으로 수요의 상황에 따라 여행일정에 맞추어 가격을 인하하여 판매하는 경우도 있다. 또한 항공단체 좌석의 경우 15명 + 1 F.O.C(Free of Charge)로 15명당 1명의 무임 항공권을 주기도 한다. 급작스럽게 취소가 되어 F.O.C 가 발생하지 않는 경우 일정 금액을 할인하여 추가 모객을 하는 것이 여행사 입장에서 더 이익일 수 있다.

(7) 조건적 가격 할인

날짜별 선착순 할인과 같은 판매촉진 활동은 구매를 서두르고 구매를 결정하게 할 수 있다. 또한 3~5명 소그룹 할인, 성인과 동행 아동 반값 상품 등 다양한 조건에 해당하면 남들보다 할인된 금액으로 여행을 갈 수 있다는 생각이 들게 하여 구매를 유도할 수 있다.

(8) 경연대회 · 추첨 · 게임

경연대회와 추첨 및 게임은 고객이나 중간상 또는 판매원이 현금 · 여행 · 선물 등의 행운을 잡을 수 있는 기회를 부여하는 것이다.

경연대회는 광고나 상품기획에 소비자를 참여시키는 방법으로서 여행사가 주최하는 여행박람회, 허니문 설명회 및 배낭여행 설명회 등과 같은 각종 모임에서 고객들의 참여를 유도하는 것이고, 추첨은 서비스를 구매하는 고객의 이름과 주소를 제출받아 제비뽑기를 실시하는 것이다.

(9) 리베이트 / 볼륨 인센티브

이는 항공사나 여행사가 판매대리점 등을 통한 판매촉진의 수단으로서 이용되며, 판매업자 또는 사용자에 대한 일정기간의 거래액을 산출기간으로 가격 변경 없이, 일정기간 경과 후에 지불금액의 일부를 일정비율로 환불해 주는 방법으로서, 가장 전형적인 판매촉진 수단 중의 하나이다. 또한 일정 금액 이상을 판매한 경우 기존의 수수료와 별도로 추가적인 인센티브를 제공하는데 이를 볼륨 인센티브라고 한다. 예를 들면 항공권을 1개월에 1,000만원 이상 판매하는 경우 기존의 수수료 외에 1,000만원당 30만원의 추가 수수료를 제공하는 것을 말한다.

(10) 오버 커미션

여행도매업자가 여행소매업자를 대상으로 하는 판매촉진 활동의 하나이다. 보통 여행소매업자가 여행도매업자의 상품을 판매하며 일정한 비율의 수수료를 받는데, 오버 커미션은 더 높은 수수료를 주는 것이다. 이러한 오버 커미션 판매촉진 활동을 실시하는 경우 소매여행사는 추가된 수수료의 일부를 이용하여 여행객 유치를 위한 다양한 판매촉진을 실시할 수 있고 이는 곧 여행상품 구매로 이어질 수 있다.

2. 여행상품 판매촉진 전략

1) 판매촉진 관리

여행사가 영업을 효율적으로 관리하고 여행상품을 고객에게 알리고, 구매의욕을 불러일으켜 구매로 진행하기 위해서는 여러 가지 방법이 있겠지만, 판매촉진에 대한 구체적인 관리가 필요하다. 이러한 성공적인 판매촉진을 위해서는 다음과 같은 단계를 거쳐야 한다.

(1) 목표시장의 선정

여행사 판매촉진 담당자는 회사의 전체적인 영업실적을 정기적으로 분석하고 해석하여 그 결과에 따라 전략적 대책을 마련하고 구체적인 행동계획을 수립해야 한다. 또한 분석결과에 따라 어느 시장에 대해서 판매촉진 활동을 통한 유인 전략을 구사할 것인지를 결정해야 한다. 이와 같이 판매촉진 활동을 적용할 목표시장을 정확히 정할 필요가 있다. 목표시장을 정함으로써 고객에 대한 정확한 분석과 그 시장에 알맞고 적합한 판촉수단이 결정되기 때문이다.

(2) 목적의 구체화

① 세부 목적

판매촉진을 수행하기 위해서는 구체적이고 정확한 행동계획과 달성하고자 하는 목적이 수립되어야 한다. 목적이 구체적으로 수립되면 성취하고자 하는 판매촉진 활동의 방향이 정확히 설정되기 때문이다.

② 기대효과

달성하고자 하는 목적에 따라 판매촉진 활동으로 인해 얻을 수 있는 효과를 측정하기 위한 기대효과가 설정되어야 한다. 이러한 것들은 마케팅 책임자나 최고경영자가 의사결정을 하는 데 많은 도움이 되기도 한다. 한편 판매촉진 활동을 종료하였을 경우에도 그 결과를 평가할 수 있는 자료로 이용될 수 있다.

(3) 판매촉진 예산 수립

판매촉진 활동을 수행하기 위해서는 반드시 내·외부의 비용을 포함한 예상되는 총비용이 산출되어 미리 조달되도록 해야 한다. 이와 같은 예산은 고객의 참여정도에 따라 여러 수준으로 원가와 매출액에 영향을 미치게 된다. 만약 촉진활동에 대한 예산이 충분히 확보되어 있지 않은 상태라면 판매촉진 활동을 하는 데 많은 제약을 받을 수 있으며, 반대로 부진한 매출에 비해 과다한 예산을 책정하였다면 비효율적인 활동이 될 것이다.

따라서 판매촉진 예산은 단순히 전년도의 판매촉진 예산에 얼마의 예산을 가

감하여 결정하는 방법을 사용하기보다는 정확하고 냉철하게 계획된 촉진활동을 위한 방법으로 책정해야 한다.

(4) 광고 및 미디어 선정

판매촉진 활동을 보조하기 위하여 광고와 미디어를 활용하기도 하는데 이러할 경우 시장상황을 잘 파악하여 판매촉진 캠페인을 극대화하기 위한 가장 효과적인 매체를 선정하는 것 역시 매우 중요하다. 또한 판매촉진 보조수단으로 매체를 선정하고 구체적인 계획을 수립할 때에는 광고의 시기와 공간을 확보해야 한다.

(5) 계획표 작성

판매촉진을 실시하는 경우 전체적인 목표하에 전체적인 활동을 통제할 수 있는 구체적인 활동계획이 요구된다. 계획표는 각 부서별, 개인별로 해야 할 업무내용을 보여주기 때문에 효과적인 통제가 가능하다. 판매촉진을 위한 계획표를 작성하기 위해서는 철저하게 여행시장의 상황을 고려하여 신중하게 결정해야 한다.

(6) 종사자의 내부교육 실시

판매촉진 활동을 실시하기 전에 전직원을 대상으로 판매촉진 활동에 대한 목적과 구체적인 내용에 대한 내부교육이 필요하다. 판매촉진 담당 직원 이외에도 전직원이 전사적으로 판매촉진 캠페인 기간에 고객을 설득하여 구매를 유도를 위한 노력을 해야 한다.

따라서 구체적인 행동계획이 확정되면 전직원을 대상으로 교육을 실시해야 하는데, 교육내용은 대개 판매촉진 활동의 기간 · 목적 · 기대효과 · 서비스 제공의 숙달 등이다.

(7) 판매촉진 활동의 진행

일단 판매촉진 활동에 대한 모든 준비가 완료되면 판매촉진 활동이 시작되는데, 사전에 준비된 프로그램에 따라 고객을 대상으로 계획된 판매촉진 활동이 실시되어야 한다.

모든 활동은 준비된 프로그램에 맞추어 진행하고, 만약 예상치 못한 돌발 상황이 발생하였을 때에는 판매촉진 책임자의 판단에 따라 수정하여 진행한다.

(8) 평가

판매촉진 활동을 종료하고 달성하고자 했던 목표와 실제 내용을 분석하여 판매촉진 활동을 통한 결과물을 평가한다. 아무리 치밀한 계획과 교육을 실시하더라도 부족한 점이 있을 수 있기 때문이다. 따라서 판매촉진 활동 기간에 발견된 부족한 점이나 향상되어야 할 점은 다음의 촉진활동을 위하여 기록으로 남긴다. 이러한 자료는 다른 여행상품의 판매촉진을 계획할 때 많은 도움이 될 수 있다.

3. 여행사 광고

1) 여행사 광고의 개념

광고는 여행사가 대중매체를 이용하여 여행상품을 불특정 다수의 대중에게 노출시키고 광고를 접한 이들의 구매 의욕을 고취시키는 것이다. 광고는 상품·서비스 그리고 아이디어들을 제공하고, 비용을 지불하지 않는 홍보와는 달리 그와 같은 제공에 대한 비용을 지불하며, 대부분의 광고는 소비자를 대상으로 진행한다.

광고는 크게 상품광고와 기업광고로 나뉘는데, 상품광고란 고객에 대한 상품 이미지를 좋게 하여 고객이 이를 선호하고 구매하도록 상품의 특성이나 판매 서비스 등을 고객에게 알리는 광고이다. 이는 직접적으로 상품의 판매를 촉진할 목적으로 광고하는 것이다.

기업광고란 광고를 접한 사람들이 기업의 이미지를 긍정적으로 가질 수 있도록 기업의 우수성이나 사회적 공헌도를 알리는 것이다. 이러한 기업에 대한 광고를 통해 기업에 대한 호감과 그 기업이 생산하는 상품에 대한 긍정적인 생각을 갖게 하는 방식으로 간접적으로 상품의 판매를 촉진할 목적으로 광고하는 것이다.

여행사 광고의 필요성은 갈수록 증대되고 있으며 광고의 매체도 변화하고 있다. 예전에는 대부분의 여행사들은 신문을 통해 여행상품을 광고하였으며 이는 직접적으로 여행상품의 가격과 출발일, 특전사항 등을 표기하여 광고한 상품광고이다. 점차 TV광고를 통해 여행사를 알리고 긍정적 이미지를 갖게 하는 광고를 실시하는 여행사가 증가하고 있다. 이러한 광고는 여행사의 상품판매만을 위한 광고가 아니라 여행사의 인지도를 높이기 위한 광고로 최근 여행시장의 광고 추세이다. 또한 신문, 라디오, TV뿐만 아니라 다양한 매체를 통해 광고하고 있다.

2) 여행사 광고의 분류

여행사 광고는 매우 다양한 형태로 이루어지고 있다. 여행상품도 다양하고 목표시장도 다르기 때문에 각자 목적에 맞는 방법을 사용하는 것이 좋다. 일반적으로 여행사에서 진행하고 있는 광고를 〈표 11-2〉와 같이 내용에 따른 분류, 광고주에 따른 분류, 매체에 따른 분류, 고객에 따른 분류, 여행목적지별 분류 등으로 정리하였다.

이 중 꾸준히 증가되고 인터넷 광고는 기존의 TV, 신문, 라디오 광고와는 달리 적은 비용으로 광고가 가능하고 언제나 수정이 가능하고 차별화된 광고가 가능하며, 여행사와 소비자가 상호작용을 할 수 있을 뿐만 아니라 광고의 빈도와 효과를 측정하기가 용이하다.

이러한 인터넷 광고의 대표적인 예로 배너광고를 들 수 있다.

배너광고는 포털사이트 화면에 나와 있는 광고로서, 사람들이 왕래가 많은 곳에 옥외 광고를 설치하여 노출을 최대화 하는 것과 마찬가지로 사람들의 자주 이용하는 포털사이트에 배너광고를 띄어놓고 관심이 있는 소비자가 이것을 클릭하여 여행사 홈페이지에 접속하도록 하는 것으로 가장 광범위하게 사용되고 있다. 최근에는 소셜미디어가 활성화되면서 여행업계에서도 마케팅과 홍보수단으로 SNS의 양방향성을 이용하여 마케팅을 활발하게 전개하고 있으며, 소비자들이 정보를 함께 교환하고 그에 대한 가치를 공유하는 데 집중하고 있다.

〈표 11-2〉 여행사 광고의 분류

분류기준	내용	
광고내용	상품광고	판매할 여행상품에 대해 알리고 구매를 유도 ex) 베트남 다낭 여행 가격, 일정, 좋은 점을 알림
	기업광고	여행사를 알게 하고 긍정적 이미지를 가지도록 한다. ex) '여행하면 ○○여행사' 이런 생각을 가지게 한다.
광고주	전국광고	여행소재 공급업자나 도매여행사가 광고주가 되어 광범위한 지역으로 광고
	지역광고	소매여행사가 광고주가 되어 목표 지역에 한정하여 광고
매체	신문	여행상품 위주로 광고하며, 전화 문의 상담을 유도 한때 여행사들이 가장 선호하던 방식이나 현재는 많이 줄어듦
	잡지	잡지 주 구독 고객을 대상으로 한 광고를 실시함 ex) 패션 광고에 리조트를 이용하는 휴양 상품 광고
	라디오	라디오를 통해 여행사를 알림. 대부분 기업광고 위주로 함
	TV	높은 단가로 인해서 여행사들이 쉽게 접근하지는 못하지만, 여행사 인지도 증가와 긍정적 이미지를 위해 기업광고 위주 반면 홈쇼핑 위주의 TV광고는 철저한 상품광고임
	옥외광고	사람들이 자주 다니는 곳에 광고를 노출해서 설치 ex) 건물 위에 여행사 명과 전화번호를 노출
	인터넷 광고	포털사이트 배너광고로 배너를 클릭하면 여행사 홈페이지로 이동
	SNS광고	카카오톡, 페이스북, 인스타그램을 이용
고객	일반여행사	불특정 다수의 대중을 상대로 광고
	전문여행사	해당 목표 시장에 해당되는 고객을 대상으로 집중 광고 ex) 트레킹 여행사의 경우 산악회에 집중 광고
목적지	국내	국내여행 상품을 광고, 지자체의 지원을 받아 광고하는 경우도 있음
	국외	국외여행 상품을 광고, 해외 관광지를 알리는 광고를 하는 경우 해당 국가 관광청의 지원을 받는 경우도 있음

이와 같이 여행사의 광고매체로서 최근 인터넷 광고의 중요성이 증가하고 있지만, 팸플릿과 기타 인쇄물, 신문 및 TV를 통한 광고도 매우 중요하다. 특히 이들 광고매체들은 인터넷 광고에 비해 소비자에게 전달할 수 있는 정보의 양이 상대적으로 부족하지만, 다양한 잠재 소비자에게 광고 메시지를 제공할 수 있다는 장점이 있다. 따라서 여행사가 목표로 하는 방향에 따라 적합한 광고매체를 선택해야 할 것이다.

4. 여행상품의 인적판매

1) 여행상품 인적판매의 개념

인적판매는 여행사 직원이 목표고객과 직접 대면하여 대화를 통해 여행상품이나 서비스에 대한 정보를 제공하고, 고객을 설득시키고 수요를 환기시켜 구매활동으로 유도하는 판매촉진 활동을 말한다. 특히 인적판매는 새로운 여행상품 판매를 위한 효과적인 촉진수단으로서 구매를 설득하기 위해 복잡한 설명을 해야 하는 경우나 고객들에게 상품의 차별점을 효과적으로 설명해야 할 때 가장 효과적인 커뮤니케이션 수단이 될 수 있다.

판매 직원은 목표고객의 필요·욕구·동기 또는 고객의 반응에 대해 신속하게 대응할 수 있다. 또한 한 가지의 판매 방법이 아닌 주어진 상황에 맞게 적절한 판매방법을 이용할 수도 있다.

광고의 경우 비용의 대부분이 구매 고객이 아닌 일반 소비자들에게 메시지를 전달하는 데 사용되지만, 인적판매에는 다른 촉진방법보다 훨씬 효과적으로 표적시장에 접근할 수 있다.

2) 여행상품 인적판매의 과정

여행사의 인적판매는 일반적으로 준비단계, 판매단계 및 사후 관리 단계로 구성된다.

(1) 판매 준비

인적판매를 위한 가장 첫 단계는 판매를 위해 준비를 하는 것이다. 이것은 여행사 직원이 상품, 경쟁 여행사 상품 그리고 판매방법을 미리 준비하는 것이다. 판매원은 고객을 처음 방문하기 전에 목표 고객의 동기유발과 구매행동에 대해 잘 알고 있어야 하며, 시장 상황과 기타 변수적인 외부환경에 대해 이해하고 있어야 한다.

(2) 고객 파악

인적판매의 두 번째 단계는 목표고객의 인적사항을 파악하는 것으로서, 우선 고객을 예측하기 위하여 과거와 현재의 고객기록을 검토하고 이를 통해 목표 고객의 명단과 회사명을 작성한다.

다른 방법으로 고객의 명단을 얻기 위해서는 판매관리자의 도움을 필요로 한다. 현재의 고객이 다른 잠재고객을 소개할 때도 있고, 현재의 고객이 다른 상품을 구매할 뜻을 밝힐 수도 있다. 또한 판매원은 경쟁사의 고객명단을 작성해서 표적시장을 선정할 수도 있다.

더불어 기존 여행 경험, 그 당시 만족도, 이용 형태 등의 상품 구매 내역도 파악을 해야 한다.

(3) 판매 진행

고객의 요구사항을 파악하고 여행사의 상품을 제시하여 설명하고 설득한다. 이후 추가적인 고객의 관심사와 반응을 지켜보고 행동한다. 한 번에 판매가 진행될 수도 있지만 여러 번에 걸쳐 이루어질 수도 있다. 또한 처음에 제시한 여행상품이 마음에 들지 않아서 다른 여행상품을 요구할 수 있다. 이러한 경우 왜 마음에 들지 않는지를 잘 파악하여 추가적인 여행상품을 제시할 때 고객의 원하는 여행상품을 제시하는 것이 판매로 이어질 가능성이 높아지는 방법이다.

(4) 판매 후 사후관리

여행상품 판매가 성공했다고 임무가 끝난 것이 아니다. 여행상품 판매의 성공이란 반복구매에 의해 좌우되는 것이다. 또한 만족한 고객은 본인이 재구매를 할 뿐 아니라 추천을 통해 다른 고객을 소개하기도 한다. 이렇게 소개를 받은 고객은 여행사에 대해 호의적인 인식을 가지고 있기 때문에 훨씬 더 수월하게 판매가 이루어질 수 있다. 따라서 고객에게 사후 서비스를 아낌없이 제공하여 고객 만족을 이끌어 내야 한다.

신규고객을 마케팅하는 비용보다 이용 고객을 만족시켜 재구매, 추천 등의 행동의도를 이끌어 내는 것이 마케팅 비용도 절약하고 훨씬 효율적인 방법이다.

3) 여행상품 인적판매의 방법

(1) 창구판매

창구판매는 여행사에 직접 찾아오는 고객을 상대로 카운터 직원이 상담을 통해 여행상품을 판매하는 방법이다. 창구판매를 위해서 사무실은 고객이 접근하기 용이한 곳에 위치해야 하며, 고객이 머무르면서 편안한 마음으로 상담할 수 있도록 구조나 설비가 편리해야 한다.

최근에는 고객의 접근 편리성을 위해 주차장의 이용 편리성이 중요한 경우가 있으며, 창구판매를 위해 백화점이나 마트에 입점해 있는 여행사도 있다.

(2) 방문판매

방문판매는 여행사 직원이 잠재고객을 직접 찾아가서 여행상품을 소개하고 판매하는 방식이다. 방문판매는 세일즈맨 판매라고도 하는데, 대형 여행사뿐만 아니라 소형 여행사에서도 폭 넓게 사용하고 있다. 방문판매는 흔히 사업체 · 조직 · 대규모 그룹에 여행상품을 판매하기 위해서 많이 이용된다. 단순히 무작정 방문하여 판매하는 것이 아니라 기업이나 관공서 등의 여행수요를 미리 파악하고 방문하여 판매한다.

(3) 표본제시 판매

표본제시 판매는 무형으로서 현물제시가 불가능한 여행상품을 유형화하여, 일정표 · 브로슈어 등을 제시하여 판매하는 방법이다. 여행에 관련된 박람회나 전시회, 국제회의 등에 참가해서 자사의 부스를 설치하여 판매하는 방법이다. 이때 상품의 이해를 돕기 위해서 사진이나 슬라이드, 동영상 자료 등 시청각 자료를 이용하여 프리젠테이션을 진행하기도 한다.

표본제시 판매를 위해 여행사에서는 여행관련 박람회에 참가하기도 하고 일부 대형 여행사들은 독자적으로 여행 박람회를 개최하기도 한다.

(4) 콜센터 판매

전화판매는 전화 상담을 통해서 여행상품 판매를 진행하는 방법이다. 최근에는 TV의 홈쇼핑 광고를 통해 고객을 유치하고 여행상담 전문 텔레마케터를 통해 전화로 상담을 하여 여행상품을 판매하는 여행사가 많이 등장하고 있다.

CHAPTER

12

관광관련 기구와 기관

1. 국제기구 및 관련기관
2. 국내기구 및 관련기관
3. 항공관련 기구

CHAPTER 12

관광관련 기구와 기관

1. 국제기구 및 관련기관

1) UNWTO

'유엔세계관광기구(UNWTO: World Tourism Organization)'는 1925년의 국제관광연맹(IUOTO: International Union of Official Travel Organizations)을 개편하여, 1975년에 설립되고 2003년부터 국제연합(UN)의 관광분야 특별기구로 편입된 국제기구로 관광분야 세계 최대규모의 장관급 국제회의가 이루어진다. UNWTO는 정부기관에게 정회원의 자격이 주어지며, 한국은 1975년에 UNWTO가 개설되면서 기존의 국제관광연맹(IUOTO) 회원이었던 교통부(현, 문화체육관광부)가 자동적으로 정회원이 되었다. 이후 1977년 한국관광공사가 가입을 하였으며 1992년 한국관광협회가 찬조회원으로 가입하였고, 참고로 북한은 1987년에 가입했다.

그리고 본부는 스페인 마드리드에 위치하며, 2년마다 개최되는 총회를 비롯해 6개 지역위원회(아프리카 · 아메리카 · 동아시아태평양 · 유럽 · 중동 · 남아시아)와 5개 집행위원회, 기타 위원회로 구성된다.

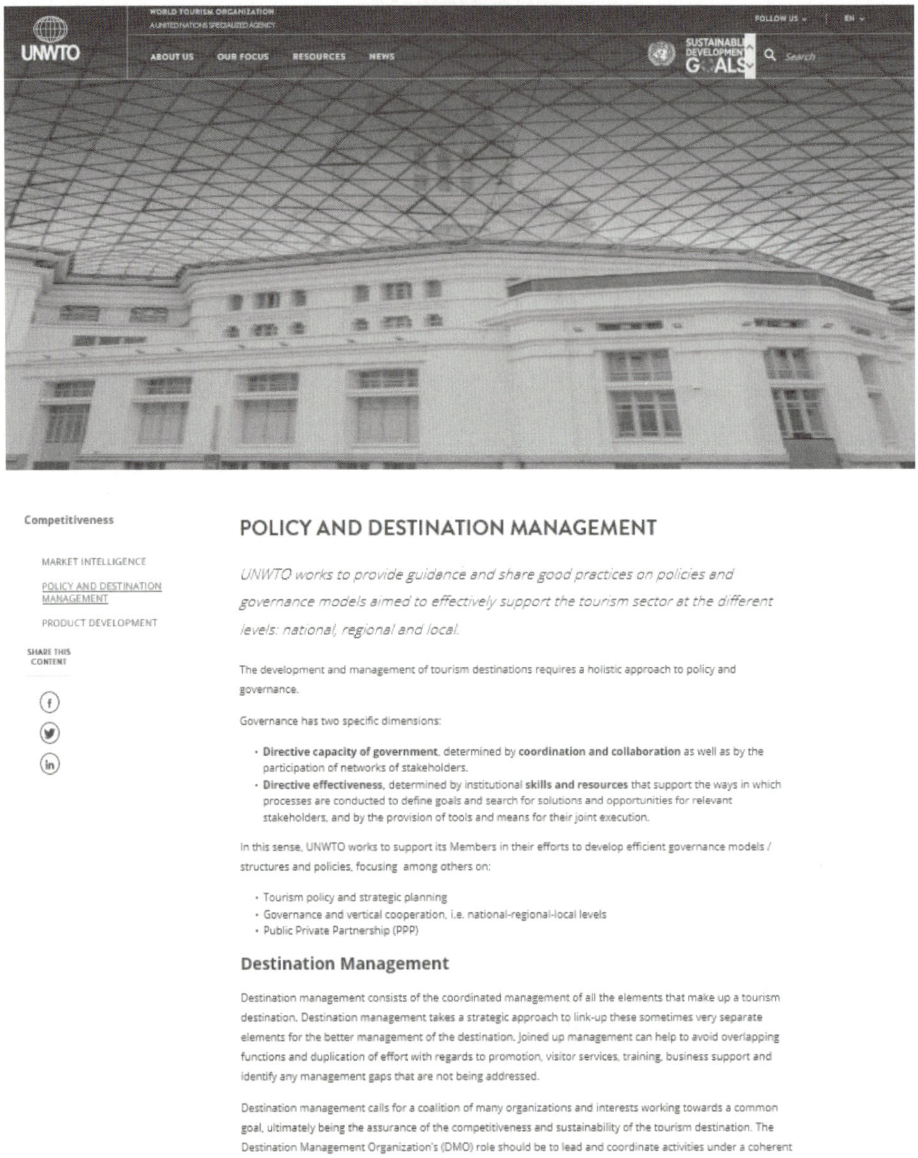
WORLD TOURISM ORGANIZATION
A UNITED NATIONS SPECIALIZED AGENCY
UNWTO
ABOUT US OUR FOCUS RESOURCES NEWS
FOLLOW US EN
SUSTAINABLE DEVELOPMENT GOALS
Search

Competitiveness

MARKET INTELLIGENCE
POLICY AND DESTINATION MANAGEMENT
PRODUCT DEVELOPMENT

SHARE THIS CONTENT

POLICY AND DESTINATION MANAGEMENT

UNWTO works to provide guidance and share good practices on policies and governance models aimed to effectively support the tourism sector at the different levels: national, regional and local.

The development and management of tourism destinations requires a holistic approach to policy and governance.

Governance has two specific dimensions:

- **Directive capacity of government**, determined by **coordination and collaboration** as well as by the participation of networks of stakeholders.
- **Directive effectiveness**, determined by institutional **skills and resources** that support the ways in which processes are conducted to define goals and search for solutions and opportunities for relevant stakeholders, and by the provision of tools and means for their joint execution.

In this sense, UNWTO works to support its Members in their efforts to develop efficient governance models / structures and policies, focusing among others on:

- Tourism policy and strategic planning
- Governance and vertical cooperation, i.e. national-regional-local levels
- Public Private Partnership (PPP)

Destination Management

Destination management consists of the coordinated management of all the elements that make up a tourism destination. Destination management takes a strategic approach to link-up these sometimes very separate elements for the better management of the destination. Joined up management can help to avoid overlapping functions and duplication of effort with regards to promotion, visitor services, training, business support and identify any management gaps that are not being addressed.

Destination management calls for a coalition of many organizations and interests working towards a common goal, ultimately being the assurance of the competitiveness and sustainability of the tourism destination. The Destination Management Organization's (DMO) role should be to lead and coordinate activities under a coherent

출처: https://unwto.org

[그림 12-1] UNWTO 홈페이지

(1) 설립목적

- 관광의 진흥 · 개발을 촉진함으로써 경제성장과 사회적 기여를 극대화
- 세계관광정책을 조정하고, 회원국의 관광 경제발전을 지원

- 국제이해의 증진과 국제협력 및 국가 상호 간 사회 · 경제 · 문화적 우호 관계를 증진

(2) 주요활동

- 세계관광 통계자료를 제공
- 정기간행물(World Travel) 발간
- 여행의 편의를 위한 안전 · 교육훈련 · 정보교환 사업
- 관광진흥을 위한 각종 세미나 개최
- 관광인력 양성사업
- 국제협력사업 추진
- 관광에 대한 조사 및 연구, 관광개발 사업 추진
- 관광관련 국제회의 등의 개최에 주도적 역할

2) 여행업자 세계연맹

여행업자 세계연맹(UFFTAA : Universal Federation of Travel Agents' Associations)은 이탈리아 로마에서 설립(1996년 11월)되어졌으며 본부는 벨기에 브뤼셀에 위치해 있다. 또한 세계 여행산업에 영향을 미치는 문제들에 있어서 여행사의 이익을 대변해 주고 있으며, 회원들의 이미지 강화 및 세계 여행과 관광 산업에서 지속 가능한 관광을 증진시키는 것을 목표로 하고 있다.

(1) 설립목적

- 관광 진흥과 여행업자의 이익을 위해 각국의 정부기관, 준정부관광기관과의 교섭 시 관련 여행업자 대표
- 회원으로 속해있는 여행업자협회를 통하여 여행업자가 세계의 관광산업 중에서 전통적인 지위를 확보하기 위해 노력

(2) 주요활동

- 세계 각국의 여행업자협회의 결속 강화

- 여행업자협회가 결성되어 있지 않은 국가에 조직이 결성될 수 있도록 장려
- 여행업자협회를 국제적 수준으로 만들기 위해 국제행사와 연락 유지
- 업무 지원 및 조사, 기술개발을 위한 정보 제공
- 원만한 해결이 불가능한 상업적 관계에 따른 갈등 해결 및 중재 서비스
- 지식 교환에 필요한 여행사 직원 및 국제회의를 조직
- 촉진 활동을 통한 기업으로서의 여행업 발전에 노력

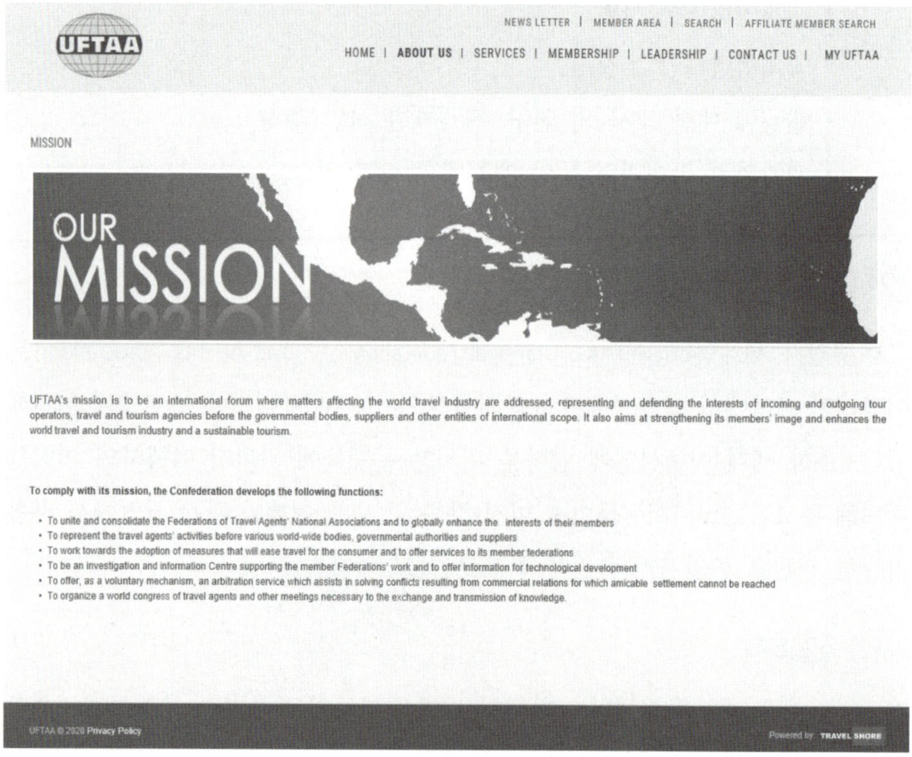

출처: https://www.uftaa.org

[그림 12-2] UFTAA 홈페이지

3) 미국여행업협회

미국여행업협회(ASTA : American Society of Travel Agents)는 1931년 뉴욕에서 여행 산업향상을 목적으로 설립되었으며, 미국, 캐나다, 영국, 프랑스, 이탈리아 등

11개국의 여행업자들의 모임으로 시작되었다. 현재는 170개국 26,000명의 회원이 가입되어 있는 세계최대 여행업자 단체로 본부는 워싱턴에 위치해 있다.

(1) 설립목적

- 여행윤리강령 준수, 회원 권익 보호
- 관광객 안전도모 및 윤리관 확립, 준수
- 여행업계 회원대상 교육실시, 지위향상, 복리증진 도모
- 불공정한 경쟁 배제, 여행서비스향상에 기여함으로써 관광산업 발전 도모
- 대중의 여행의욕 촉진 및 장려, 세계관광산업 발전기여

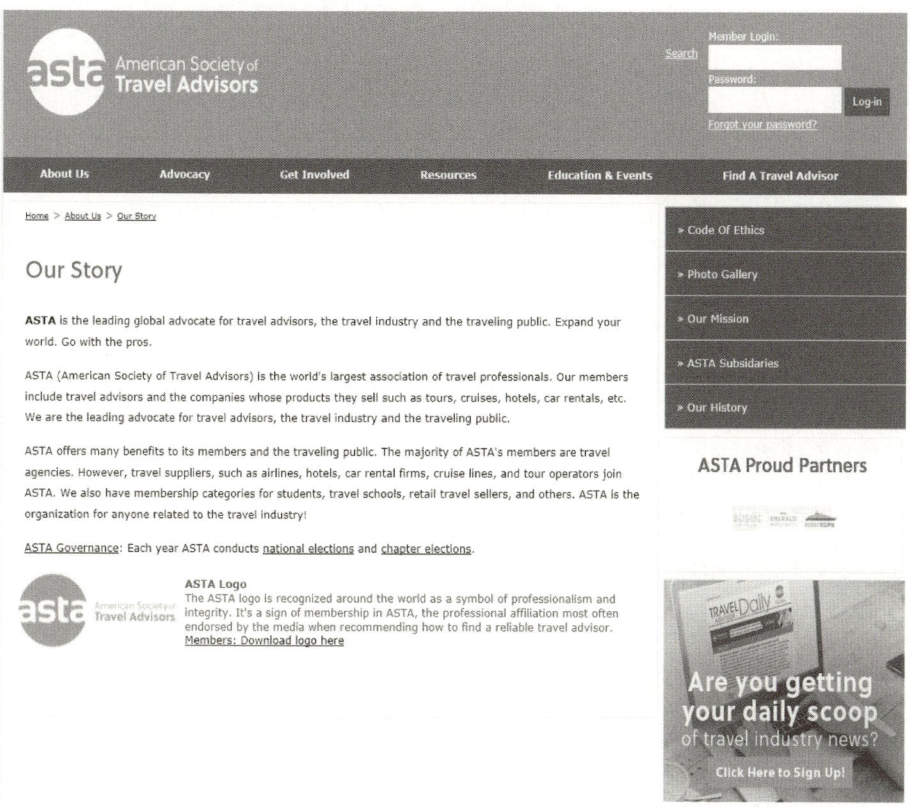

출처: https://www.asta.org

[그림 12-3] ASTA 홈페이지

(2) 주요활동

- 연차총회, 워크샵, 세미나 등 다채로운 세계대회 개최
- 월간지(ASTA Travel News) 발간
- 여행시장 조사, 여행자에 대한 각종 정보 제공
- 항공사 요금 및 여행목직지에 관한 협의 조정
- 세미나 개최 및 서비스향상을 위한 교육훈련 실시
- 여행자 선호도 조사 및 시장조사

4) 세계여행업자 협회

세계여행업자 협회(WATA : World Associations of Travel Agents)는 1949년 5월 5일 프랑스, 이탈리아, 벨기에, 스페인, 스위스 등에서 온 전문여행사들이 스위스 제네바에서 만나 국제 관광조직을 개선하고 합리화라는 원칙에 따라 회원의 이익을 위해 공헌하기 위해 만들어졌다.

(1) 설립목적

- 회원여행자의 보호
- 회원의 상업적 이익 극대화를 위한 상호 단결의 강화
- 세계관광객의 왕래 촉진

(2) 주요활동

- WATA 회원의 송객 안정성 보장
- WATA 고객에게 네트워크를 통한 서비스 노력
- WATA 마크 사용에 대한 허가 및 지위 인정
- WATA 회원의 여행업자로서의 권리, 자격에 대한 보증
- 회원 상호 간 결속강화를 통한 위험 경감
- 정기간행물 발간(General Tariff 및 Master Book)
- 회원의 합동 광고를 통한 광고비 부담을 줄이고 여행관련 정보 제공

출처: https://www.wata-dmc.net

[그림 12-4] WATA 홈페이지

5) 동아시아 관광협회

동아시아 관광협회(EATA : East Asia Travel Association)는 아시아 동부지역에 위치하고 있는 국가들로 구성되어 있으며, 한국, 일본, 싱가포르, 홍콩, 대만, 마카오, 필리핀, 태국 등 8개의 대표 국가가 있다. 이 협회는 동부 아시아지역의 관광 발전을 도모하기 위해 1966년 3월 일본 동경에서 결성된 관광기구로 본부 또한 일본 동경에 위치해 있다. 그리고 한국은 한국관광공사가 1966년에 가입해 1979년 5월 공동 선전활동 협의를 의제로 EATA 회의가 한국에서 개최된 바 있다.

(1) 설립목적

- 회원국 간의 관광왕래 촉진 도모
- 관광수용시설 및 서비스 개선
- 각 회원국의 관광사업 진흥
- 관광시장 개척을 위한 회원국 간 공동 마케팅 목적

(2) 주요활동

- 해외시장개척 및 공동 마케팅
- 관광경영기술 개발 및 관광정보의 상호 교환
- 관광시설 개선 및 접객자세 확립
- 관광사업 경영기술의 협조
- 관광관련 전시회 · 박람회 참가

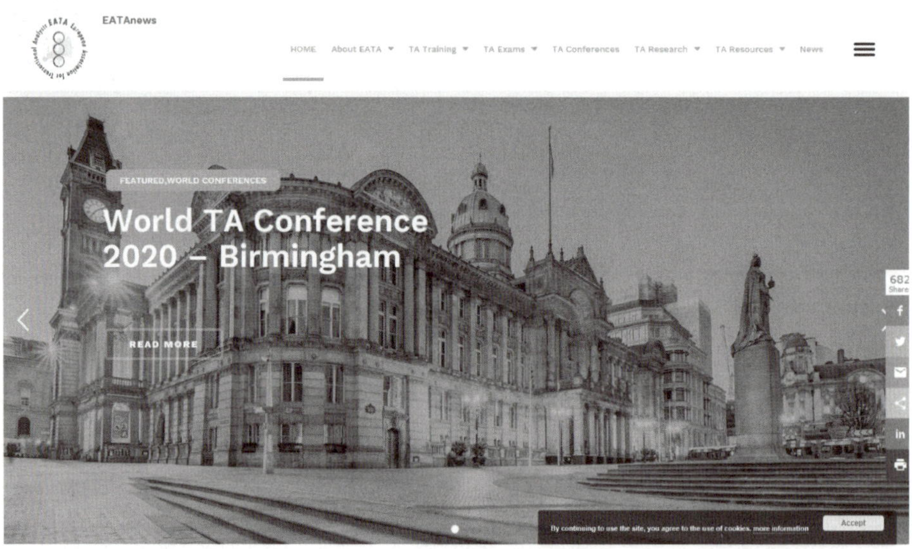

출처: https://estanews.org

[그림 12-5] EATA 홈페이지

6) 아시아·태평양 관광협회

아시아 · 태평양 관광협회(PATA : Pacific Asia Travel Association)는 1951년 하와이 관광국의 제창에 의해 미국, 일본, 호주 med 태평양지역의 관광관계기관 대표자와 기타 관광관련자가 하와이 호놀룰루에 모여 상호 협의에 의해 1953년 설립된 태평양지역의 대표 관광기구이며, 본부는 미국 샌프란시스코에 있다.

(1) 설립목적

- 회원의 의견을 수렴하여 PATA에 반영하여 권익 신장

- 본부 및 지부와의 협력으로 회원들의 업무증진에 기여
- 회원 상호 간의 유대강화
- 태평양 관광산업 발전의 촉진
- 미국인 여행자를 유치하기 위한 선전 실시

(2) 주요활동

- 관광선전 및 판매촉진
- 안내 및 상호 정보교환

출처: https://www.pata.org

[그림 12-6] PATA 홈페이지

- 태평양연안의 여행행로 개발 및 실태조사
- Social Tourism 운동 장려
- 출 · 입국수속 간소화 관계당국에 건의
- 태평양지역의 관광자 실태조사 결과 총회 보고

2. 국내기구 및 관련기관

1) 문화체육관광부

문화체육관광부(Ministry of Culture, Sports and Tourism, 文化體育觀光部)는 1948년 11월 4일 비서실, 공보국, 출판국, 통계국, 방송국으로 1실 4국 체제의 공보처로 출범했으며, 1956년 2월 9일 공보처를 폐지하고 대통령 직속의 공보실을 설치했다. 그리고 1961년 6월 22일 조사국, 공보국, 문화선전국, 방송관리국으로 공보부를 신설하였다. 이어 1968년 7월 24일 문화공보부로 개칭하고, 1990년 1월 3일 문화예술 업무를 관장하는 문화부와 정부홍보 업무를 담당하는 공보처로 분리하였다.

이후 문화부는 1993년 3월 6일 문화체육부로 개명, 1998년 2월 28일 문화관광부로 변경했으며, 공보처는 1999년 5월 국정홍보처로 재편했다. 2008년 2월 29일 정부조직 개편으로 문화관광부와 국정홍보처의 국정에 관한 홍보 및 정부발표 기능, 정보통신부의 디지털콘텐츠 기능 등을 통합해 문화체육관광부로 개편하였다.

문화체육관광부의 조직은 장관 아래 제1차관 · 2차관과 4실(기획조정실, 종무실, 문화콘텐츠산업실, 국민소통실), 6국(문화정책국, 문화기반국, 예술국, 관광국, 체육국, 미디어정책국), 1단(아시아문화중심도시추진단), 10관(대변인, 감사관, 정책기획관, 비상안전기획관, 종무관, 콘텐츠정책관, 저작권정책관, 관광레저기획관, 홍보정책관, 홍보콘텐츠기획관), 54과로 구성되어 있다. 제1차관은 문화예술 정책의 수립 · 실행, 관광 및 문화콘텐츠 산업 진흥, 종무 업무를 총괄하며, 제2차관은 미디어정책 수립 및 실행, 정부홍보, 체육 진흥 업무 등을 관할한다.

출처: https://www.mcst.go.kr

[그림 12-7] 문화체육관광부 홈페이지

2) 한국관광공사

한국관광공사(Korea Tourism Organization, 韓國觀光公社)는 관광진흥 · 관광자원 · 국민관광진흥 개발 및 관광요원의 양성훈련에 관한 사업을 수행하는 문화체육관광부 산하의 정부투자기관으로 「국제관광공사법」에 의거하여 1962년 6월 26일 국제관광공사라는 명칭으로 설립되었다. 그리고 한국관광공사는 1995년 건설교통부 산하에서 문화체육부 소속으로 변경되었으며, 현재는 문화체육관광부 산하 기관이다. 본사는 서울 중구 다동에 위치해 있었으나, 2014년 원주 혁신도시로 이전하였다.

조직은 4개의 본부, 2개의 센터, 11개 실 · 단 · 원, 35개팀, 국내지사 5개, 지역협력단 5개, 해외지사 15개국 27개로 이루어져 있으며, "매력있는 관광한국을 만드는 글로벌 공기업"이라는 비전 아래 약 800여 명의 직원이 근무하고 있다.

주요사업은 해외시장 개척, 국제회의 유치, 국제협력, 관광안내정보서비스, 남북관광교류, 국내관광진흥, 국내관광 수용태세 개선, 관광자원개발, 재원조달, 국제관광 이벤트마케팅 등의 사업을 수행하고 있다.

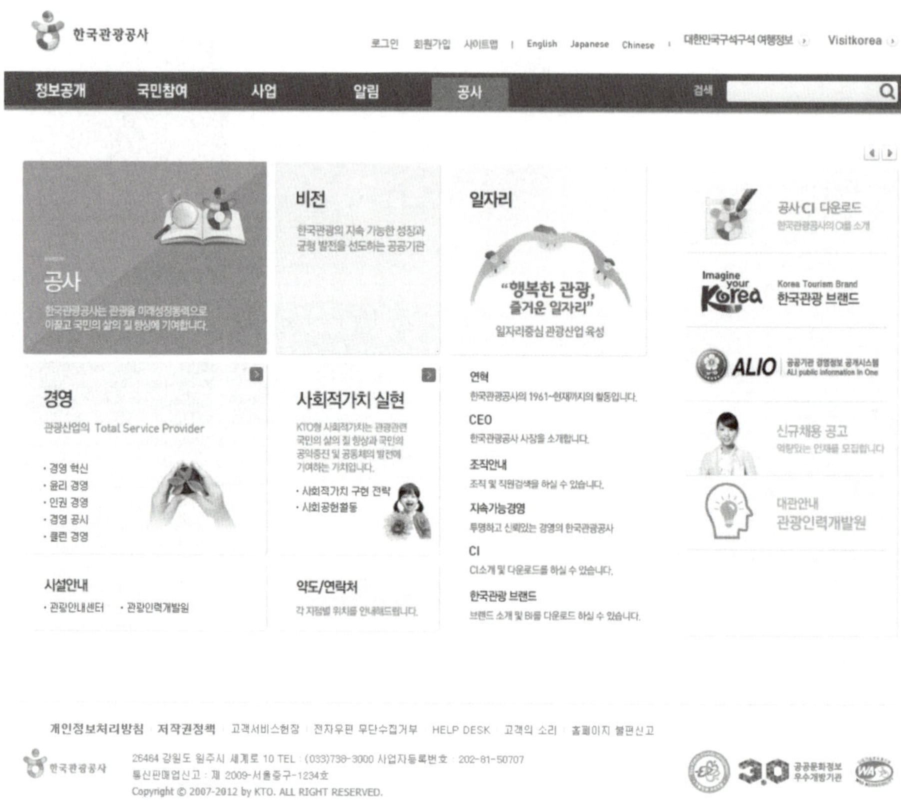

출처: http://kto.visitkorea.or.kr

[그림 12-8] 한국관광공사 홈페이지

3) 한국관광협회 중앙회

한국관광협회 중앙회(KTA : Korea Tourism Association)는 1963년 3월 관광진흥법 제41조에 의하여 특수법인 대한관광협회라는 명칭으로 설립되었으며, 1972년 6월 대한관광협회 중앙회로 개편하여 1973년 4월 한국관광협회 중앙회라는 이름으로 현재까지 사용하고 있다. 본 중앙회는 우리나라 관광업계를 대표하여 업계 전반의 의견을 종합 조정하고, 국내·외 관련기관과 상호 협조함으로써 관광산

업의 진흥과 회원의 권익 · 복리증진을 목적으로 하고 있다. 또한 전국 17개 광역시 · 도 관광협회와 업종별관광협회, 업종별위원회와 특별회원이 함께 관광산업의 생태계를 지속 발전시키기 위해 노력하고 있다.

미션	**대한민국 관광산업의 미래를 디자인하는 정상연합**			
비전	내국인 국내관광 비중 80% 달성	아시아 최고의 관광서비스품질 확보	관광을 통한 일자리 창출과 국가균형발전 도모	
경영 이념	한국관광의 대표조직으로서 **윤리, 소통, 협력**의 원칙 준수			
전략 목표	**국내관광 활성화** 관광서비스 품질제고 계절성 극복 내나라 먼저보기 캠페인	**국제관광진흥** 환대서비스 개선 국제관광 위기관리 및 대처 관광사업체 해외홍보	**관광정책 대정부 정책 협력 강화** 관광분야 대정부 정책 파트너 역할 수행	
전략 목표	**교육과 R&D 기능 강화** 역량강화 교육 (임직원 · 업계 종사자) R&D센터 개설 전문가 실무협의회 운영	**대외 위상강화** C.I. 및 관광 B.I. 개발 홍보기능 강화	**회원확대** 업종별회원 유치확대 특별회원 유치확대	**재정확충** 회비, 분담금 수입 정상화 수익사업 활성화 신사업발굴 TF 운영

출처: http://www.ekta.kr

[그림 12-9] 한국관광협회 중앙회 비전&목표

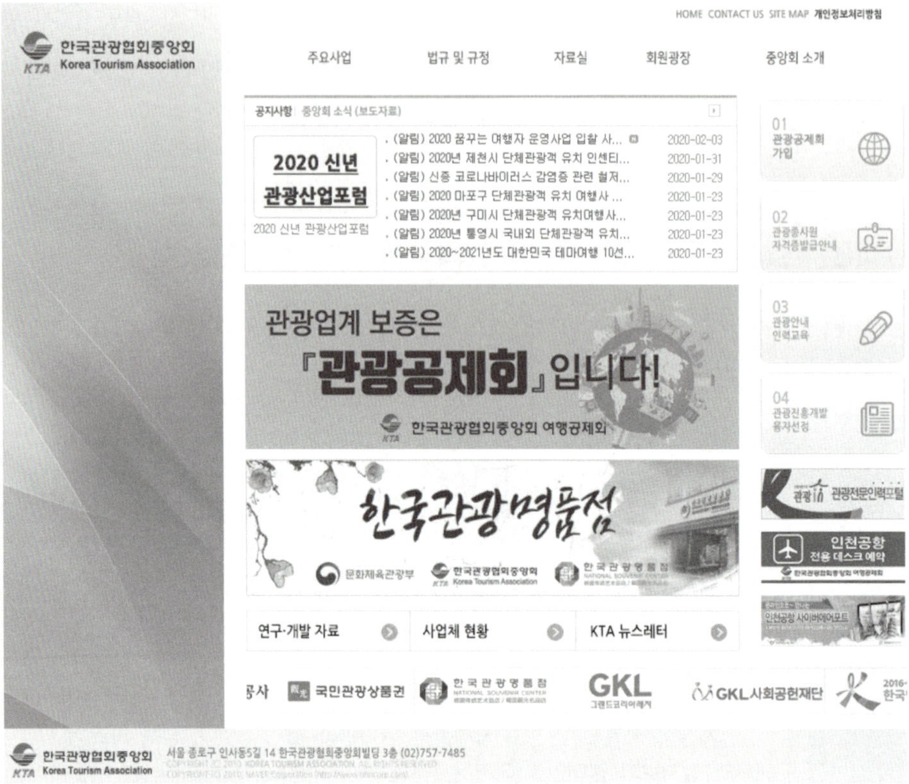

출처: http://www.ekta.kr

[그림 12-10] 한국관광협회 중앙회 홈페이지

4) 한국여행업협회

한국여행업협회(KATA : korea Association of Travel Agents)는 내 · 외국인 여행자에 대한 여행업무의 개선 및 서비스 향상 도모와 회원 상호 간 연대협조, 여행업 발전을 위한 조사, 연구, 홍보활동을 목적으로 1991년 12월 21일 관광진흥법 제46조와 교통부령 제437호의 규정에 의거하여 설립되었으며, 대한민국 문화체육관광부 소관으로 일반여행업의 권익을 보호하기 위해 만들어진 사단법인 협회이다.

주요사업으로는 관광사업의 건전한 발전과 회원 및 여행 종사자의 권익보호, 여행업무에 필요한 조사연구, 홍보활동 및 통계업무, 여행업무 종사자 지도, 연수, 관련기관에 대한 건의 및 의견전달, 공제운영사업, 관광통역안내소 운영사업, 정부 또는 지방자치단체로부터의 수탁업무, 관광진흥을 위한 국제관광기구의 참여 등 대외활동, 여행자 및 여행업체로부터 회원이 취급한 여행업무에 대한 진정처리, 관광사업에 관한 정보의 수집, 제공, 국외여행인솔자 자격증 관리기관으로 역할을 하고 있다.

출처: https://www.kata.or.kr

[그림 12-11] KATA 홈페이지

5) 한국문화관광연구원

한국문화관광연구원(KCTI : Korea Culture & Tourism Institute, 韓國文化觀光研究院)은 문화기본법 제11조 2항에 의거해 설립되었다. 문화·관광 분야 연구와 조사를 통해 정부의 체계적인 정책 수립을 지원하고 대안을 제시하는 정책연구기관. 문화체육관광부 산하 재단법인으로 기타 공공기관으로 분류되어 있으며, 1987년 한국문화예술진흥원 내 문화발전연구소로 시작하여 1994년 7월 한국문화정책개발원으로 개편했다. 그리고 1996년 4월 교통개발연구원의 관광기능과 연구 인력을 이전받아 한국관광연구원으로 새롭게 출범했다. 2002년 12월 4일 한국문화관광정책연구원으로 명칭을 바꾸었다가 2007년 2월 2일 다시 한국문화관광연구원으로 명칭을 바꾸었다.

주요 기능 및 사업으로는 문화예술의 진흥, 문화산업 및 관광산업의 육성을 위한 조사·연구, 문화·관광을 위한 조사·평가·연구, 문화복지를 위한 환경조성에 관한 조사·연구, 전통문화 및 생활문화 진흥을 위한 조사·연구, 여가문화 및 지역관광에 관한 조사·연구, 북한 문화예술 및 관광 연구, 국내외 연구기관, 국제기구와의 교류 및 연구협력사업, 문화예술, 문화산업, 관광 관련 정책정보·통계의 생산·분석·서비스, 조사·연구결과의 출판 및 홍보, 기타 정부기관 및 문화관광부 장관이 위탁하는 사업도 담당하고 있다.

문화관광분야 정책연구 내용과 관련 정보 동향을 알리기 위해 등재 학술지 ≪문화정책논총≫, 계간지 ≪한국관광정책≫을 발간한다. 또한 매월 관광동향을 분석하여 공개하고 있으며, 체계적인 정보 자료의 수집과 관리를 위해 온라인상에 〈관광지식정보시스템〉을 구축해 운영하고 있다.

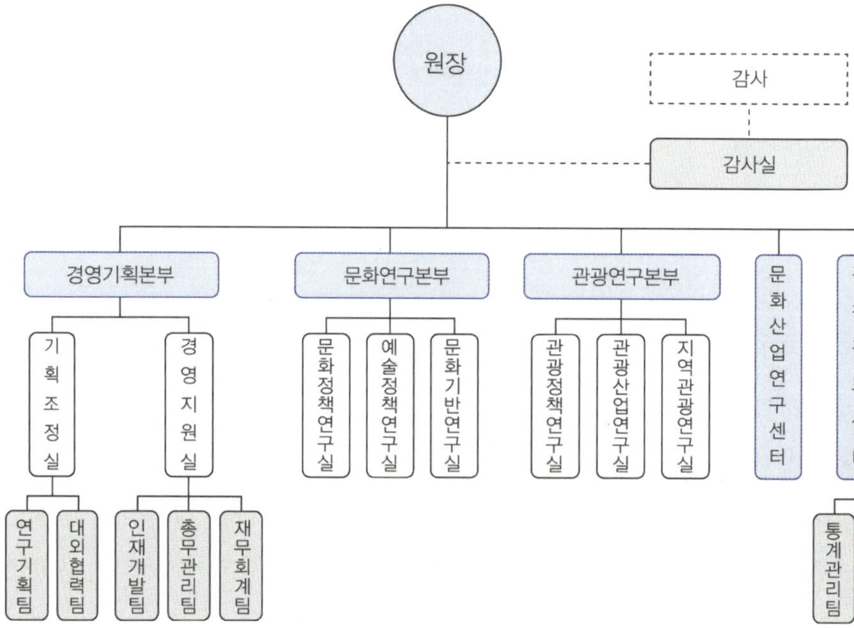

출처: http://www.kcti.re.kr

[그림 12-12] 한국문화관광연구원 조직도

조직은 이사회, 원장, 감사가 있고, 원장 아래에 문화기획조정실(연구기획팀 통계정보센터), 문화예술연구실, 문화산업연구실, 관광정책연구실, 관광산업연구실, 행정실(총무회계팀 교육센터 홍보출판TF)을 두고 있다.

출처: http://www.kcti.re.kr

[그림 12-13] 한국문화관광연구원 홈페이지

6) 한국관광통역안내사 협회

한국관광통역안내사 협회(KTGA : Korea Tourist Guide Association)는 관광통역안내사의 자질향상을 위한 교육 및 권익보호, 회원 상호 간 정보 교환과 우호 증진 도모를 목적으로 문화체육관광부 및 문화재청 소관 비영리법인의 설립 및 감독에 관한 규칙에 의해 2003년 3월 14일 설립된 대한민국 문화체육관광부 소관의 사단법인이다.

주요업무로는 회원의 권익보호를 위한 정책건의, 협력사업, 회의 개최, 교육업무와 관련한 실무교육, 양성교육, 역량강화교육을 하고 있으며, 홍보업무와 관리업무를 하고 있다.

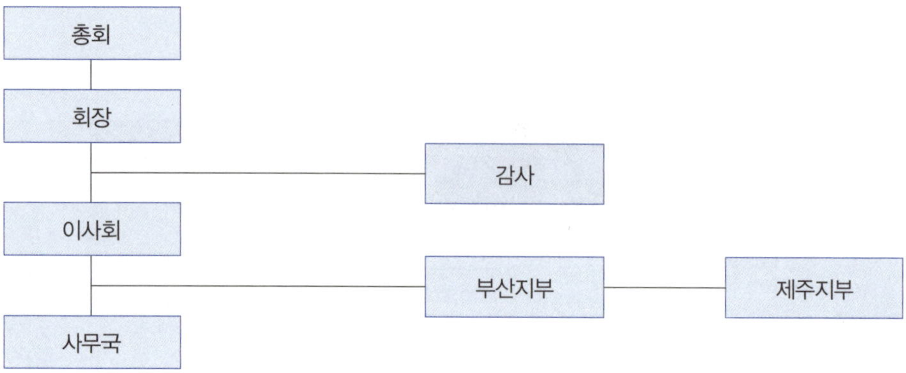

출처: http://www.kotga.or.kr

[그림 12-14] 한국관광통역안내사협회 조직도

출처: http://www.kotga.or.kr

[그림 12-15] 한국관광통역안내사협회 홈페이지

7) 기타 관광관련단체

관광과 관련된 기타 단체로는 한국면세점협회, 한국국외여행인솔자협회, 한국박물관협회, 한국호텔업협회, 한국카지노관광협회, 한국MICE협회, 한국PCO협회, 한국종합유원시설협회, 한국외국인관광시설협회, 한국관광펜션업협회, 한국관광유람선업협회, 대한캠핑장협회, 한국휴양콘도미니엄경영협회 등이 있다.

3. 항공관련 기구

1) 국제항공운송협회

국제항공운송협회(IATA : International Air Transport Association)는 1945년 4월 19일 쿠바 아바나에서 설립된 국제협력기구로 본부는 캐나다 몬트리올과 스위스 제네바에 위치하고 있다. 주요 수행업무로는 항공운송산업 권익 대변 및 정책 · 규제 개선, 업무 표준화, 승객 편의 증대 및 비용 절감 지원, 항공사 안전운항 및 효율적 운영 지원 등이 있다. 또한 IATA는 운항거리와 유가를 기반으로 국제선 항공 운임을 조정하는 권한을 가지고 있으며, 2019년 3월 기준 전 세계 53개국에 54개 사무소를 운영, 120개국 287개 민간 항공사들이 가입되어 있다.

국제항공운송협회의 주요 의사결정은 연차총회와 집행위원회, 분야별 위원회 등의 회의를 통해 이루어지며, 정기적으로 연 1회 개최되는 연차총회는 회원사의 경영진과 제작사가 참가해 결의안 채택이나 주요 의사결정 승인을 논의한다. 그리고 연 2회 열리는 집행위원회는 회원사 대표가 참여하며, 산하 부문별 정책 방향을 결정하고, 예산 편성과 회원사의 가입 및 탈퇴 등의 운영 관련 사항들을 논의한다. 집행위원회 위원 중 총회에서 선출된 11명의 위원으로 구성되는 전략정책위원회는 국제항공운송협회의 주요 전략, 세부 정책 방향 등을 수립한다. 분야별 위원회는 총 6개 분야(화물 · 환경 · 재무 · 산업 · 법무 · 운항)로 이루어지며, 각 분야별로 20명 이내의 위원들이 활동하며 부문별 정책을 논의한다. 제75차 IATA 연차총회는 2019년 6월 1일부터 3일까지 서울에서 개최되었다.

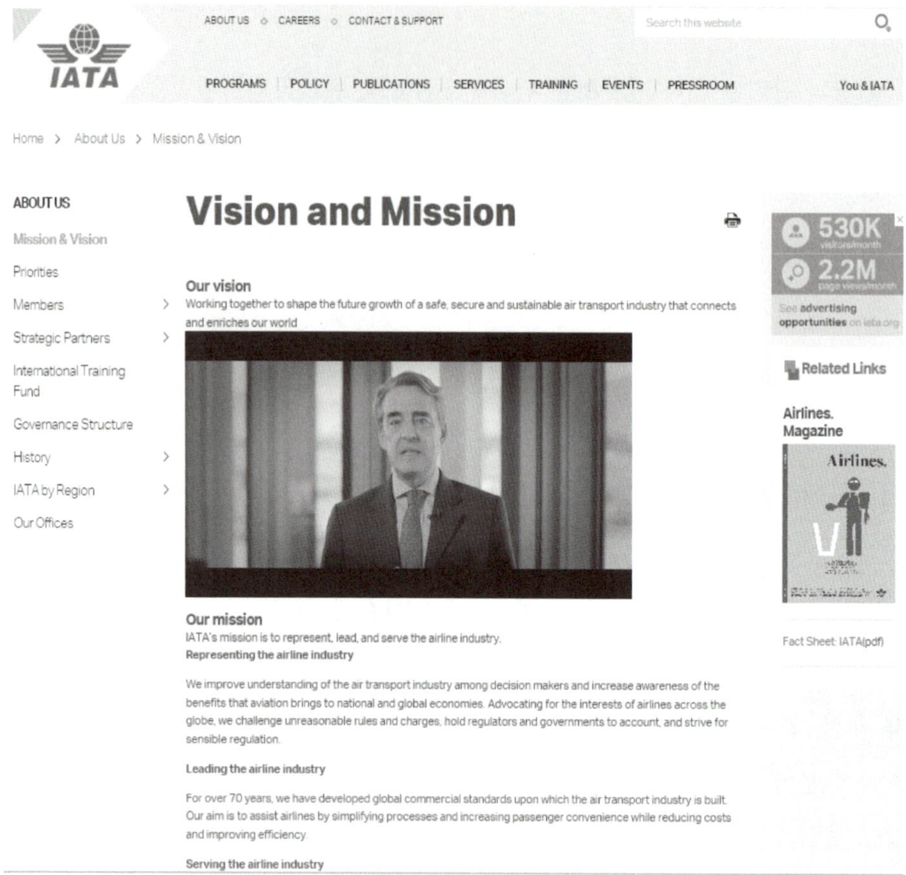

출처: http://www.iata.org

[그림 12-16] 국제항공운송협회 홈페이지

2) 국제민간항공기구

국제민간항공기구(ICAO : International Civil Aviation Organization)는 국제민간항공조약(시카고조약)을 기초로 하여, 국제민간항공의 평화적이고 건전한 발전을 도모를 위해 1947년 4월에 발족된 국제연합(UN : United Nations) 전문기구이다.

설립목적으로는 항공기 비행의 안전 확보와 항공로나 공항 및 항공시설 발달의 촉진, 부당경쟁에 의한 경제적 손실 방지 등 세계 항공업계의 정책과 질서를 총괄하는 것이다. 1944년 12월 7일 시카고 국제민간항공회의에서 국제민간항공협약(시카고협약)이 서명되었으며, 이후 잠정적으로 운영되다가 1947년 4월 4일, 26

개국이 동 협약을 비준함에 따라 정식 발족하였다. 사무국은 캐나다 몬트리올에 있다.

출처: https://www.icao.int

[그림 12-17] 국제항공운송협회 홈페이지

3) 아시아 · 태평양지역 항공사협회

아시아 · 태평양지역 항공사협회(AAPA : Association of Asia Pacific Airlines)는 아시아 태평양 항공산업에 공통관심사가 되는 문제 및 그에 대한 견해를 표명하는 역할을 하며, 다른 관련 이해 관계자들과 긴밀한 협력을 증진하며, 경제 · 사회 및 관광산업의 성공적인 발전을 촉진한다. 또한 아시아 태평양 항공사를 대표하여 공동의 목소리를 내고 산업 문제에 대해 정부, 항공기 제조업체, 공항 당국 및 기관에 이의를 제기하며, 항공 정책 개발에 관여하는 정부 관리 및 기타 관련 기관과 협의한다. 본부는 말레이시아 쿠알라룸푸르에 두고 있다.

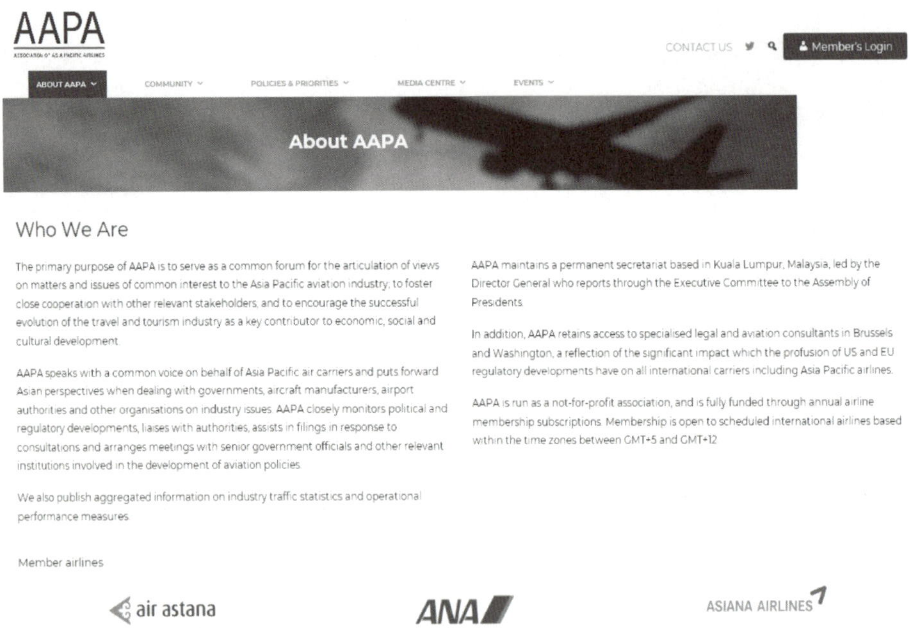

출처: http://www.aapairlines.org

[그림 12-18] 아시아 · 태평양지역 항공사협회 홈페이지

CHAPTER

13

관련 자격증

1. 관광통역안내사
2. 국외여행인솔자
3. 국내여행안내사
4. GDS/CRS

CHAPTER 13

관련 자격증

1. 관광통역안내사

관광통역안내사(TG : Tourist Guide)란 한국산업인력공단에서 시행하는 관광통역안내사 시험에 합격한 자를 뜻하며, 문화체육관광부에서 실시하는 통역분야 국가공인자격증으로 외국인 관광객 국내여행(Inbound)을 안내하고 한국의 문화를 소개하는 역할을 한다. 이에 관광통역안내사는 다양성과 창의성, 전문성을 모두 갖춘 사람으로 우리나라에 입국한 외국인 관광객들에게 입국에서부터 출국까지 외국어로 우리 역사를 알리고 우리 문화를 나누며 세계와 소통하는 대한민국 홍보대사를 맡고 있다.

1) 자격증 취득절차

관광통역안내사 자격증은 언어별(영어, 중국어, 불어, 독일어, 스페인어 등)로 취득하고자 하는 분야의 공인 어학 점수로 외국어 시험을 대체하며, 필기시험(관광전공자 2과목, 비전공자 4과목) 합격자에 한해 면접시험의 자격이 주어진다. 시험에 합격한 자는 통보일로부터 60일 이내에 한국관광공사에 등록 · 신청하고 공사로부터 자격증이 발급된다.

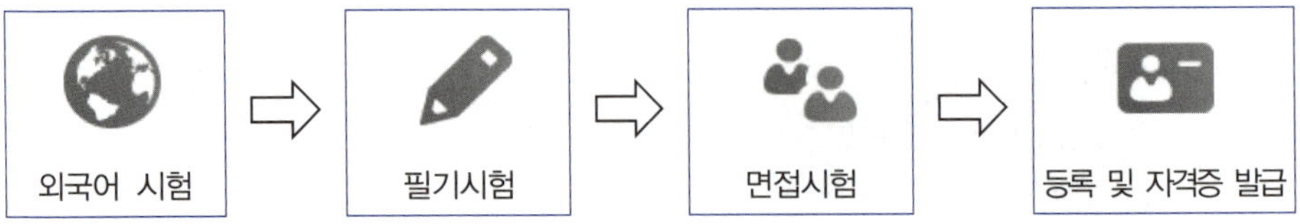

출처: http://www.kotga.or.kr

[그림 13-1] 관광통역안내사 자격증 취득 절차

2) 관광통역안내사 시험 과목

1차 시험인 필기시험은 국사(근현대사 포함)가 가장 많은 비중을 차지하며, 시험시간은 국사와 관광자원해설 두 과목이 50분, 관광법규와 관광학개론 50분이 주어지며, 매 과목 4할 이상 전과목 평균 6할 이상의 점수를 획득해야 1차 시험을 통과할 수 있다. 그리고 2차 시험 면접은 1인당 주어지는 시간은 10~15분 내외이다. 면접 질문은 기본적으로 국가관, 사명감, 정신자세, 전문지식과 응용능력, 예의, 품행, 성실성, 의사발표의 정확성과 논리성, 관광실무 상식 등 기본기부터 전문 영역에 이르기까지 포괄적인 질문이 주어진다. 2차 시험의 점수는 총점의 6할 이상을 취득해야 합격이다.

구분	시험과목	비고
외국어 시험	영어, 중국어, 불어, 독일어, 스페인어, 러시아어, 이탈리아어, 태국어, 베트남어, 말레이/인도네시아어, 아랍어 중에서 1과목 선택	공인 어학시험으로 대체
필기시험	• 국사(40%) • 관광자원해설(20%) • 관광법규(20%) ↳ 관광기본법/관광진흥법/관광진흥개발기금법/국제회의산업 육성에 관한 법률 등의 관광 관련 법규를 말함. • 관광학개론(20%)	-
면접시험	관광실무상식(전문지식과 응용능력 등)	한국산업인력공단

출처: http://www.kotga.or.kr

[그림 13-2] 관광통역안내사 안내문

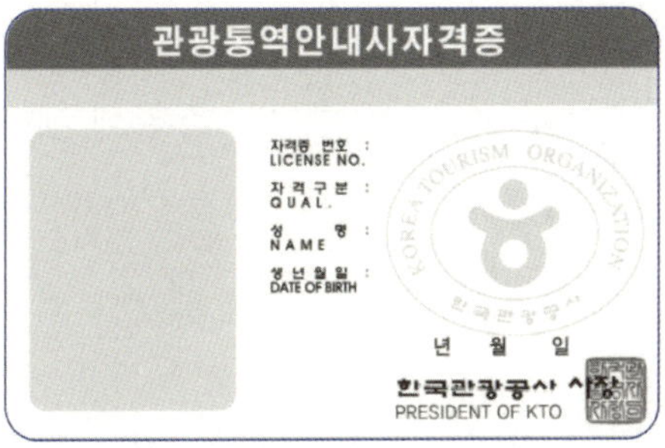

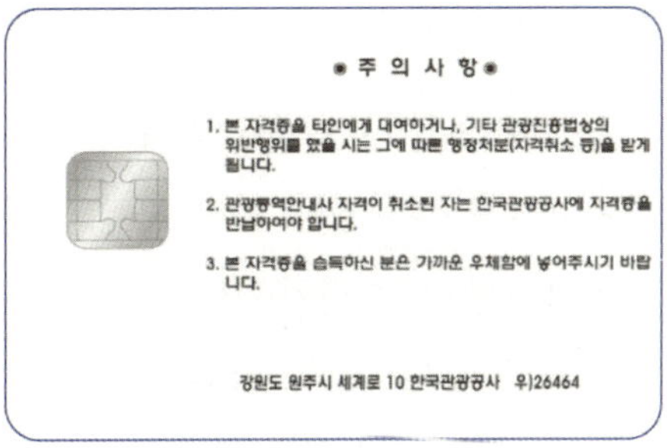

출처: http://www.kotga.or.kr

[그림 13-3] 관광통역안내사 자격증 샘플

3) 관광통역안내사 직무소개

책무	작업				
1 상품설계 및 조정	1-1 관광객 요구사항 파악	1-2 일정계획 및 비용 산출	1-3 견적 제안	1-4 협상 및 확정	1-5 일정 예약
2 사전준비 및 연계	2-1 행사확정 통보서 수령	2-2 예약 확인	2-3 업무관련 준비물 준비	2-4 공항 영접	2-5 1일 일정 안내
	2-6 주의사항 전달	2-7 숙소 안내			
3 안내	3-1 일반안내	3-2 역사 전통관광	3-3 쇼핑관광	3-4 도시관광	3-5 자연 생태 관광
	3-6 문화콘텐츠 체험관광	3-7 안보관광			
4 전산 및 평가	4-1 퇴실 및 송영	4-2 관광비용 정산	4-3 보고서 작성	4-4 평가 결과 검토 및 피드백	

■ "프리랜서, 전속 관광통역안내사 공통 업무"를 나타냄

주 1) 프리랜서 관광통역안내사 업무 중심: 1-2~1-5

2) 전속 관광통역안내사 업무 중심: 2-1~4-3.

출처: http://www.kotga.or.kr

4) 결격사유

응시자격에 제한은 없지만 관광진흥법 제 38조 5항(동법 제 7조 준용)에 해당하는 결격사유가 없는 자만 자격증 취득이 가능하다.

① 금치산자, 한정치산자

② 파산선고를 받고 복권되지 아니한 자

③ 이 법을 위반하여 징역 이상의 실형을 선고받고 그 집행이 끝나거나 집행을 받지 아니하기로 확정된 후 2년이 지나지 아니한 자 또는 형의 집행유예 기간 중에 있는 자

2. 국외여행인솔자

국외여행인솔자는 내국인의 국외관광을 인솔하는 사람, 즉 국외여행인솔자(TC : Tour Conductor)를 뜻한다. 여행사가 기획하고 주최하는 단체관광(패키지 또는 주문여행)을 동행해서 관광객들이 쾌적하고 보람 있는 관광을 할 수 있도록 도와주며, 모든 제반 업무를 수행한다. 이에 해외를 여행하는 개인 또는 단체에 교통기관, 숙박시설, 관광객 이용시설 및 편의시설의 이용에 대하여 안내하는 등 각종 여행편의를 제공하며, 관광지 및 관광 대상상품을 설명하거나 여행을 안내하는 역할을 하는 사람을 말한다.

1) 주요역할

방문, 견학, 사업 등 여러 가지 목적으로 해외의 여러 곳을 여행하고자 하는 여행객을 위해 경제적이고 안전하며 보람된 여행이 되도록 계획, 교육, 관리하며, 출발에서 귀국까지의 모든 여정을 계획, 검토, 분석하여 효율적으로 행사진행 되도록 관리 감독한다.

또한 계약사항을 확인하고 정산 · 보고하며, 고객 개개인의 취향과 여행패턴을 고려하여 전 여행객이 조화를 이룰 수 있도록 운영한다. 국가별 행사, 숙식, 관광, 여행일정 등을 해외에서 현지사정에 맞도록 협조 및 조치하는 업무를 진

행한다.

2) 법적근거

관광진흥법 제13조에 의거 여행업자가 내국인의 국외여행을 실시할 경우 여행자의 안전 및 편의시설을 위하여 그 여행을 인솔하는 자를 둘 때에는 문화체육관광부령으로 정하는 자격요건에 맞는 자를 두어야 하며, 제1항에 따른 국외여행인솔자의 자격요건을 갖춘 자가 내국인의 국외여행을 인솔하려면 문화체육관광부장관에게 등록하여야 한다. 그리고 문화체육관광부장관은 제2항에 따라 등록한 자에게 국외여행인솔자 자격증을 발급하여야 한다.

3) 응시자격

관광진흥법 제13조 제1항에 따라 국외여행을 인솔하는 자는 다음 각 호의 어느 하나에 자격요건을 갖추어야 한다.

① 관광통역안내사 자격증을 취득한 자
② 여행업체에서 6개월 이상 근무, 국외여행 경험이 있는 자로서 문화체육관광부장관이 정하는 소양교육을 이수한 자
③ 문화체육관광부장관이 지정하는 교육기관에서 국외여행 인솔에 필요한 양성교육을 이수한 자

4) 교육

(1) 소양교육

여행업체에서 6개월 이상 근무하고 해외경험이 있는 자로 문화체육관광부장관이 지정한 교육기관에서 15시간 이상의 교육을 이수해야 하며, 총 교육시간 중 필수교육(여행사 실무, 관광관련 법규, 국외여행인솔자실무, 관광서비스실무, 세계관광문화, 해외여행 안전관리 중 선택) 50%, 선택교육(교육기관 자유선택) 30%, 외국어교육(실무영어, 실무일어, 실무중국어 등) 20%로 구성된 과목 수강해야 수료 자격이 주어진다.

(2) 양성교육

전문대학 이상의 학교에서 관광관련학과를 졸업한 자 또는 졸업예정자(근거: 고등교육법 시행령 제70조 제1항 제1호), 관광고등학교를 졸업한 자로 문화체육관광부 장관이 지정한 교육기관에서 80시간 이상의 교육을 이수해야 한다. 그리고 총 교육시간 중 필수교육(여행사 실무, 관광관련 법규, 국외여행인솔자실무, 관광서비스실무, 세계관광문화, 해외여행 안전관리 중 선택) 50%, 선택교육(교육기관 자유선택) 30%, 외국어교육(실무영어, 실무일어, 실무중국어 등) 20%로 구성된 과목을 수강해야 수료 자격이 주어진다. 단, 외국어시험의 점수 및 급수를 제출한 경우 외국어교육 시간은 면제가 가능하다.

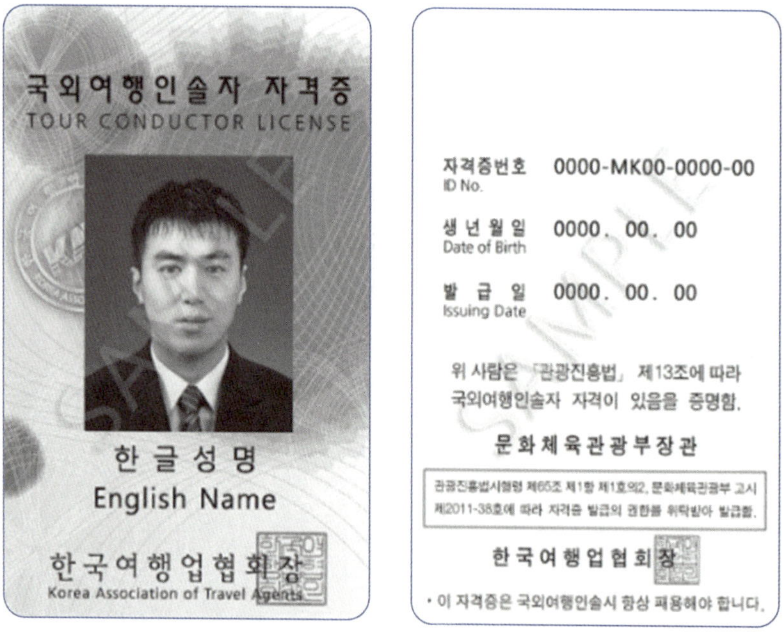

출처: http://www.tchrm.or.kr

[그림 13-4] 국외여행인솔자 자격증 샘플

3. 국내여행안내사

국내여행안내사(Domestic Tour Guide)는 국내를 여행하는 내국인 관광객을 대상으로 여행일정 계획, 여행비용 산출, 숙박시설 예약, 명승지나 고적지 안내 등 여행에 필요한 각종 서비스 제공하는 업무를 수행한다.

1) 응시자격

국내여행안내사의 응시 자격은 학력, 국적, 연령 등의 제한은 없지만 해당 결격사유가 있는 자는 국내여행안내사가 될 수 없다.

① 금치산자 또는 한정치산자

② 파산선고를 받은 자로서 복권되지 아니한 자

③ 관광진흥법에 따라 등록 또는 사업계획의 승인이 취소되거나 제36조 제1항에 따라 영업소가 폐쇄된 후 2년이 지나지 아니한 자

④ 관광진흥법을 위반하여 징역 이상의 실형을 선고받고 그 집행이 끝나거나 집행을 받지 아니하기로 확정된 후 2년이 지나지 아니한 자 또는 형의 집행유예 기간 중에 있는 자

2) 시험과목

시험 과목은 1차 필기시험과 2차 면접으로 진행되며, 1차 필기시험은 국사(40%), 관광자원해설(20%), 관광법규(20%), 관광학개론(30%)로 구성되어 있다. 시험 방식은 객관식 4지 선다로 출제되며 시험 시간은 총 100분이다. 2차 면접은 관광 실무상식으로 진행되며, 국가관 · 사명관 · 정신자세, 전문지식과 응용능력, 예의 · 품행 및 성실성, 의사발표의 정확성 및 논리성으로 구성된 면접을 1인당 5~10분 내외로 진행한다.

1차 시험의 합격 기준은 매 과목 4할 이상이고 전 과목 점수가 배점 비율로 환산하여 6할 이상이 되어야 하며, 2차 시험은 총점의 6할 이상을 득점한 자만이 시험에 통과할 수 있다.

3) 시험 면제

(1) 경력에 의한 제1차 시험 면제자

① 「고등교육법」에 따른 전문대학 이상의 학교에서 관광분야를 전공하고 졸업한 자(졸업예정자 및 관광분야과목을 이수하여 다른 법령에서 이와 동등한 학력을 취득한 자를 포함한다)에 대하여 필기시험을 면제한다.

② 여행안내와 관련된 업무에 2년 이상 종사한 경력이 있는 자에 대하여 필기시험을 면제한다.

③ 「초·중등교육법」에 다른 고등학교나 고등기술학교를 졸업한 자 또는 다른 법령에서 이와 동등한 학력이 있다고 인정되는 교육기관에서 관광분야의 학과를 이수하고 졸업한 자(졸업예정자를 포함한다)에 대하여 필기시험을 면제한다.

(2) 전년도 제1차 시험 합격에 의한 면제자

1차 시험 및 외국어 시험을 합격하고 2차 시험에 불합격한 자에 대하여는 다음 회의 시험에만 1차 시험 및 외국어시험을 면제한다.

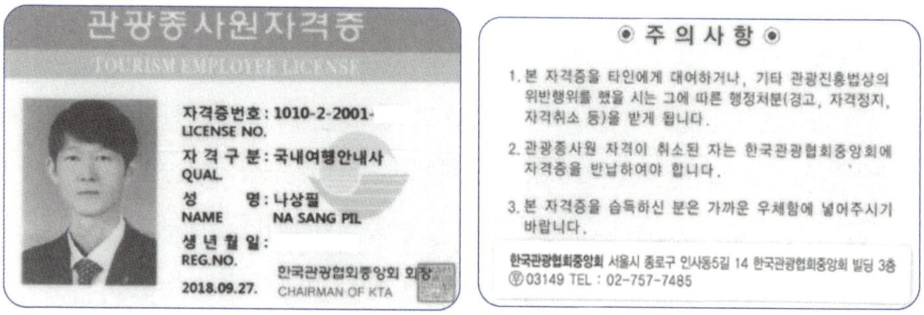

[그림 13-5] 국내여행안내사 자격증 샘플

4. GDS/CRS

컴퓨터예약시스템(CRS : (Computer Reservation System)란 항공좌석 예약기능을 비롯해 호텔, 렌터카, 철도, 해운에 이르기까지 여행객이 원하는 모든 정보를 제공하는 고부가가치 통신망을 뜻하며, 운항수입만으로는 수익 증대가 어려운 국제항공업계가 적극 개발하여 항공산업의 중추가 되었다. CRS는 대표적으로 토파즈, 세이버, 월드스팬, 갈릴레오 등이 있으며,과거 CRS의 세계시장 진출은 각 지역별로 시장을 블록화하는 지역예약시스템, 즉 GDS(Global Distribution System)의 출현을 낳았다. 결국 거대 CRS에 의한 정보예속을 피하려면 자체 CRS정보량을 늘리는 한편 탄탄한 여행사 네트워크를 구축해야 한다.

1) 토파즈 셀커넥(TOPAS_SellConnect)

TOPAS_SellConnect은 대한항공과 세계 최대의 항공 · 여행 관련 IT기업인 아마데우스(Amadeus)가 공동 출자하여 설립한 종합 여행정보 시스템 회사이다. 1975년 KALCOS라는 이름으로 한국시장에 최초의 CRS를 적용한 이후 여행사 Backoffice 시스템(Value Office), Web 기반의 여행사용 예약 발권시스템(TOPASRO), 온라인 항공예약 시스템(Cyberplus)을 국내 최초로 선보였다.

TOPAS_Sell Connect의 가장 큰 특징은 Single PNR 컨셉을 적용한 시스템 안정성 높으며, KE, TG, AF, CX 등 130개 주요 항공사와 TOPAS가 하나의 시스템으로 연결되어 편리성과 안정성을 가지고 있다. 또한 항공사와 여행사 간의 데이터 불일치로 발생되는 No-Record, ADM 등을 원천적으로 하고 있으며, 항공사 시스템과의 연계성 강화로 그룹예약 처리 기능을 제공하고, 항공사와 동일한 데이터베이스를 사용하고 있다.

[그림 13-6] 토파즈 자격증 샘플

2) 세이버(SABRE)

1950년대 말 항공수요의 증가로 인해 다수의 항공사들이 기존에 수작업으로 의존하던 예약업무 운영과 좌석의 수요공급을 조절하기 위해 전산화의 필요성으로 인하여, 1964년 항공사 최초로 American Airlines(AA)가 IBM과 합작하여 Sabre라는 항공사 시스템을 개발하였다. 현재 전 세계 500여 개 항공사 스케줄 및 250여 개 항공사의 실시간 잔여좌석 예약·발권기능 이외에도 호텔·렌터카·크루즈 등의 실시간 예약서비스를 제공함으로써 여행업계의 신규 수익원 창출을 지원하고 있다. 그리고 세이버는 전 세계여행 및 관광산업의 기술 솔루션 제공업체로 여행업계(항공사, 호텔, 렌터카, 철도, 크루즈 및 관광사업자)에서 사용하는 서비스 솔루션과 데이터 중심의 비즈니스 인텔리전스, 모바일, 유통 및 소프트웨어를 포함하는 기술 솔루션의 제공하고 있으며, 미국 텍사스에 본사를 두고 전 세계 60개국에 지점을 가지고 있다.

출처: https://www.asianasabre.co.kr

[그림 13-7] 세이버 자격증 샘플

3) 월드스팬(Worldspan)

월드스팬은 여행산업분야의 GDS(Global Distribution System)로서 다양한 정보와 인터넷 상품 또는 그와 관련된 부가상품 및 서비스를 전 세계적으로 널리 제공하고 있으며, 여행사와 여행 관련 업체를 위한 전자 상거래 기능을 구축하여 공급하며, 빠르고 유동적이며 효율적인 네트워크와 컴퓨터 기술을 이용하여, 전세계 800여 개의 여행 서비스 공급 업체에 포괄적인 여행 정보를 제공하고 있다. 또한 Worldspan Go!는 인터넷이 연결된 곳이라면 어디서나 누구나 손쉽게 월드스팬의 예약시스템에 접속하여 여행(기획)과 예약 업무를 할 수 있으며, 온라인 여행사에 서비스를 제공하고 있다.

[그림 13-8] 월드스팬 자격증 샘플

4) 갈릴레오(Galileo)

갈릴레오(Galileo Korea)는 1999년 한국에 진출한 후 국내 여행사에 항공 · 호텔 · 렌터카 등 여행과 관련된 각종 예약 서비스를 제공하고 있다. 갈릴레오는 개인용 컴퓨터만 있어도 항공 예약 · 발권이 가능한 웹터미널(Webterminal)을 출시해 일선 대리점들의 호응을 얻고 있으며, 비교적 간단한 이용 방법도 장점이다.

그리고 2019년 3월 4일부터 갈릴레오와 월드스팬 GDS(Global Distribution System)를 운영하는 트래블 커머스 플랫폼 트래블포트(Travelport)의 한국 단독 파트너로 갈릴레오 코리아(법인명 씨알에스코리아)가 선정되었다.

갈릴레오 코리아가 트래블포트(Travelport)의 한국 단독 파트너로 선정됨에 따라 기존의 갈릴레오 사용자뿐 아니라 월드스팬 시스템을 사용자들도 갈릴레오 코리아를 통해 시스템 사용 전반에 관한 지원을 받는다. 그리고 트래블포트(Travelport) 글로벌 여행 및 관광 산업을 대상으로 유통, 기술지원, 지급 및 기타 솔루션을 제공하는 트레블 커머스 플랫폼 기업으로 뉴욕 증권거래소에 상장되어 있다. 주요지원 분야는 항공사 상품화 계획(merchandising), 호텔 · 렌터카 · 모바일 및 B2B

결제 솔루션 분야를 제공하고 있으며, 여행에 관한 조회 · 예약 · 발권 · 출국관리 등의 IT서비스를 항공사에 제공한다. Travelport의 본사는 영국에 있으며, 약 4,000명의 직원이 180개 국가 및 지역에서 활동 중이다.

Travelport

Galileo | Worldspan

Galileo

This is to certify that

BYUN HYOJEONG

has accomplished the following course:

BASIC RESERVATION

On

09MAR~11MAR, 2010

Galileo

Cho Yongkook · Managing Director

CRS KOREA, LTD.

[그림 13-9] 갈릴레오 자격증 샘플

부록

1. 국외여행표준약관
2. 국내여행표준약관
3. 여행 용어 정리

여행업 표준약관

1. 국외여행표준약관

공정거래위원회

표준약관 제10021호 [2019.8.30. 개정]

제1조(목적) 이 약관은 ○○여행사와 여행자가 체결한 국외여행계약의 세부 이행 및 준수사항을 정함을 목적으로 합니다.

제2조(용어의 정의) 여행의 종류 및 정의, 해외여행수속대행업의 정의는 다음과 같습니다.

1. 기획여행 : 여행사가 미리 여행목적지 및 관광일정, 여행자에게 제공될 운송 및 숙식서비스 내용(이하 '여행서비스'라 함), 여행요금을 정하여 광고 또는 기타 방법으로 여행자를 모집하여 실시하는 여행.
2. 희망여행 : 여행자(개인 또는 단체)가 희망하는 여행조건에 따라 여행사가 운송·숙식·관광 등 여행에 관한 전반적인 계획을 수립하여 실시하는 여행.
3. 해외여행 수속대행(이하 '수속대행계약'이라 함) : 여행사가 여행자로부터 소정의 수속대행요금을 받기로 약정하고, 여행자의 위탁에 따라 다음에 열거하는 업무(이하 '수속대행업무'라 함)를 대행하는 것.
   1) 사증, 재입국 허가 및 각종 증명서 취득에 관한 수속
   2) 출입국 수속서류 작성 및 기타 관련업무

제3조(여행사와 여행자 의무) ① 여행사는 여행자에게 안전하고 만족스러운 여행서비스를 제공하기 위하여 여행알선 및 안내·운송·숙박 등 여행계획의 수립 및 실행과정에서 맡은 바 임무를 충실히 수행하여야 합니다.

② 여행자는 안전하고 즐거운 여행을 위하여 여행자간 화합도모 및 여행사의 여행질서 유지에 적극 협조하여야 합니다.

제4조(계약의 구성) ① 여행계약은 여행계약서(붙임)와 여행약관·여행일정표(또는 여행 설명서)를 계약내용으로 합니다.

② 여행계약서에는 여행사의 상호, 소재지 및 관광진흥법 제9조에 따른 보증보험 등의 가입(또는 영업보증금의 예치 현황) 내용이 포함되어야 합니다.

③ 여행일정표(또는 여행설명서)에는 여행일자별 여행지와 관광내용 · 교통수단 · 쇼핑횟수 · 숙박장소 · 식사 등 여행실시일정 및 여행사 제공 서비스 내용과 여행자 유의사항이 포함되어야 합니다.

제5조(계약체결의 거절) 여행사는 여행자에게 다음 각 호의 1에 해당하는 사유가 있을 경우에는 여행자와의 계약체결을 거절할 수 있습니다.

1. 질병, 신체이상 등의 사유로 개별관리가 필요하거나, 단체여행(다른 여행자의 여행에 지장을 초래하는 등)의 원활한 실시에 지장이 있다고 인정되는 경우
2. 계약서에 명시한 최대행사인원이 초과된 경우

제6조(특약) 여행사와 여행자는 관련법규에 위반되지 않는 범위 내에서 서면(전자문서를 포함한다. 이하 같다)으로 특약을 맺을 수 있습니다. 이 경우 여행사는 특약의 내용이 표준약관과 다르고 표준약관보다 우선 적용됨을 여행자에게 설명하고 별도의 확인을 받아야 합니다.

제7조(계약서 등 교부 및 안전정보 제공) 여행사는 여행자와 여행계약을 체결한 경우 계약서와 약관 및 여행일정표(또는 여행설명서)를 각 1부씩 여행자에게 교부하고, 여행목적지에 관한 안전정보를 제공하여야 합니다. 또한 여행 출발 전 해당 여행지에 대한 안전정보가 변경된 경우에도 변경된 안전정보를 제공하여야 합니다.

제8조(계약서 및 약관 등 교부 간주) 다음 각 호의 경우 여행계약서와 여행약관 및 여행일정표(또는 여행설명서)가 교부된 것으로 간주합니다.

1. 여행자가 인터넷 등 전자정보망으로 제공된 여행계약서, 약관 및 여행일정표(또는 여행설명서)의 내용에 동의하고 여행계약의 체결을 신청한 데 대해 여행사가 전자정보망 내지 기계적 장치 등을 이용하여 여행자에게 승낙의 의사를 통지한 경우
2. 여행사가 팩시밀리 등 기계적 장치를 이용하여 제공한 여행계약서, 약관 및 여행일정표(또는 여행설명서)의 내용에 대하여 여행자가 동의하고 여행계약의 체결을 신청하는 서면을 송부한 데 대해 여행사가 전자정보망 내지 기계적 장치 등을 이용하여 여행자에게 승낙의 의사를 통지한 경우

제9조(여행사의 책임) 여행사는 여행 출발 시부터 도착 시까지 여행사 본인 또는 그 고용인, 현지여행사 또는 그 고용인 등(이하 '사용인'이라 함)이 제3조제1항에서 규정한 여행사 임무와 관련하여 여행자에게 고의 또는 과실로 손해를 가한 경우

책임을 집니다.

제10조(여행요금) ① 여행계약서의 여행요금에는 다음 각 호가 포함됩니다. 다만, 희망여행은 당사자 간 합의에 따릅니다.

1. 항공기, 선박, 철도 등 이용운송기관의 운임(보통운임기준)
2. 공항, 역, 부두와 호텔 사이 등 송영버스요금
3. 숙박요금 및 식사요금
4. 안내자경비
5. 여행 중 필요한 각종세금
6. 국내외 공항 · 항만세
7. 관광진흥개발기금
8. 일정표 내 관광지 입장료
9. 기타 개별계약에 따른 비용

② 제1항에도 불구하고 반드시 현지에서 지불해야 하는 경비가 있는 경우 그 내역과 금액을 여행계약서에 별도로 구분하여 표시하고, 여행사는 그 사유를 안내하여야 합니다.

③ 여행자는 계약체결 시 계약금(여행요금 중 10%이하 금액)을 여행사에게 지급하여야 하며, 계약금은 여행요금 또는 손해배상액의 전부 또는 일부로 취급합니다.

④ 여행자는 제1항의 여행요금 중 계약금을 제외한 잔금을 여행출발 7일 전까지 여행사에게 지급하여야 합니다.

⑤ 여행자는 제1항의 여행요금을 당사자가 약정한 바에 따라 카드, 계좌이체 또는 무통장입금 등의 방법으로 지급하여야 합니다.

⑥ 희망여행요금에 여행자 보험료가 포함되는 경우 여행사는 보험회사명, 보상내용 등을 여행자에게 설명하여야 합니다.

제11조(여행요금의 변경) ① 국외여행을 실시함에 있어서 이용운송 · 숙박기관에 지급하여야 할 요금이 계약체결 시보다 5% 이상 증감하거나 여행요금에 적용된 외화환율이 계약체결 시보다 2% 이상 증감한 경우 여행사 또는 여행자는 그 증감된 금액 범위 내에서 여행요금의 증감을 상대방에게 청구할 수 있습니다.

② 여행사는 제1항의 규정에 따라 여행요금을 증액하였을 때에는 여행출발일 15일 전에 여행자에게 통지하여야 합니다.

제12조(여행조건의 변경요건 및 요금 등의 정산) ① 계약서 등에 명시된 여행조건은 다음 각 호의 1의 경우에 한하여 변경될 수 있습니다.

1. 여행자의 안전과 보호를 위하여 여행자의 요청 또는 현지사정에 의하여 부득이 하다고 쌍방이 합의한 경우
2. 천재지변, 전란, 정부의 명령, 운송·숙박기관 등의 파업·휴업 등으로 여행의 목적을 달성할 수 없는 경우

② 여행사가 계약서 등에 명시된 여행일정을 변경하는 경우에는 해당 날짜의 일정이 시작되기 전에 여행자의 서면 동의를 받아야 합니다. 이때 서면동의서에는 변경일시, 변경내용, 변경으로 발생하는 비용이 포함되어야 합니다.

③ 천재지변, 사고, 납치 등 긴급한 사유가 발생하여 여행자로부터 여행일정 변경 동의를 받기 어렵다고 인정되는 경우에는 제2항에 따른 일정변경 동의서를 받지 아니할 수 있습니다. 다만, 여행사는 사후에 서면으로 그 변경 사유 및 비용 등을 설명하여야 합니다.

④ 제1항의 여행조건 변경 및 제11조의 여행요금 변경으로 인하여 제10조 제1항의 여행요금에 증감이 생기는 경우에는 여행출발 전 변경분은 여행출발 이전에, 여행 중 변경분은 여행종료 후 10일 이내에 각각 정산(환급)하여야 합니다.

⑤ 제1항의 규정에 의하지 아니하고 여행조건이 변경되거나 제16조 내지 제18조의 규정에 의한 계약의 해제 · 해지로 인하여 손해배상액이 발생한 경우에는 여행출발 전 발생분은 여행출발이전에, 여행 중 발생분은 여행종료 후 10일 이내에 각각 정산(환급)하여야 합니다.

⑥ 여행자는 여행출발 후 자기의 사정으로 숙박, 식사, 관광 등 여행요금에 포함된 서비스를 제공받지 못한 경우 여행사에게 그에 상응하는 요금의 환급을 청구할 수 없습니다. 다만, 여행이 중도에 종료된 경우에는 제18조에 준하여 처리합니다.

제13조(여행자 지위의 양도) ① 여행자가 개인사정 등으로 여행자의 지위를 양도하기 위해서는 여행사의 승낙을 받아야 합니다. 이때 여행사는 여행자 또는 여행자의 지위를 양도받으려는 자가 양도로 발생하는 비용을 지급할 것을 조건으로 양도를 승낙할 수 있습니다.

② 전항의 양도로 발생하는 비용이 있을 경우 여행사는 기한을 정하여 그 비용의 지급을 청구하여야 합니다.

③ 여행사는 계약조건 또는 양도하기 어려운 불가피한 사정 등을 이유로 제1항의 양도를 승낙하지 않을 수 있습니다.

④ 제1항의 양도는 여행사가 승낙한 때 효력이 발생합니다. 다만, 여행사가 양도로 인해 발생한 비용의 지급을 조건으로 승낙한 경우에는 정해진 기한 내에 비용

이 지급되는 즉시 효력이 발생합니다.

⑤ 여행자의 지위가 양도되면, 여행계약과 관련한 여행자의 모든 권리 및 의무도 그 지위를 양도 받는 자에게 승계됩니다.

제14조(여행사의 하자담보 책임) ① 여행자는 여행에 하자가 있는 경우에 여행사에게 하자의 시정 또는 대금의 감액을 청구할 수 있습니다. 다만, 그 시정에 지나치게 많은 비용이 들거나 그 밖에 시정을 합리적으로 기대할 수 없는 경우에는 시정을 청구할 수 없습니다.

② 여행자는 시정 청구, 감액 청구를 갈음하여 손해배상을 청구하거나 시정 청구, 감액 청구와 함께 손해배상을 청구할 수 있습니다.

③ 제1항 및 제2항의 권리는 여행기간 중에도 행사할 수 있으며, 여행종료일부터 6개월 내에 행사하여야 합니다.

제15조(손해배상) ① 여행사는 현지여행사 등의 고의 또는 과실로 여행자에게 손해를 가한 경우 여행사는 여행자에게 손해를 배상하여야 합니다.

② 여행사의 귀책사유로 여행자의 국외여행에 필요한 사증, 재입국 허가 또는 각종 증명서 등을 취득하지 못하여 여행자의 여행일정에 차질이 생긴 경우 여행사는 여행자로부터 절차대행을 위하여 받은 금액 전부 및 그 금액의 100% 상당액을 여행자에게 배상하여야 합니다.

③ 여행사는 항공기, 기차, 선박 등 교통기관의 연발착 또는 교통체증 등으로 인하여 여행자가 입은 손해를 배상하여야 합니다. 다만, 여행사가 고의 또는 과실이 없음을 입증한 때에는 그러하지 아니합니다.

④ 여행사는 자기나 그 사용인이 여행자의 수하물 수령, 인도, 보관 등에 관하여 주의를 해태(懈怠)하지 아니하였음을 증명하지 아니하면 여행자의 수하물 멸실, 훼손 또는 연착으로 인한 손해를 배상할 책임을 면하지 못합니다.

제16조(여행출발 전 계약해제) ① 여행사 또는 여행자는 여행출발 전 이 여행계약을 해제할 수 있습니다. 이 경우 발생하는 손해액은 '소비자분쟁해결기준'(공정거래위원회 고시)에 따라 배상합니다.

② 여행사 또는 여행자는 여행출발 전에 다음 각 호의 1에 해당하는 사유가 있는 경우 상대방에게 제1항의 손해배상액을 지급하지 아니하고 이 여행계약을 해제할 수 있습니다.

1. 여행사가 해제할 수 있는 경우

가. 제12조 제1항 제1호 및 제2호 사유의 경우

나. 여행자가 다른 여행자에게 폐를 끼치거나 여행의 원활한 실시에 현저한 지장이 있다고 인정될 때

다. 질병 등 여행자의 신체에 이상이 발생하여 여행에의 참가가 불가능한 경우

라. 여행자가 계약서에 기재된 기일까지 여행요금을 납입하지 아니한 경우

2. 여행자가 해제할 수 있는 경우

가. 제12조 제1항 제1호 및 제2호의 사유가 있는 경우

나. 여행사가 제21조에 따른 공제 또는 보증보험에 가입하지 아니하였거나 영업보증금을 예치하지 않은 경우

다. 여행자의 3촌 이내 친족이 사망한 경우

라. 질병 등 여행자의 신체에 이상이 발생하여 여행에의 참가가 불가능한 경우

마. 배우자 또는 직계존비속이 신체이상으로 3일 이상 병원(의원)에 입원하여 여행 출발 전까지 퇴원이 곤란한 경우 그 배우자 또는 보호자 1인

바. 여행사의 귀책사유로 계약서 또는 여행일정표(여행설명서)에 기재된 여행일정대로의 여행실시가 불가능해진 경우

사. 제10조 제1항의 규정에 의한 여행요금의 증액으로 인하여 여행 계속이 어렵다고 인정될 경우

제17조(최저행사인원 미충족 시 계약해제) ① 여행사는 최저행사인원이 충족되지 아니하여 여행계약을 해제하는 경우 여행출발 7일 전까지 여행자에게 통지하여야 합니다.

② 여행사가 여행참가자 수 미달로 전항의 기일 내 통지를 하지 아니하고 계약을 해제하는 경우 이미 지급받은 계약금 환급 외에 다음 각 목의 1의 금액을 여행자에게 배상하여야 합니다.

가. 여행출발 1일전까지 통지 시 : 여행요금의 30%

나. 여행출발 당일 통지 시 : 여행요금의 50%

제18조(여행출발 후 계약해지) ① 여행사 또는 여행자는 여행출발 후 부득이한 사유가 있는 경우 각 당사자는 여행계약을 해지할 수 있습니다. 다만, 그 사유가 당사자 한쪽의 과실로 인하여 생긴 경우에는 상대방에게 손해를 배상하여야 합니다.

② 제1항에 따라 여행계약이 해지된 경우 귀환운송 의무가 있는 여행사는 여행자를 귀환운송할 의무가 있습니다.

③ 제1항의 계약해지로 인하여 발생하는 추가 비용은 그 해지사유가 어느 당사자의 사정에 속하는 경우에는 그 당사자가 부담하고, 양 당사자 누구의 사정에도 속

하지 아니하는 경우에는 각 당사자가 추가 비용의 50%씩을 부담합니다.

④ 여행자는 여행에 중대한 하자가 있는 경우에 그 시정이 이루어지지 아니하거나 계약의 내용에 따른 이행을 기대할 수 없는 경우에는 계약을 해지할 수 있습니다.

⑤ 제4항에 따라 계약이 해지된 경우 여행사는 대금청구권을 상실합니다. 다만, 여행자가 실행된 여행으로 이익을 얻은 경우에는 그 이익을 여행사에게 상환하여야 합니다.

⑥ 제4항에 따라 계약이 해지된 경우 여행사는 계약의 해지로 인하여 필요하게 된 조치를 할 의무를 지며, 계약상 귀환운송 의무가 있으면 여행자를 귀환운송하여야 합니다. 이 경우 귀환운송비용은 원칙적으로 여행사가 부담하여야 하나, 상당한 이유가 있는 때에는 여행사는 여행자에게 그 비용의 일부를 청구할 수 있습니다.

제19조(여행의 시작과 종료) 여행의 시작은 탑승수속(선박인 경우 승선수속)을 마친 시점으로 하며, 여행의 종료는 여행자가 입국장 보세구역을 벗어나는 시점으로 합니다. 다만, 계약내용상 국내이동이 있을 경우에는 최초 출발지에서 이용하는 운송수단의 출발시각과 도착시각으로 합니다.

제20조(설명의무) 여행사는 계약서에 정하여져 있는 중요한 내용 및 그 변경사항을 여행자가 이해할 수 있도록 설명하여야 합니다.

제21조(보험가입 등) 여행사는 이 여행과 관련하여 여행자에게 손해가 발생한 경우 여행자에게 보험금을 지급하기 위한 보험 또는 공제에 가입하거나 영업보증금을 예치하여야 합니다.

제22조(기타사항) ① 이 계약에 명시되지 아니한 사항 또는 이 계약의 해석에 관하여 다툼이 있는 경우에는 여행사 또는 여행자가 합의하여 결정하되, 합의가 이루어지지 아니한 경우에는 관계법령 및 일반관례에 따릅니다.

② 특수지역에의 여행으로서 정당한 사유가 있는 경우에는 이 표준약관의 내용과 달리 정할 수 있습니다.

여행업 표준약관

2. 국내여행표준약관

공정거래위원회

표준약관 제10020호 [2019.8.30. 개정]

제1조(목적) 이 약관은 ○○여행사와 여행자가 체결한 국내여행계약의 세부이행 및 준수사항을 정함을 목적으로 합니다.

제2조(여행의 종류 및 정의) 여행의 종류와 정의는 다음과 같습니다.

1. 일반모집여행 : 여행사가 수립한 여행조건에 따라 여행자를 모집하여 실시하는 여행.
2. 희 망 여 행 : 여행자가 희망하는 여행조건에 따라 여행사가 실시하는 여행.
3. 위탁모집여행 : 여행사가 만든 모집여행상품의 여행자 모집을 타 여행업체에 위탁하여 실시하는 여행.

제3조(여행사와 여행자 의무) ① 여행사는 여행자에게 안전하고 만족스러운 여행서비스를 제공하기 위하여 여행알선 및 안내 · 운송 · 숙박 등 여행계획의 수립 및 실행과정에서 맡은 바 임무를 충실히 수행하여야 합니다.

② 여행자는 안전하고 즐거운 여행을 위하여 여행자 간 화합도모 및 여행사의 여행질서 유지에 적극 협조하여야 합니다.

제4조(계약의 구성) ① 여행계약은 여행계약서(붙임)와 여행약관 · 여행일정표(또는 여행 설명서)를 계약내용으로 합니다.

② 여행계약서에는 여행사의 상호, 소재지 및 관광진흥법 제9조에 따른 보증보험 등의 가입(또는 영업보증금의 예치 현황) 내용이 포함되어야 합니다.

③ 여행일정표(또는 여행설명서)에는 여행일자별 여행지와 관광내용 · 교통수단 · 쇼핑횟수 · 숙박장소 · 식사 등 여행실시일정 및 여행사 제공 서비스 내용과 여행자 유의사항이 포함되어야 합니다.

제5조(계약체결 거절) 여행사는 여행자에게 다음 각 호의 1에 해당하는 사유가 있을 경우에는 여행자와의 계약체결을 거절할 수 있습니다.

1. 질병, 신체이상 등의 사유로 개별관리가 필요하거나, 단체여행(다른 여행자의 여행에 지장을 초래하는 등)의 원활한 실시에 지장이 있다고 인정되는 경우
2. 계약서에 명시한 최대행사인원이 초과된 경우

제6조(특약) 여행사와 여행자는 관련법규에 위반되지 않는 범위 내에서 서면(전자문서를 포함한다. 이하 같다)으로 특약을 맺을 수 있습니다. 이 경우 여행사는 특약의 내용이 표준약관과 다르고 표준약관보다 우선 적용됨을 여행자에게 설명하고 별도의 확인을 받아야 합니다.

제7조(계약서 등 교부 및 안전정보 제공) 여행사는 여행자와 여행계약을 체결한 경우 계약서와 여행약관, 여행일정표(또는 여행설명서)를 각 1부씩 여행자에게 교부하고, 여행목적지에 관한 안전정보를 제공하여야 합니다. 또한 여행 출발 전 해당 여행지에 대한 안전정보가 변경된 경우에도 변경된 안전정보를 제공하여야 합니다.

제8조(계약서 및 약관 등 교부 간주) 다음 각 호의 경우에는 여행사가 여행자에게 여행계약서와 여행약관 및 여행일정표(또는 여행설명서)가 교부된 것으로 간주합니다.

1. 여행자가 인터넷 등 전자정보망으로 제공된 여행계약서, 약관 및 여행일정표(또는 여행설명서)의 내용에 동의하고 여행계약의 체결을 신청한 데 대해 여행사가 전자정보망 내지 기계적 장치 등을 이용하여 여행자에게 승낙의 의사를 통지한 경우
2. 여행사가 팩시밀리 등 기계적 장치를 이용하여 제공한 여행계약서, 약관 및 여행일정표(또는 여행설명서)의 내용에 대하여 여행자가 동의하고 여행계약의 체결을 신청하는 서면을 송부한 데 대해 여행사가 전자정보망 내지 기계적 장치 등을 이용하여 여행자에게 승낙의 의사를 통지한 경우

제9조(여행요금) ① 여행계약서의 여행요금에는 다음 각 호가 포함됩니다. 다만, 희망여행은 당사자 간 합의에 따릅니다.

1. 항공기, 선박, 철도 등 이용운송기관의 운임(보통운임기준)
2. 공항, 역, 부두와 호텔 사이 등 송영버스요금
3. 숙박요금 및 식사요금
4. 안내자경비
5. 여행 중 필요한 각종 세금
6. 국내 공항 · 항만 이용료
7. 일정표 내 관광지 입장료

8. 기타 개별계약에 따른 비용

② 여행자는 계약 체결 시 계약금(여행요금 중 10%이하의 금액)을 여행사에게 지급하여야 하며, 계약금은 여행요금 또는 손해배상액의 전부 또는 일부로 취급합니다.

③ 여행자는 제1항의 여행요금 중 계약금을 제외한 잔금을 여행출발 전일까지 여행사에게 지급하여야 합니다.

④ 여행자는 제1항의 여행요금을 당사자가 약정한 바에 따라 카드, 계좌이체 또는 무통장입금 등의 방법으로 지급하여야 합니다.

⑤ 희망여행요금에 여행자 보험료가 포함되는 경우 여행사는 보험회사명, 보상내용 등을 여행자에게 설명하여야 합니다.

제10조(여행조건의 변경요건 및 요금 등의 정산) ① 계약서 등에 명시된 여행조건은 다음 각 호의 1의 경우에 한하여 변경될 수 있습니다.

1. 여행자의 안전과 보호를 위하여 여행자의 요청 또는 현지사정에 의하여 부득이하다고 쌍방이 합의한 경우
2. 천재지변, 전란, 정부의 명령, 운송·숙박기관 등의 파업·휴업 등으로 여행의 목적을 달성할 수 없는 경우

② 여행사가 계약서 등에 명시된 여행일정을 변경하는 경우에는 해당 날짜의 일정이 시작되기 전에 여행자의 서면 동의를 받아야 합니다. 이때 서면동의서에는 변경일시, 변경내용, 변경으로 발생하는 비용이 포함되어야 합니다.

③ 천재지변, 사고, 납치 등 긴급한 사유가 발생하여 여행자로부터 여행일정 변경 동의를 받기 어렵다고 인정되는 경우에는 제2항에 따른 일정변경 동의서를 받지 아니할 수 있습니다. 다만, 여행사는 사후에 서면으로 그 변경 사유 및 비용 등을 설명하여야 합니다.

④ 제1항의 여행조건 변경으로 인하여 제9조 제1항의 여행요금에 증감이 생기는 경우에는 여행출발 전 변경분은 여행출발 이전에, 여행 중 변경분은 여행종료 후 10일 이내에 각각 정산(환급)하여야 합니다.

⑤ 제1항의 규정에 의하지 아니하고 여행조건이 변경되거나 제13조 내지 제15조의 규정에 의한 계약의 해제 · 해지로 인하여 손해배상액이 발생한 경우에는 여행출발 전 발생분은 여행출발이전에, 여행 중 발생분은 여행종료 후 10일 이내에 각각 정산(환급)하여야 합니다.

⑥ 여행자는 여행출발 후 자기의 사정으로 숙박, 식사, 관광 등 여행요금에 포함

된 서비스를 제공받지 못한 경우 여행사에게 그에 상응하는 요금의 환급을 청구할 수 없습니다. 다만, 여행이 중도에 종료된 경우에는 제15조에 준하여 처리합니다.

제11조(여행자 지위의 양도) ① 여행자가 개인사정 등으로 여행자의 지위를 양도하기 위해서는 여행사의 승낙을 받아야 합니다. 이때 여행사는 여행자 또는 여행자의 지위를 양도받으려는 자가 양도로 발생하는 비용을 지급할 것을 조건으로 양도를 승낙할 수 있습니다.

② 전항의 양도로 발생하는 비용이 있을 경우 여행사는 기한을 정하여 그 비용의 지급을 청구하여야 합니다.

③ 여행사는 계약조건 또는 양도하기 어려운 불가피한 사정 등을 이유로 제1항의 양도를 승낙하지 않을 수 있습니다.

④ 제1항의 양도는 여행사가 승낙한 때 효력이 발생합니다. 다만, 여행사가 양도로 인해 발생한 비용의 지급을 조건으로 승낙한 경우에는 정해진 기한 내에 비용이 지급되는 즉시 효력이 발생합니다.

⑤ 여행자의 지위가 양도되면, 여행계약과 관련한 여행자의 모든 권리 및 의무도 그 지위를 양도 받는 자에게 승계됩니다.

제12조(여행사의 책임) ① 여행자는 여행에 하자가 있는 경우에 여행사에게 하자의 시정 또는 대금의 감액을 청구할 수 있습니다. 다만, 그 시정에 지나치게 많은 비용이 들거나 그 밖에 시정을 합리적으로 기대할 수 없는 경우에는 시정을 청구할 수 없습니다.

② 여행자는 시정 청구, 감액 청구를 갈음하여 손해배상을 청구하거나 시정 청구, 감액 청구와 함께 손해배상을 청구할 수 있습니다.

③ 제1항 및 제2항의 권리는 여행기간 중에도 행사할 수 있으며, 여행종료일부터 6개월 내에 행사하여야 합니다.

④ 여행사는 여행 출발 시부터 도착 시까지 여행사 본인 또는 그 고용인, 현지여행사 또는 그 고용인 등(이하 '사용인'이라 함)이 제3조 제1항에서 규정한 여행사 임무와 관련하여 여행자에게 고의 또는 과실로 손해를 가한 경우 책임을 집니다.

⑤ 여행사는 항공기, 기차, 선박 등 교통기관의 연발착 또는 교통체증 등으로 인하여 여행자가 입은 손해를 배상하여야 합니다. 다만, 여행사가 고의 또는 과실이 없음을 입증한 때에는 그러하지 아니합니다.

⑥ 여행사는 자기나 그 사용인이 여행자의 수하물 수령 · 인도 · 보관 등에 관하여 주의를 해태하지 아니하였음을 증명하지 아니하는 한 여행자의 수하물 멸실, 훼

손 또는 연착으로 인하여 발생한 손해를 배상하여야 합니다.

제13조(여행출발 전 계약해제) ① 여행사 또는 여행자는 여행출발 전 이 여행계약을 해제할 수 있습니다. 이 경우 발생하는 손해액은 '소비자분쟁해결기준'(공정거래위원회 고시)에 따라 배상합니다.

② 여행사 또는 여행자는 여행출발 전에 다음 각 호의 1에 해당하는 사유가 있는 경우 상대방에게 제1항의 손해배상액을 지급하지 아니하고 이 여행계약을 해제할 수 있습니다.

1. 여행사가 해제할 수 있는 경우
   가. 제10조 제1항 제1호 및 제2호 사유의 경우
   나. 여행자가 다른 여행자에게 폐를 끼치거나 여행의 원활한 실시에 현저한 지장이 있다고 인정될 때
   다. 질병 등 여행자의 신체에 이상이 발생하여 여행에의 참가가 불가능한 경우
   라. 여행자가 계약서에 기재된 기일까지 여행요금을 지급하지 아니하는 경우
2. 여행자가 해제할 수 있는 경우
   가. 제10조 제1항 제1호 및 제2호 사유의 경우
   나. 여행사가 제18조에 따른 공제 또는 보증보험에 가입하지 아니하였거나 영업보증금을 예치하지 않은 경우
   다. 여행자의 3촌 이내 친족이 사망한 경우
   라. 질병 등 여행자의 신체에 이상이 발생하여 여행에의 참가가 불가능한 경우
   마. 배우자 또는 직계존비속이 신체이상으로 3일 이상 병원(의원)에 입원하여 여행 출발 시까지 퇴원이 곤란한 경우 그 배우자 또는 보호자 1인
   바. 여행사의 귀책사유로 계약서에 기재된 여행일정대로의 여행실시가 불가능해진 경우

제14조(최저행사인원 미충족 시 계약해제) ① 여행사는 최저행사인원이 충족되지 아니하여 여행계약을 해제하는 경우 당일여행의 경우 여행출발 24시간 이전까지, 1박2일 이상인 경우에는 여행출발 48시간 이전까지 여행자에게 통지하여야 합니다.

② 여행사가 여행참가자 수의 미달로 전항의 기일 내 통지를 하지 아니하고 계약을 해제하는 경우 이미 지급받은 계약금 환급 외에 계약금 100% 상당액을 여행자에게 배상하여야 합니다.

제15조(여행출발 후 계약해지) ① 여행사 또는 여행자는 여행출발 후 부득이한 사유가 있는 경우 각 당사자는 여행계약을 해지할 수 있습니다. 다만, 그 사유가 당

사자 한쪽의 과실로 인하여 생긴 경우에는 상대방에게 손해를 배상하여야 합니다.

② 제1항에 따라 여행계약이 해지된 경우 귀환운송 의무가 있는 여행사는 여행자를 귀환운송할 의무가 있습니다.

③ 제1항의 계약해지로 인하여 발생하는 추가 비용은 그 해지사유가 어느 당사자의 사정에 속하는 경우에는 그 당사자가 부담하고, 양 당사자 누구의 사정에도 속하지 아니하는 경우에는 각 당사자가 추가 비용의 50%씩을 부담합니다.

④ 여행자는 여행에 중대한 하자가 있는 경우에 그 시정이 이루어지지 아니하거나 계약의 내용에 따른 이행을 기대할 수 없는 경우에는 계약을 해지할 수 있습니다.

⑤ 제4항에 따라 계약이 해지된 경우 여행사는 대금청구권을 상실합니다. 다만, 여행자가 실행된 여행으로 이익을 얻은 경우에는 그 이익을 여행사에게 상환하여야 합니다.

⑥ 제4항에 따라 계약이 해지된 경우 여행사는 계약의 해지로 인하여 필요하게 된 조치를 할 의무를 지며, 계약상 귀환운송 의무가 있으면 여행자를 귀환운송하여야 합니다. 이 경우 귀환운송비용은 원칙적으로 여행사가 부담하여야 하나, 상당한 이유가 있는 때에는 여행사는 여행자에게 그 비용의 일부를 청구할 수 있습니다.

제16조(여행의 시작과 종료) 여행의 시작은 출발하는 시점부터 시작하며 여행일정이 종료하여 최종목적지에 도착함과 동시에 종료합니다. 다만, 계약 및 일정을 변경할 때에는 예외로 합니다.

제17조(설명의무) 여행사는 이 계약서에 정하여져 있는 중요한 내용 및 그 변경사항을 여행자가 이해할 수 있도록 설명하여야 합니다.

제18조(보험가입 등) 여행사는 여행과 관련하여 여행자에게 손해가 발생한 경우 여행자에게 보험금을 지급하기 위한 보험 또는 공제에 가입하거나 영업 보증금을 예치하여야 합니다.

제19(기타사항) ① 이 계약에 명시되지 아니한 사항 또는 이 계약의 해석에 관하여 다툼이 있는 경우에는 여행사와 여행자가 합의하여 결정하되, 합의가 이루어지지 아니한 경우에는 관계법령 및 일반관례에 따릅니다.

② 특수지역에의 여행으로서 정당한 사유가 있는 경우에는 이 표준약관의 내용과 다르게 정할 수 있습니다.

3. 여행 용어 정리

[A]

AAA(American Automobile Association) : 미국 자동차연합, 보험 프로그램, 응급 도로 서비스, 여행계획을 제공하는 회원모임을 말한다.

AACI(Airport Association Council International) : 국제공항회의협회를 지칭한다.

AAR(Association of American Railroads) : 미국 철도연합, 여행협동조합으로 각종 여행프로그램 안내 및 여행지 소개를 말한다.

ABA(American Bus Association) : 미국 버스연합, 여행동업조합으로 여행지 호텔/콘도 안내를 말한다.

ABC World Airways Guide : 항공회사의 정기편 시간표를 말한다.

ABOA(American Bus Operators Association) : 미국버스운영자협회를 지칭한다.

ABTA(Association of British Travel Agents) : 영국여행업자협회를 지칭한다.

ABTB(Association of Bank Travel Bureaus) : 여행사 연합은행으로 여행객을 위한 금전 편리성을 제공하며 여행지를 안내하는 역할을 말한다.

AC(Air Carrier) : 정기 또는 부정기적으로 상업상의 여객과 항공화물 지원업무에 이용되는 항공기를 말한다.

AC(Air Craft) : 항공기를 말한다.

ACAP(Aviation Consumer Action Project) : 항공(비행기)에 대한 소비자행동계획, 비행기 승객의 이익과 더 높은 수준의 비행기 안전, 소비자 권리 보호를 옹호하는 비영리 조직체로 서비스 불만처리도 하는 곳을 말한다.

Accepting Controller : 항공기의 관제를 담당하기에 가장 인접한 항공교통 관제소를 말한다.

Accommodation Industry : 숙박산업으로 숙박업, 여관업을 말한다.

Accommodation : 넓은 의미로 숙박시설을 말하며 호텔, 모텔, 펜션 등을 Traditional Accommodation이라고 말하며, 유스호스텔, Recreation Home, 텐트장, 오두막집, 방갈로, 캠프장의 Cabin등은 Supplementary Accommodation이라 한다.

Accompanied Baggage : 항공사에서의 고객의 휴대수화물을 말한다.

ACL(Allowable Cabin Load) : 항공기의 객실 및 화물실에 탑재 가능한 최대 중량으로서 이/착륙 시의 기상조건, 활주로의 길이, 비행기의 총 중량 및 탑재 연료량 등에 의해서 영향을 받는 허용 탑재량을 말한다.

ACM(Air Credit Memo) : 여행사에서 발권 시 실수로 해당요금보다 비싸게 발권함으로써 해당금액보다 많은 금액이 항공사에 입금된 것을 발견했을 때 차액반환청구 신청을 말한다.

ADM(Air Debit Memo) : 항공사에서 지정한 요금보다 여행사에서 싸게 발권함으로써 BSP에 항공요금보다 적게 입금되었을 때 그 차액을 여행사 측에 입금시킬 것을 청구하는 신청을 말한다,

Active Member : 여행단체의 회원 중 정회원을 말한다.

ACTO(Association of Caribbean Tour Operators) : 카리브해 여행운영자연합을 말한다.

ACTOA(Air Charter Tour Operator of American) : 미국 전세비행기 여행경영자 모임을 말한다.

Actual Flying Time : 항공기의 실제 비행시간을 말한다.

Actual Gross Weight : 항공기에 탑재한 실제 총중량을 말한다.

AD(Agent Discount) : 여행사 관할 항공사 지점에 여행사가 대리점계약을 맺었을 경우항공사에서 계약을 체결한 여행사에게 항공권에 대해서 대리점 할인을 해 주는 것을 말한다.

Add-On : 관문도시와 해당도시 사이에 설정된 부가운임을 말한다.

Additional Charge : 항공사에서 항공요금의 변동, 호텔에서 호텔요금의 변동, 여행사에서 여행상품 요금의 변동 등으로 인해서 고객에게 추가로 요구하는 추가요금을 말한다.

Administration Area : 항공기 임대를 목적으로 행정과 관리를 위하여 설정된 모든 지상 공간과 시설/ 관제탑/ 정비시설/ 물품보관소/ 주차장/ 기내식 시설 등을 포함한다.

Admission Fee(=Cover Charge) : 여행객이 지급하는 여행지의 입장료를 말한다.

Adult Fare : 항공사에서 성인운임으로 만 1세 이상 승객에게 적용되는 국제선 항공운임을 말한다.

Advance Deposit : 여행사나 호텔에서 고객들에게 예약과 동시에 받는 선수금 또는 예약금을 말한다.

Advance Payment : 고객이 여행상품에 대해서 사전에 선불로 여행비를 지급함으로

써 특별할인 운임이 적용되는 것을 말한다.

Adventure Tourism : 여행사에서 모험관광을 말한다.

Advertised Tort : 여행사가 고객을 상대로 여행상품에 대해서 주도권을 가지고서 행하는 주최여행 또는 모집여행을 말한다.

AFTA(Australian Federation of Travel Agents) : 호주 여행업자협회를 말한다.

Agency Commission : 여행사가 공급업자 간에 판매대리점 체결 후 판매로 인한 공급업자가 여행사게게 주는 소정의 수수료를 말한다.

Agency List : 관광관련 대리점 목록을 말한다.

Agency Representative : 관광관련 사업체의 대리점 대표를 말한다.

Agency Tour : 여행 알선, 또는 고객에게 특별한 여행수단을 제공하거나 다양한 옵션을 여러 가지 수단으로 대리점 임원들을 둘러보도록 제공된 여행을 말한다.

Agency : 일반적으로는 대리인을 두고 말하나 여행사에서는 IATA에 가입한 항공권 판매대리점, 화물운송대리점을 말한다.

Agents Contact : 관광사업체에서 대리계약을 말한다.

Agent : Travel Agent나 Travel Agency 또는 여행업자를 말한다.

Agricultural Tourism : 농업관광여행, 고객에게 농장체험을 제공함을 말한다.

AH&MA(American hotel & Motel Association) : 미국 호텔, 모텔 연합을 말한다.

AIOD(Automatic Identification of Outward Dialing) : 호텔에서 손님이 외부로 거는 전화의 자동 확인을 말하다.

Air Cargo : 항공사에서 항공화물을 말한다.

Air Carrier : 항공회사를 말한다.

Air Mail : 항공우편을 말한다.

Air Side Waiting Area : 공항에서 승객이 비행기를 타기 위해서 기다리는 공간으로 공항 대기지역을 말한다.

Air Tariff : 항공일정표를 말한다.

Air Tour : 항공관광을 말한다.

Aircraft Departure : 공항에서 항공기 출발을 말한다.

Airline : 정기적인 국제항공 업무를 제공하고 운영하는 모든 항공수송기업을 말한다.

Airport Code : 세계 각국의 공항 고유의 공항코드를 말한다.

Airport Notice : 항공사에서 승객에게 알리는 공항안내를 말한다.

Airtel : Air + Hotel을 줄인 단어로 고객이 간단한 업무상의 출장으로 외국에 나갈

대 또는 도착지에서 늦은 비행기로 도착하는 승객들을 위해서 공항 근처에 숙박 시설을 갖추고서 고객에게 항공과 숙박을 함께 판매하는 것을 말한다.

Allied member : 여행단체의 회원 중 준회원을 말한다.

Alternative Tourism : 여행사에서 대체관광을 말한다.

American Breakfast : 계란요리가 곁들여진 아침식사로 과일, 주스류, 시리얼, 음료, 계란, 빵 종류 등을 제공한다.

American Plan : 호텔에서 객실요금에 3식의 식사요금이 포함되어 있는 숙박요금제도를 말한다.

AMEXCO(American Express Company) : 세계최대의 여행업자를 말한다.

ANTA(Australian national Travel Association) : 오스트레일리아 국립여행연합을 말한다.

Approach : 고객을 상대로 한 영업 면에서는 교섭을 시작한다는 의미이며 항공사에서는 항공기가 공항에 착륙할 때의 진입을 말한다.

Arrical Notice : 항공기의 도착통보를 말한다.

Arrival Time : 항공사에서는 비행기의 공항 도착시간을 말하며, 호텔에서는 고객이 호텔에 도착한 시간을 말한다.

ARTA(Association of Retail Agents) : 미국의 여행소매업자를 말한다.

Association of Group Travel Executives : 단체여행 경영자 연합을 말한다.

ASTA(American Society of Travel Agents) : 1931년 2월에 창설된 조직단체로서 여행업자들 간의 상호 공동이익을 도모하고 동 협회회원을 비롯한 각 호텔산업체, 여행알선업체, 운송기관 등 상호 불공정한 경쟁을 배제함으로써 관광, 호텔, 여행 서비스의 향상을 기하는데 목적을 가지고 있는 미주여행업협회를 말한다.

ATAA(Air Transport Association of America) : 1936년에 설립한 미국 항공운송협회를 말한다.

ATR(Air Ticket Request) Agent : 여객대리점 중 담보능력의 부족으로 항공권을 자체적으로 보유하지 못하고 승객으로부터 요청 받은 항공권을 해당 항공사 발권 카운터에서 구입하는 여행사대리점을 말한다.

Attendant : 여행객의 동반자를 말한다.

Attract : 여행사에서 여행자를 유치하는 것을 말한다.

Average Length Of Stay : 여행객의 평균 체재일수를 말한다.

[B]

Baby Bassinet : 항공기 객실 앞의 벽면에 설치하여 사용되는 기내용의 유아요람을 말한다.

Back To Back Charter : 항공기의 왕복을 연속하여 전세를 내는 것을 말한다.

Back to Back : 여행 도매업자와 여행사에 의해서 주선되는 호텔 단체객의 도착과 출발이 계속적으로 일어나 check in과 check out이 이어져 객실은 항상 판매되는 것을 말한다.

Back Up System : 장비나 전송사의 오류를 찾아내어 고치는 여러 가지 정교한 기술이 결합되어 있는 시스템을 말한다.

Baggage Allowance : 승객이 항공기에 짐을 붙일 때 수화물 중량 제한을 말한다.

Baggage Claim Area : 공항에서 수화물 찾는 곳을 말한다.

Baggage Declaration Form : 여행자가 출/입국 시 휴대품 신고서 또는 통관 수속을 위한 신고서를 말한다.

Baggage Down(=Baggage Collection) : 호텔에서 고객의 check out 시에 고객의 요청에 따라 벨맨이나 포터가 고객의 가방이나 짐을 로비까지 내려다 놓는 것을 말한다.

Baggage Insurance : 수화물 분실이나 파손 등을 대비한 보험을 말한다.

Baggage Net : 호텔에서 손님의 가방을 모아두고 도난방지를 위해 씌워두는 망을 말한다.

Baggage Tag(=Luggage Tag) : 여행자가 항공으로 화물을 부치고 나서 항공사 측으로부터 받게 되는 것과 호텔 로비에서 잠시 짐을 보관할 경우에 호텔 측으로부터 받게 되는 위탁수화물표를 말한다.

Baggage Through Check in : 당일 항공편으로 여행일정이 끝나지 않고 접속 항공편을 가지고 있는 여행자의 경우 수화물을 최종 항공편의 목적지까지 부치는 것을 말한다.

Baggage : 여행자가 여행할 때 소지한 짐으로서 Checked Baggage와 Unchecked Baggage가 있다.

Ballroom : 호텔에서 대연회장을 말한다.

Banquet Room : 호텔이나 식당의 연회장을 말한다.

BCA(Baggage Claim Area) : Baggage Claim Tag을 소지하고 목적지에 도착한 승객이

자신의 수화물을 회수하거나 사고 수화물에 대한 클레임을 제기하는 장소로 수화물 인도장을 말한다.

Bed Pad : Mattress를 보호하기 위하여 까는 누빈 요를 말한다.

Behind : 제3국에서 상대국으로 가기로 되어 여객이나 화물 및 우편물을 자국의 공항으로 운송해서 상대국으로 운반할 수 있는 배후운송의 자유를 말한다.

Beyond : 제3국으로 가는 여객이나 화물 및 우편물을 상대국의 영역에서 탑재하고 내릴 수 있는 이원의 자유를 말한다.

BGM(Back Ground Music) : 업무의 생산능률의 향상과 권태방지 차원에서 영업장에 틀어놓는 배경음악을 말한다.

Bill Of Fare : 차림표, 메뉴로 식당에서 제공하는 음식목록을 말한다.

Black List(=Cancellation Bulletin) : 주로 호텔에서 불량거래자의 명단을 말한다.

Block Seat : 관광사업체에서 예비좌석을 말한다.

Blocked-off Charter Flight : 정기편의 항공기를 전세 내는 것을 말한다.

Block : 항공기의 좌석, 여행사의 여행상품 등을 상황에 따라 묶어서 예약하는 것을 Block 예약이라고 한다.

Boarding Bridge : 승객의 승/하기 때 터미널과 항공기를 연결하는 탑승교를 말한다.

Boarding house : 일반적으로 하숙집, 기숙사를 칭한다. 여행자를 대상으로 하는 숙박시설을 의미하는 말로 호텔보다 시설이나 서비스의 내용이 간소한 것을 뜻하면 그런 점에서는 Inn에 가깝다.

Boarding Pass(=Gate Pass) : 탑승권이라고 말하며, 공항에서 탑승수속 시 항공권과 교환하여 여행자에게 주는 탑승표로서 비행기의 편명, 여행자 성명, 좌석번호, 목적지, 탑승시간, 탑승게이트 등이 적혀져 있다.

Boatel : 최근 미국에서 생긴 Boat를 타는 사람들의 숙소를 말한다.

Booking(=Reservation) : 항공사나 여행사에서 항공좌석의 예약 등을 말한다.

Boom : 항공사나 여행사에서 고객들이 몰릴 때 쓰는 표현으로 인기를 말한다.

Botel : Boat를 이용하여 여행하는 관광객이 주로 이용하는 숙박시설로서 보트를 정박시킬 수 있는 부두나 해변 등지에 위치한 호텔을 말한다.

Boundary Lights : 공항이나 착륙지역의 경계를 한정하는 등화를 말한다.

BP(Bermuda Plan) : 방 가격에 미국식 아침식사가 포함된 호텔숙박을 말한다.

Bring Back : 자국으로 오는 여객의 화물이나 우편물을 상대국의 영역에서 탑재할 수 있는 적재를 말한다.

Brochure : 여행사나 호텔에서 일반적으로 광고나 선전목적으로 만들어 고객에게 주는 소책자를 말한다.

BSP(Bank Settlement Plan) : 다수의 항공사와 다수의 여행사 간에 발행되는 항공권 판매에 대한 제반업무를 간소화하기 위하여 항공사와 여행사 사이에 은행을 개입시켜 해당은행이 관련 업무를 대행하는 은행집중결재방식의 제도를 말한다.

BT(Block Time) : 항공기가 비행을 목적으로 출발공항에서 움직이기 시작해서 다음 목적지에 착륙하여 완전한 정지를 할 때까지의 구간시간을 말한다.

Budget-mind Tourist : 여행경비에 마음을 쓰는 여행객으로 돈이 넉넉하지 못한 여행객을 말한다.

Bus Boy : 식당에서 웨이터를 돕는 접객보조원으로 식사 전후 식탁정돈 및 청소를 주업무로 하는 식당종업원을 말한다.

Business Traveller : 업무상 해외로 나가는 업무여행자를 말한다.

B&B(Bed and Breakfast) : 토속적으로 운영되는 호텔형식에서 아침식사를 지역적 전통음식을 제공하고 가정적인 분위기를 창출하는 숙박형태를 말한다.

[C]

CAB(Civil Aeronautics Board) : 미국의 민간항공위원회를 말한다.

CAB(Civil Aviation Bureau) : 항공국을 말한다.

Cabin Crew : 기내에서 여객의 서비스를 담당하는 직원을 말한다.

Cabin Service : 항공기 내에서의 각종 서비스를 말한다.

Cabotage : 한 국가영토 내의 상업적인 운송규제를 말한다.

Cafeteria : 셀프서비스 식당의 대표적인 것으로 손님 스스로 진열되어 있는 음식을 선택하여 그 음식 값만 지급하고 가져다먹는 형식으로 인구가 많은 도시나 산업기관에 이런 식당이 편리하다.

Camp On : 호텔에서 객실 또는 구내의 각 부서로 전화연결 시 통화 중일 때 캠프온을 작동하고 잠시 기다리도록 하면 통화 중이던 전화가 끝났을 때 자동적으로 연결되어 통화할 수 있는 시스템을 말한다.

Campaign : 여행사나 항공사에서 특별한 상품을 판매할 때 쓰인다.

Cancellation Charge : 예약취소에 따라 손님이 지급하는 비용을 말한다.

Captain : 운항 중 필요한 모든 상황을 파악하여 그 항공기의 안전운항은 물론 승객,

승무원의 안전을 위한 절대적인 권한과 책임을 가지고 있는 기내 최고책임자로서 기장이라고 말한다.

Car Sleeper Train : 자동차와 여행자를 동시에 실어 나르는 열차를 말한다.

Cargo Agent : 항공사를 대리하여 송화인으로부터 화물을 접수하고 화물운송량을 발급하여 운송료를 받도록 허가된 대리점으로 항공사로부터 일정한 수수료를 지급 받는다.

Cargo Compartment : 항공기의 수화실을 말하며 화물전용기에서는 상부 화물실과 하부 화물실을 가리키며, 여객기에서는 객실하층에 설치되어 있는 상부 화물실을 말한다.

Cargo : 항공사에서 화물을 말한다.

Carrier Open Ticket : 여행자가 출발할 때에는 대한항공을 이용했으나 돌아올 때는 아시아나항공 등으로도 올 수 있는 항공권을 말한다.

Carrier : 항공회사를 말한다.

Carrying Capacity : 관광지의 수용력을 말한다.

Cart : 호텔에서 이동식탁을 말한다.

Cash Agent : 항공회사에서 항공권을 배부 받지 못한 대리점으로서 현금과 교환으로 항공권을 수렴하여 여행자에게 판매하는 현금교환대리점을 말한다.

Cash Bar : 호텔에서 손님이 술값을 현금으로 지급하는 연회장 내의 임시 바를 말한다.

Cash Out : 호텔 캐셔가 수행하는 이 절차는 근무 종료 시 당일의 업무를 마감하여 금액 확인 및 결산을 보고하고 직무를 마치는 것을 말한다.

Catering : 파티나 음식서비스를 위하여 식료, 테이블, 의자 기물 등을 고객의 가정이나 특정장소로 출장서비스를 하는 것을 말한다.

Catering : 항공기에 식품류를 조달 및 탑재하는 것을 말한다.

CC TV(Closed Circuit Television) : 폐쇄회로 텔레비전을 말한다.

CCA(Caribbean Cruise Association) : 카리브 해 크루즈협회를 말한다.

CCA(Convention on International Civil Aviation) : 국제항공운수협정을 말한다.

CD(Cut off Date) : 호텔에서 예약자가 행사를 하기로 약정한 지정된 날짜를 말한다.

Certification of performance : 선박의 바다 항해허가서를 말한다.

Chambermaid(=Housemaid) : 호텔의 객실담당 여종업원을 말한다.

Charter Flight : 항공사에서 고객의 요청에 의해서 Deposit을 하여 항공사로부터 비행기를 대절하는 전세항공기를 말한다.

Check In : 공항의 탑승수속, 호텔의 숙박수속을 말한다.

Chef : 호텔이나 식당의 주방장을 말한다.

Child Fare : 항공사에서 유아운임으로 만 2세 이상 만 12세 미만의 승객에게 적용되는 국제선 항공운임을 말한다.

Children's Plaly Room : 공항 내에 마련되어 있는 어린이 놀이터를 말한다.

Cigar Stand : 공항이나 호텔 내의 담배판매대를 말한다.

CIQ(Customs Immigration Quarantine) : 해외 출/입국 때 승객 및 수화물에 대한 정부기관의 확인 및 관리절차로 세관, 법무부, 검역의 첫 글자로 세관, 출입국관리. 검역을 말한다.

City Excursion : 여행자의 시내구경 또는 시내여행으로 City Sightseeing이라고도 한다.

City package : 도시를 관광하는 패키지 투어로 여행사가 운송수단, 숙박, 관광을 모두 알선함을 말한다.

City Tour : 도시 관광으로 대개 자동차로 이동하며 가이드가 안내함을 말한다.

Claim Check : 물건을 맡겼을 때 인수증으로 Check 또는 Claim Tag라고도 말한다.

Class : 항공사에서 항공좌석의 등급을 말한다.

Client : 고객을 말한다.

Cloak Room : 호텔에서 숙박객 이외의 손님의 휴대품을 맡아 두는 곳으로 현관부근, 식당, 연회장 입구 등에 설치되어있다.

Closed Dates(=Full Date, Full House) : 호텔에서 객실이 모두 만실이어서 판매가 불가능한 일자를 말한다.

CMP(Custom Made Package) : 고객참여형 관광 상품을 말한다.

Co-Pilot(=First officer) : 비행 중 기장을 보좌하며 기장의 업무를 대행하는 조종사로서 비행업무 중 항상 기장의 조작을 주시하고 항공교통의 관계 기관과의 무선교신을 담당하며, 기장의 조작이 안전운항에 영향을 줄 정도로 위협하다고 판단될 때는 시정을 건의하여 항공기의 안전운항을 위해 기장을 보좌하는 부기장을 말한다.

Company Account : 항공회사가 지상에서 여행자의 숙박비 등을 부담하는 것을 말한다.

Complaint : 손님의 불편사항을 말한다.

Complimentary on Food : 호텔에서 무료제공음식을 말한다.

Complimentary on Room : 호텔에서 고객에게 객실만을 무료로 제공하는 것을 말한다.

Complimentary Service : 항공사에서 통과여객에 대하여 지상에서 머무르는 시간 동안에 무료로 제공하는 우대서비스를 말한다.

Complimentary : 호텔에서 손님에게 객실 및 식음료를 접대 및 판매촉진을 위해서 무료로 제공하는 것을 말한다.

Concierge : 여성, 남성의 Door Keeper이다.

Conditions of Carriage : 운송약관을 말하며, 항공권 발행에 의하여 여행자와 항공사 간에 체결한 계약이며, 여행자와 운송 항공회사가 된다.

Condominium hotel : 공동단위로 소유권이 되어 있으면서 개인이 일부 또는 전부를 이용하게 되는 호텔을 말한다.

Condominium : 미국의 분양 아파트로 주로 리조트에 건설되어 있는 숙박시설로서 레저시설을 갖추고 있다.

Conductor Free : 호텔에서 일정한 수의 객실을 사용하는 단체 고객 중 한 사람에게 무료로 객실을 제공하는 것을 말한다.

Conference Call : 외부에서 걸려온 전화로 객실 또는 구내 각 부서로 연결해서 통화할 때 사용되는 통화로서 세 사람 이상의 통화가 한 번에 가능한 것을 말한다.

Conference Center : 큰 회의장을 갖춘 건물을 말한다.

Confirmation Slip : 확정서, 예약확인을 증명하는 문서를 말한다.

Confirmed Reserved Space : 예약 장소 확인을 말한다.

Confirmed Ticket : 항공사에서 예약 확정된 항공권을 말한다.

Conjunction Itinerary : 여행 전체가 연결되어 있는 일정을 말한다.

Conjunction Ticket : 한 권의 항공권의 기입 가능한 구간은 4개 구간이므로 그 이상의 구간을 여행할 때에는 한 권 이상의 항공권으로 분할하여 기입한다. 이들은 일련의 항공권을 말하며, 각각의 항공권 상에 다른 항공사의 항공권 번호를 기입하는 것을 말한다.

Connecting Flight : 연결항공편, 여행 중 비행기를 갈아타게 됨을 말한다.

Connecting passenger : 연결 승객, 여행 중간지점에서 한 항공편에서 내려서 다른 항공편으로 갈아타는 승객을 말한다.

Connecting point : 공항에서 항공기와 항공기 간에 연결되는 연결지점을 말한다.

Connecting Room : 호텔의 객실과 객실 사이에 연결된 문이 있으며 서로 열쇠가 없이 객실 내에서 드나들 수가 있어 가족여행이나 단체여행에 편리한 여행을 말한다.

Connection Time Interval : 여객의 여정에 연결편이 있을 때 연결지점에 도착하여 다음 목적지까지 가기 위한 연결항공편을 갈아타는 데 필요한 시간을 말한다.

Consul General : 총영사를 말한다.

Consulate : 비자를 발급 받을 수 있는 기관으로 영사관을 말한다.

Consul : 비자를 발급해 주는 사람으로 영사를 말한다.

Contractor : 계약자 또는 하청업자를 말한다.

Cork Age Charge : 호텔에서 손님이 식당이나 연회장 이용 시 술을 별도로 가져 올 경우 글라스, 얼음 등을 서비스로 제공해 주고 판매가의 30~50% 정도를 받는 요금을 말한다.

Courier : 직업적인 여행, 수행원을 말한다.

CP(Continental Plan) : 유럽에서 일반적으로 사용되는 제도로 객실요금에 아침식사대만 포함되어 있는 요금 지급방식을 말한다.

Credit Limit : 신용한도를 말한다.

Crew : 항공사에서 승무원을 말한다.

CRS(Computer Reservation System) : 항공사가 사용하는 예약전산시스템으로 단순 예약기록의 수록/관리뿐만 아니라 각종 여행정보의 자료를 수록하여 정확하고 광범위한 대고객 서비스를 가능케 해 주며 항공사 수입을 극대화시킬 수 있는 컴퓨터 예약시스템을 말한다.

CRT(Cathode Ray Tube) : 컴퓨터에 연결되어 있는 전산장비의 일종으로 TV와 같은 화면과 타자판으로 구성되어 있으며, 메인 컴퓨터에 저장되어 있는 정보를 즉시 디스플레이 해 보거나 필요시 Input도 할 수 있는 것을 말한다.

CT(Circle Trip) : 전 여정을 계속 항공편으로 이용하여 최초 출발지로 다시 돌아오는 여정 중 왕복여정의 개념으로 간주되지 않는 여정을 말하며 일주 여정이라 한다.

Cultural Tourism : 문화관광을 말한다.

Current Day's Reservation : 관광사업체에서 당일 여행을 말한다.

Customs Declaration Form : 여행자가 출/입국 때 통관물품을 작성하기 위한 세관신고서를 말한다.

Customs Declaration : 세관신고를 말한다.

Customs Inspection : 여행자의 통관물품에 대한 세관검사를 말한다.

Customs Officer : 여행자의 출/입국 때 물품을 검사하는 세관사 또는 세관원을 말한다.

CXL(Cancellation) : 항공좌석이나 여행상품의 예약 취소를 말한다.

[D]

Daily Menu : 식당의 전략메뉴라 할 수 있는 식단으로 매일 시장에서 나오는 특별재료를 구입하여 조리의 기술을 최대로 발휘하여 고객의 식욕을 자극할 수 있는 메뉴를 말한다.

Daily Pick Up Guest : 호텔에서 당일 예약을 원하는 고객은 예약실에서 처리하는 것이 아니라 일반적으로 호텔 프런트에서 당일의 객실상황을 파악하여 판매 가능한 객실을 예약 없이 방문하는 고객에게 판매하는데, 이러한 판매 가능한 객실을 당일에 구매하는 고객을 말한다.

Damages : 손해배상금을 말하며, 여행 중에 여행자에게 또는 여행자로부터 당하는 손해를 말한다.

Day Excursion : 당일에 돌아오는 여행으로 Day Trip이라고도 말한다.

Day Rate : 호텔에서 주간 객실료를 말하며, 호텔의 객실을 낮 시간 동안 사용한 데 대한 할인요금을 말한다.

Day Tripper : 당일 여행자를 말한다.

Day Use : 호텔의 객실사용 시간요금으로 24시간 미만의 투숙객 혹은 이용객에게 시간별로 부과하는 객실료를 말한다.

Day Workers : 주간 근무자를 말한다.

DBC(Denied Boarding Compensation) : 해당 항공편 초과예약이나 항공사 귀책사유로 인해 탑승 거절된 승객에 대한 보상 제도를 말한다.

DCS(Departure Control System) : 공항에서의 여행자의 탑승 수속 및 탑승관리업무의 전산화시스템을 말한다.

DD(Don Not Disturb)Card : 호텔의 투숙객 손님이 종업원의 출입을 제한하는 표시로 방 바깥문에 걸어두는 표시를 말한다.

DDD(Direct Distance Dialing) : 직접 다이얼 통화를 말한다.

Deadline : 최종기한, 마감시간이란 말로 여행의 모집기한이나 운임 등의 지급기한에 쓰인다.

Delay : 항공기의 지연을 말한다.

Delivery : 배달, 여행업계에서는 여행자를 어느 지점부터 어느 지점에 이송하는 것,

여행자에게 표나 서류를 전달하는 것에 쓰이고 있다.

Deluxe : 호화롭거나 최고 수준을 말한다.

Demand : 수요, 소비자가 사려는 관광제품의 양을 말한다.

Departure Tax : 공항에서 출국하기 위해서 납부하는 출국세를 말한다.

Departure : 항공기의 출발을 말한다.

DEPO(Deportee) : 합법 또는 불법을 막론하고 일단 입국한 후 관계 당국에 의해서 강제로 추방되는 승객을 말한다.

Deposit Reservation : 관광사업체에 예약 후에 지급하는 예약보증금을 말한다.

Deposit : 여행사가 항공사로부터 좌석의 확보를 위해 미리 예치하는 예치금을 말한다.

DEST(Destination) : 항공권 상에 표시된 여정의 최종 도착지를 말한다.

DET(Domestic Escorted Tour) : 국내 패키지여행 안내를 말한다.

DFS(Duty Free Shop) : 세금이 포함되지 않은 물건을 파는 면세점을 말한다.

Did Not Arrive : 예약했던 고객이 호텔에 나타나지 않는 경우와 예약 후 전화로 취소하는 경우를 말한다.

Dining Car : 철도사업의 부대사업으로 기차여행객을 대상으로 열차의 한 칸에 간단한 식당설비를 갖추어 간단하고 저렴한 식사를 취급하는 식당을 말한다.

Direct Flight : 비행기의 직행 또는 목적지까지 중간에 경유해서 비행하는 것을 말한다.

Distance : 여행의 거리 또는 교통기관의 노선거리를 말한다.

DIT(Domestic Independent Tour) : 국내 포함 여행의 국내여행으로 일체를 미리 지급하고 하는 여행을 말한다.

Diversion : 목적지의 기상 불량 등으로 다른 비행장에 착륙하는 것으로 목적지 변경을 말한다.

DM(Direct Mail) : 공급업자 측에서 보다 많은 고객유치 및 고객관리를 위해서 가정, 회사, 각종 사회단체 등에 내용물을 첨부하여 우편물로 발송하는 것을 말한다.

Domestic Air Carrier : 국내항공사(미국). 미국 50개 주 내에서 활동하는 항공사를 말한다.

Domestic Fare : 항공사에서 국내운임을 말한다.

Domestic Tourism : 국내(국민)관광을 말한다.

Domestic Tour : 내국인의 국내여행을 말한다.

Domestic : 항공사에서 국내선을 말한다.

Door-Prize : 모임에 온 손님에게 추첨을 통해 주는 경품을 말한다.

Double Booking : 여행자들의 항공좌석이나 여행상품의 중복예약을 말한다.

Double Occupancy : 호텔에서 객실에 두 사람이 투숙하는 것을 말한다.

Down Grading : 등급을 변경, 항공사나 호텔의 사정에 의해서 예약 받은 것보다 좌석이나 객실을 상위 등급에서 하위등급으로 변경하는 것을 말한다.

Drive In : 레스토랑의 넓은 정원에 자동차를 타고 들어가 차내에서 요리를 주문하여 먹을 수 있는 것을 말한다,

Dry Charter Flight : 승무원을 포함히지 않고 항공기만을 전세 내는 것을 밀한다.

Duplicate Booking : 항공사에서 동일의 여행자가 동일 노선에 1회의 여행에 대하여 두 번 이상으로 중복하여 예약되어 있는 것을 말한다.

[E]

E/D(Embarkation/Disembarkation)Card : 여행자가 출/입국 시 기록하는 출입국기록카드를 말한다.

Early Arrival : 호텔에서 예약한 일자보다 일찍 호텔에 도착한 고객을 말한다.

EATA(East Asia Travel Association) : 동남아시아의 관광진흥을 목적으로 하여 설치된 공동 관광선전기관으로 동아시아지역 8개국의 관광기관이 협력 제휴하고 공동선전을 행하기 위한 기관으로서 1966년에 발족하였다. 회원은 대만, 홍콩, 한국, 마카오, 태국, 싱가포르, 일본이며 사무국은 동경에 있다.

EC(European Community) : 유럽공동체를 말한다.

Economy Class : 항공등급으로 보통운임중의 한 종류로 First Class보다 한 등급 낮다.

Embargo : 항공사가 특정 구간에 있어 특정 여객 및 화물에 대해 일정기간 동안 운송을 제한 또는 거절하는 경우를 말한다.

Embarkation Tax : 외국으로 나갈 때 지급하는 출국세를 말한다.

Emergency Exit : 호텔에서 화재나 긴급한 상황이 발생했을 때에 피해 나갈 수 있도록 만들어 놓은 비상구를 말한다.

ENDS(Endorsement) : 항공회사 간의 항공권의 권리를 양도하기 위한 이서를 말한다.

Entrance Fee : 여행자가 여행지를 관광할 때 내는 입장료를 말한다.

Entry Visa : 여행자가 외국에 들어갈 때 제시하는 입국 비자를 말한다.

Escorted Tour : 단체를 따라가서 시중드는 인솔자가 있는 여행을 말한다.

ETA(Estimated Time of Arrival) : 비행기의 예정도착시간을 말한다.

ETD(Estimated Time of Departure) : 비행기의 예정출발시간을 말한다

Excess Baggage Charge : 항공사에서 초과수화물에 대한 요금을 말한다.

Excess Baggage : 항공사에서 무료 수화물 허용량을 넘은 초과수화물을 말한다.

Exchange Rate : 환율을 말한다.

Excursion Fare : 특별할인요금을 말한다.

Excursion : 당일여행을 말하다.

Excursionist : 당일여행자를 말한다.

Executive class : 대한항공의 1등석과 2등석, 1등석과 3등석 중간에 존재하는 class.

Executive Floor : 세계적 수준의 최고급 서비스를 제공하는 호텔의 객실 층을 말한다.

Expired Ticket : 국제 항공권의 유효기간은 발행일로부터 1년 또는 여행을 개시한 후 1년으로서 이 유효기간을 넘은 항공권을 말한다.

Extension Visa : 여행자의 연장비자를 말한다.

Extra Flight : 비행기의 임시항공편을 말한다.

Extra Section Flight : 항공사에서 정기편 이외의 부정기편을 말한다.

[F]

FAA(Federal Aviation Administration) : 1958년 8월 1일 미국 내에 설치된 조직으로 항공기재, 공항, 항공관제 등 운항에 관련된 감독을 실기하는 미국 연방 항공청을 말한다.

Familiarization Fate : 호텔에서 가족 숙박객을 위하여 객실, 식음료 등을 할인한 요금을 말한다.

Family Hotel : 저렴한 가격의 가족단위 숙박형태로 공동 취사장이나 가족단위의 개별 취사 시설을 갖추고 옥내/외 운동시설을 갖춘 가족호텔을 말한다.

Family name : 여행자의 성을 말한다.

Family Plan : 호텔에 부모와 같이 객실을 사용하는 14세 미만의 어린이에게 적용되는 제도로 Extra Bed를 넣어주고 요금은 징수하지 않는다.

Family Restaurant : 어린이 놀이시설 등을 갖추고 있는 가족 단위의 식당을 말한다.

Fare Adjustment : 항공사에서 운임 정산을 말한다.

Farm and Ranch Tour : 농장여행을 말한다.

Fast Food : 간단하게 먹을 수 있는 편의식을 말한다.

FBA(Free Baggage Allowance) : 무료 수화물 허용량을 말한다.

FDR(Flight Engineer) : 비행자료 기록 장치를 말한다.

Fees : 여행지의 입장료를 말한다.

FET(Foreign Escorted Tour) : 외국 포함 여행. 일체 경비를 사전에 지급함을 말한다.

Final Itinerary : 최초 여행일정으로 여정 안의 단계부터 행선지를 결정하고 항공에 출발/도착시간과 호텔 예약, 버스 예약 등 모두 결정하고 최종적으로 정해진 여정을 말한다.

First Class : 항공사에서 일등석을 말한다.

First Name : 여행자의 이름을 말한다.

FIT(Foreign Independent Tour) : 개인으로 움직이는 여행 및 여행자로서 원래는 개인 또는 소수인으로 탑승원이 함께 앉는 여행에 대한 호칭이었지만, 현재는 외국인 개인여행자를 말한다.

Flight Attendant : 항공사에서 접객승무원을 말한다.

Flight Coupon : 항공권의 일부로서 여행자가 탑승하는 구간을 표시하는 것이며 탑승 수속 시 공항에서 탑승권과 교환되는 것을 말한다.

Flight Meals : 항공사에서 기내식을 말한다.

Flight Number : 항공편을 말한다.

Flight Operation : 항공사에서 비행기의 운항을 말한다.

Flight Portion : 항공사에서 고객의 탑승구간을 말한다.

Flight Time : 항공사에서 비행시간을 말한다.

Fly Drive package : 여행사에서 항공과 지상교통의 상품을 말한다.

FNPL(Fly Now Pay Later) Plan : 항공사에서 운임 후불제를 말한다.

FOC(Free Or Charge) Ticket : 항공사에서 제공되는 무료 항공권을 말한다.

Follow Up : 여행사에서 여권, 비자 등의 수송 업무에 대해서 계속해서 업무가 추진되는 상황을 재확인할 때 쓰인다.

Foot Tours : 도보여행을 말한다.

Foreign Currency Proceeds Ratio : 외화가득률을 말한다.

Forum : 토론내용이 자유롭고 문제에 관하여 진지한 평가나 의견교환을 하는 공개토론 형식을 말한다.

Forward Seat : 항공기 내에서의 앞쪽의 좌석을 말한다.

FP(Full Pension) : 하루 세끼 식사가 포함된 호텔요금을 말한다.

Fragile Tag : 고객이 물품보관소에 수화물을 보관할 경우에 깨지고 부서지기 쉬운 물품의 취급에 주의를 요하는 표지를 말한다.

Fragile : 공항에서 수화물 탁송 시 깨지기 쉬운 수화물에 붙이는 꼬리표를 말한다.

Free Pick Up Service : 호텔에 투숙하는 손님에 한하여 차량제공, 마중 등이 무료로 제공되는 서비스를 말한다.

Free Sale Agreement : 타 항공사의 좌석상황에 관한 정보의 교환 없이 사전에 약정된 조건에만 부합되면 승객에게 해당 항공편에 대한 좌석예약을 즉석에서 해 줄 수 있도록 항공사간 체결한 상호협정을 말한다.

Free Tax Items : 면세상품을 말한다.

Frequent Flyer : 항공사에서 상용고객을 말한다.

Frequent Guest : 관광사업체에서 단골고객을 말한다.

Frequent Travelers : 항공사에서 상용여행자를 말한다.

Front : 호텔의 현관을 말한다.

Full Booking : 관광사업체에서 예약이 꽉 찼음을 말한다.

Full Charge : 관광사업체에서 정상요금을 말한다.

Full Cost : 총원가를 말한다.

F&B(Food and Beverage) : 호텔에서 식음료를 말한다.

[G]

Galley : 항공기내의 주방을 말한다.

Gap : 여행자의 여행일정 중 항공 이외의 교통수단을 이용하여 여행하는 부분을 말한다.

Gate Lounge : Immigration을 통과한 공항 내의 탑승구로 여객대합실을 말한다.

Gateway : 한 국가 또는 지역의 첫 도착지 또는 마지막 출발지의 관문을 말한다.

Gate : 승객이 비행기를 타기 위한 탑승구를 말한다.

GD(General Declaration) : 항공기 출항허가를 받기 위해 관계기관에 제출하는 서류의 하나로 항공편의 일반적 사항, 승무원 명단과 항공기 운항상의 특기사항이 기록되어 있다.

Gift Shop : 기념품점을 말한다.

GIT(Group Inclusive Tour) : 단체포함 여행, 사전에 일체 경비를 지급하는 단체여행을 말한다.

Give Away : 항공사에서 판매촉진을 위한 경품 등의 무료 판촉물을 말한다.

GMT(Greenwich Mean Time) : 영국 런던 교외 그리니치를 통과하는 자오선을 기준으로 한 그리니치 표준시를 0시로 하여 각 지역 표준시와의 차를 시차라고 한다.

Go Show Passenger : 만석 혹은 요금상의 제한 등에 의하여 예약할 수 없는 여행자가 만약 좌석이 생기면 탑승하려고 공항 탑승수속 카운터에 대기하여 좌석상황에 따라 좌석을 배정 받게 되는 잠재적인 유상승객을 말한다.

Grand Master Key : 호텔의 전 객실을 다 열 수 있는 열쇠를 말한다.

Grand Tour : 기간이 더 길거나 상대적으로 호화로운 여행을 말한다.

Gratuity : 팁, 봉사료를 말한다.

Grill : 일반적으로 일품요리를 취급하며 아침, 점심, 저녁의 구별 없이 영업을 하며 값도 저렴한 식당을 말한다.

Ground Arrangement : 지상 수배를 말한다.

Group Fare : 항공사에서 항공요금을 정할 때 단체요금을 말한다.

Group Leader : 여행사에서 단체인솔자를 말한다.

Group Planner : 단체여행 안내책자를 말한다.

Group Ticket : 단체로 형성된 티켓을 말한다.

Group Travel : 여행사에서 단체여행을 말한다.

Group : 단체관광객을 말한다.

GSA(General Sales Agent) : 해외에서 자사의 판매활동이 충분하지 않을 경우 다른 항공사 혹은 대리점을 지정하여 대리점에 대한 지도 및 홍보선전활동, 정부와의 교섭창구를 위임한 총판매 대리점을 말한다.

GT(Ground Time) : 한 공항에서 어떤 항공기가 Ramp-in해서 Ramp-out하기까지의 지상체류시간을 말한다.

GTR(Government Transportation Request) : 공무로 해외여행을 하는 공무원 및 이에 준하는 사람들에 대한 운임할인 및 우대서비스로 공무항공 여행의뢰라고 말한다.

Guest Control File : 관광사업체에서의 고객관리를 말한다.

Guest Count : 호텔에 투숙한 손님의 수를 말한다.

Guest Cycle : 고객 행동주기. 도착, 숙박, 출발 등의 고객의 일련의 행동을 말한다.

Guest House : 여행자용 숙소로 저렴한 요금과 간단한 시설이 갖추어져 있는 숙박업을 말한다.

Guide Book : 여행안내 책자로 숙박지, 교통, 식당 등의 관광정보가 소개된 책자를 말한다.

Guide Tour : 여행사에서 안내하는 여행을 말한다.

Guide : 여행을 안내하는 안내자를 말한다.

GW(Gross Weight) : 항공기에 탑재 가능한 총중량을 말한다.

[H]

Half Pension : 침대, 아침식사와 한 번의 식사를 제공하는 호텔요금을 말한다.

Hand Carrier : 항공기 기내의 반입을 말한다.

Hand Carr Baggage : 기내에 가지고 들어갈 수 있는 휴대 수화물을 말하며, 파손의 우려가 있는 것, 귀중품 등 의탁하지 않고 여행자 자신이 기내에 가지고 들어갈 수 있는 수화물을 말하며 부피와 수량에 제한을 받는다.

Head Office Count : 호텔에서 실제 서브되는 인원수에 해당되는 식사 수를 말한다.

Head Office : 본사를 말한다.

Health Resort : 건강을 위한 보양지를 말한다.

Health Tourism : 보양관광을 말한다.

High Season : 여행사나 항공사, 호텔에서 성수기를 말한다.

Highway Hotel : 자동차여행자를 대상으로 한 고속도로변에 있는 숙박시설을 말한다.

Hijacking : 항공기 납치를 말한다.

Home Catering : 출장파티를 말한다.

Honeymoon Package : 패키지 신혼여행을 말한다.

Hospitality Industry : 환대산업을 말한다.

Host Carrier : 자기네 컴퓨터 예약시스템을 여행사 직원에게 판매하는 항공사를 말한다.

Host Country : 관광 수용국을 말한다.

Hostel : 도보나 자동차여행자를 위한 값이 싼 숙박시설을 말한다.

Host : 여행사에서 여행의 주최자 또는 주인을 말한다.

Hotel Voucher : 호텔숙박권을 말한다.

House Phone : 호텔의 로비 등에 놓여있는 구내전용 전화를 말한다.

HST(Hiper Sonic Trasport) : 극 초음속여객기를 말한다.

[I]

IACA(International Association of Civil Airport) : 국제민간 공항협회를 말한다.

IATA(International Air Transport Association) : 세계 각국 민간항공회사의 단체로 1945년 4월에 아바나에서 결성되었다.

ICAO(International Civil Aviation Organization) : 국제민간항공협정에 의하여 1947년에 성립한 국제민간항공기구이다.

ICT(Inclisive Condicted Tour) : 여행상품에 여행사의 인솔자가 따라가는 포괄여행을 말한다.

ICTA(Institute of Certified Travel Agents) : 여행업자의 전문적 직업으로서의 중요성을 강조하고 그 지위를 높이기 위해 미국 미시간 주립대학에 설립되어 있는 공인 여행업자회를 말한다.

ID(Identification) Card : 개인 신분증을 말한다.

IHA(International Hotel Association) : 국제호텔협회를 말한다.

IIT(Incentive Independent Tour) : 여행사에서 안내원이 없는 포괄여행을 말한다.

Immigration Control : 출입국에 대한 통제를 말한다.

Immigration : 공항에서 출입국 심사를 말하는데, 법무부 출국심사 시 탑승권, 여권, 출입국신고서를 제출하면 여권 및 유효심사, 체류기간/출국금지, 정지여부 확인심사, 출국신고서 기재사항 확인과 같은 내용의 심사를 거쳐 여권 및 출입국 신고서에 심사인을 날인하여준다.

In Flight Food : 항공사에서의 기내식을 말한다.

In Flight Meals : 항공사에서의 기내식을 말한다.

In Flight Sales : 항공사에서의 기내판매를 말한다.

In Flight Service : 항공사에서의 기내서비스를 말한다.

In Room Beverage Service Systems : 호텔의 객실 내 음료서비스 시스템을 말한다.

In Flight Movie : 항공사에서 기내용 영화를 말한다.

In Flight : 기내의, 비행중이라는 뜻을 말한다.

Inadmissible Passenger : 사증 미소지자, 여권 유효기간 만료자, 사증목적 외 입국자 등 입국자격 결격사유로 입국이 거절된 자를 말한다.

Inbound : 여행사에서 외국인의 국내여행을 말한다.

Incapacitated passenger : 승객 육체적, 의학적 또는 정신적 상태가 비행편의 탑승/하기 때나 비상대피 및 Ground Handling 시에 일반승객에게는 제공되지 않는 개인적인 도움을 필요로 하는 승객을 말한다.

Include : 총여행경비에 여행조건들이 세부적으로 명시되어 포함되는 것을 말한다.

Independent Charter Flight : 정기편 외의 항공기를 전세 내는 경우를 말한다.

Independent Hotel : 단독경영 호텔을 말한다.

Individual Tour : 여행사에서 개인여행자를 말한다.

Infant Fare : 항공사에서 유아 운임으로 만 2세 미만의 국내선 또는 국제선 항공운임을 말한다.

Initial Carrier : 최초 항공회사를 말한다.

Inn Keeping : 숙박업을 말한다.

Inn : 숙박업의 일종으로 여인숙을 말한다.

Inside Call : 호텔 내부에서 교환대를 통하는 내부전화를 말한다.

Insurance Surcharge : 승객이 항공권 구입 시 항공요금에 포함되는 전쟁 보험료를 말한다.

Inter-Line Point : 여객이 연결지점까지 여행한 항공사와 다른 항공사 비행편으로 계속 여행하려는 경우, 해당 비행편을 갈아타려고 예정한 장소를 말한다.

International Call : 국제전화를 말한다.

International Date Line : 국제날짜 변경선을 말한다.

International Driving Permit : 국제운전면허증을 말한다.

International Passenger Manual : 국제선 여객판매, 운송 및 관련업무를 수행하는데 필요한 제반 업무처리 절차 및 규정을 수록한 규정집을 말한다.

International Tourist : 국제관광객을 말한다.

IT(Incentive Tour) : 여행사에서 보상여행을 말한다.

IT(Inclusive Tour) : 미리 수배된 포괄 일주여행으로 항공운임, 호텔, 식비, 여행비 등이 정해져 판매되는 패키지 투어를 말한다.

Itinerary Change : 항공여정이나 여행상품의 일정변경을 말한다.

Itinerary : 여객의 여행 개시부터 종료까지의 GAP을 포함한 전 구간을 말한다.

IUOTO(International Union of Official Travel Organization) : WTO의 전신으로 국제연합관광기구를 말한다.

IYHF(International Youth Hostel Federation) : 국제유스호스텔연맹을 말한다.

[J]

JNTO(Japan National Tourist Organization) : 일본관광진흥청을 말한다.

Jockey Service : 호텔의 현관서비스의 일종으로 호텔에 고객의 차가 도착하면 직원이 직접 운전하여 전용주차장에 주차해 주는 서비스를 말한다.

Joint Operation : 항공사 간에 영업효율을 높이고 모든 경비의 합리화를 도모하기 위해 항공사 간에 공동운항을 행하는 것을 말한다.

JTB(Japan Travel Bureau) : 일본 최대의 여행사인 일본교통공사를 말한다.

Junior Suite : 호텔 내에 응접실과 침실을 구분하는 칸막이가 있는 큰 객실을 말한다.

Junket : 공금으로 하는 호화유람여행을 말한다.

[K]

KAL(Korean Airline) : 항공사인 대한항공을 말한다.

KE Portion : 항공사의 여정에서 대한항공 구간을 말한다.

KE Share : 대한항공과 또 다른 항공사가 제휴로 한 지역을 공동 운항할 때 좌석에 대한 대한항공의 몫을 말하다.

Keep Room : 호텔에서 손님에 의해 이미 예약되어 있는 객실을 말한다.

Key Rack : 호텔에서 각 객실의 열쇠를 넣어 두는 상자를 말한다.

Key Tag : 호텔에서 열쇠의 분실 방지와 보관, 분리를 위해서 열쇠를 묶는 끈이 장치를 말한다.

King Size Bed : 호텔에서 가장 큰 침대규격을 말한다.

KNTO(Korea National Tourism Organization) : 한국관광공사를 말한다.

[L]

Land Arrangements : 여행자가 외국의 여행목적지에 도착해서 그 나라를 떠날 때까지의 사이에 tour operator나 여행업자에 의해서 제공되는 모든 수배 및 서비스를 말한다.

Land Operator : 여행의 현지 지상 수배를 전문으로 하는 자를 말한다.

Layover : 일시적인 체류를 말한다.

Leisure Industry : 레저산업을 말한다.

Local Agent : 여행을 가고자 하는 행선지의 여행 업자를 말한다.

Local Call : 시내전화를 말한다.

Local Mean Time : 지방시간으로 현지 표준시를 말한다.

Local Time : 현지 시간을 말한다.

Lodging Business : 숙박업을 말한다.

Long Distance Call : 시외전화 혹은 국제전화를 말한다.

Lost and Found Office : 공항이나 호텔에서 손님의 분실물 습득 및 신고센터를 말한다.

Lost : 분실을 말한다.

Lounge : 국내도 외국도 아닌 비행기를 타기 직전에 대기하는 장소를 말한다.

Luggage : 수화물을 말한다.

[M]

MAA(Motel Association of America) : 미국 모텔연합을 말한다.

Make Up Room : 호텔에서 청소가 완료된 방을 말한다.

MCT(Minimum Connecting Time) : 어떤 공항에서 연결 항공편에 탑승하기 위해 소요되는 최소한의 시간으로 최저 연결소요시간을 말한다.

Meat and Assist : VIP, CIP 또는 특별취급이 필요한 승객에 대한 공항에서의 영접 및 지원업무를 말한다.

Meeting Service : 공항에서 승객의 출입국에 대한 제반업무의 서비스를 말한다.

Mega Event : 관광사업체에서 대규모 행사를 말한다.

Mega Hotel : 초대형 호텔을 말한다.

Mini Cruise : 단거리 주유 유람선을 말한다.

Mini Holidays : 단기 휴가를 말한다.

Minimum Stay : 최소 허용 체류기간을 말한다.

Minimum Tour Price : 최소 여행경비를 말한다.

Ministry of Culture and Tourism : 문화관광부를 말한다.

MIP(Most Important Person) : VIP보다 한 단계 더 중요한 고객을 말한다.

Miss Connection : 항공사의 고객이 최종목적지까지 가기 위해서 중간에 비행기를 갈아타야 하나 여러 가지 사정에 의해서 연결편을 놓침을 말한다.

Missing : 공항에서 수화물의 분실사고를 말한다.

Money Exchange : 여행경비의 환전을 말한다.
Motel : 자동차여행자용 숙박시설을 말한다.
Motion Sickness : 비행기 멀미, 차멀미, 뱃멀미 등 탈것의 멀미를 말한다.
Motor Coach : 관광객이 이용하는 대형버스를 말한다.
Motor Hotel : 모텔과 유사하지만 보다 더 호화스러운 시설을 갖추고 있는 숙박시설을 말한다.
MPM(Maximum Permitted Mileage) : 항공사에서 최대허용마일 수를 말한다.
Multiple Airport City : 두 개소 이상의 공항이 있는 도시를 말한다.
Multiple Visa : 복수용 사증으로 그 나라에 일정기간 내라면 몇 번이라도 입/출국할 수 있는 사증을 말한다.

[N]

Name Change : 성명변경을 말한다.
National Tourism : 내국인의 국내여행으로 국민관광을 말한다.
Net Fare : 항공료나 여행상품의 가격에서 수수료를 뺀 원가를 말한다.
Net Net : 순익, 가산액이나 수수료를 제외한 실제비용을 말한다.
No Flight : 항공편이 없음을 말한다.
No Show : Mis-connection 이외의 이유로서 여객이 예약의 확약된 좌석을 취소를 하지 않고 확약된 편에 탑승하지 않는 것을 말한다.
No Smoking Industry : 관광산업을 말할 때 굴뚝 없는 산업이라고 한다.
No Tax Card : 국내에 거주하는 외교관 및 그 가족에게 국내법에 인정하는 외교 면세혜택을 받기 위해 외무부 장관이 발급한 증명서로 면세카드를 말한다.
No Visa : 외국을 여행할 때는 목적에 따라 비자를 받아야 하나, 비자없이 통과할 수 있는 무사증을 말한다.
Non Endorsable : 항공사에서 Carrier, 여정, 예약, 시간 등의 변경 불가를 말한다.
Non Revenue Passenger : 무임 탑승 여행자를 말한다. 특별히 무료로 여행할 수 있도록 계약된 사람들로서 대부분 항공사 직원들이 많이 이용한다.
Non Smoking Area : 공항 내의 지역에서 금연구역을 말한다.
Non Stop : 목적지까지 중간 경유지 없이 비행하는 것을 말한다.

Non- Passenger : 여객 정상편도 적용운임의 25% 미만을 지급한 승객으로 무상 승객이라고 말한다.

Normal Fare : 비수기 이외에 적용되는 보통요금을 말한다.

Not Good For Passage : 운송을 위해서는 유효한 것이 아님을 표시한 것을 말한다.

Notice To Airman : 운항에 관련된 요원이 적시에 필수적으로 알아야 하는 항공관련 시설, 서비스절차 혹은 위험 등의 시설, 현황, 변경 등의 항공고시보를 말한다.

Notice : 알림 또는 주의사항을 말한다.

NRC(No-Record) : 승객이 예약이 확약된 티켓을 제시하였으나 항공사 측에서 예약을 받은 기록이나 확약된 예약기록이 없는 상태를 말한다.

Number of Guests : 호텔에서 하루에 객실 이용 인원을 말한다.

[O]

OAA(Orient Airlines Association) : 1966년에 설립되었으며, 사무국은 마닐라에 있으며, 동남아지역 항공사가 가입하고 있으며 이 지역 내 항공운송상의 모든 문제에 대해 협의, 해결을 담당하는 아시아 항공엽합을 말한다.

OAG(Official Airline Guide) : 전 세계의 국내, 국제선 시간표를 중심으로 운임, 통화, 환산표 등 여행에 필요한 자료가 수록된 간행물로 항공안내서를 말한다.

Obligatory Service : 항공사의 잘못으로 인해 항공기가 정상적으로 운항되지 못할 경우 승객에게 필수적으로 제공되어야 하는 의무 서비스를 말한다.

Occupied : 호텔에서 손님이 현재 객실을 사용 중임을 말한다.

Off Season : 관광사업체에서 비수기를 말한다.

Official Tour : 공무상으로 떠나는 공무여행을 말한다.

OJT(Open Jaw Trip) : 일주 또는 왕복여정으로 출발지가 같고 목적지에 있어서 항공기를 사용하지 않고서 두 지점 간을 이용하는 여행을 말하며, 또는 출발지와 기착지가 다른 여행으로 각기 왕복운임을 쓸 수 있는 여행을 말한다.

On-Line City : 항공기가 정기적으로 운항하고 있는 노선 또는 도시를 말한다.

Ondol Room : 한국 고유의 객실로서 일반가정과 같이 방바닥이 온돌형태로 한국의 정취를 느끼게 하는 객실이다.

one Way Fare : 편도운임을 말한다.

One Way Trip : 편도여행을 말한다.

One Way : 편도를 말한다.

Open Ticket : 승객이 여행일자나 탑승항공사가 결정되지 않은 상태에서 여행 구간만 확정된 경우에도 항공권 발행이 가능하며, 이 경우 발행되는 항공권의 예약란에 Open이라고 기재해야 하며 승객이 해당구간을 여행하고자 할 경우에 예약을 하고 이용하는 항공권을 말한다.

Operation : 항공기의 운항을 말한다.

Optional Tour : 임의관광으로서 미리 정하지 않고 필요에 따라 선택하는 관광을 말한다.

Oral Declaration : 세관 검사 시 서면으로 휴대품 등에 대해서 신고하는 일이 없이 세관직원의 물음에 구두로 답하는 것만으로 끝내는 검사 제도를 말한다.

Organized Tour : 단체여행을 말한다.

Organizer : 특정의 단체여행을 조직하거나 참가자를 모집하는 조직인을 말한다.

ORGN(Origin) : 항공권 상에 표시된 전체 여정의 최초 출발지를 말한다.

Orientation : 여행출발 전이라든가 최초의 목적지 있어서 여행업자가 여행자를 위해 여행에 관해 설명하는 것을 말한다.

OT(Optional Tour) : 관광사업체에서의 선택 관광을 말한다.

Outbound Traveler : 해외여행자를 말한다.

Outbound Tour : 내국인의 외국여행을 말한다.

Outbound Travel : 해외여행을 말한다.

Over Charge : 객실 사용기간 초과요금, 즉 체크아웃 시간을 기준으로 하여 일정시간을 초과함에 따라 적용되는 요금이다.

Over Collection : 부당한 사유에 의해서 부과하는 과징금을 말한다.

Over Flight : 예정된 항로에서 중간지점에 멈추지 않는 항공편을 말한다.

Over Night Stay : 1박하는 일로 Part Day에 대응하는 용어이다.

Over Stay : 예약상의 체류기간을 초과하여 체류를 연장하는 손님을 말한다.

Over-Weight Baggage : 항공사에서 초과화물을 말한다.

Overland Pass : 그 나라의 출입국 관리법에 기본을 두고서 배로 그 나라를 방문하는 외국인에 대해 그 배가 그 나라의 다른 항에서부터 출발할 때까지의 사이에 관광을 위하여 육로를 여행할 것을 희망하는 경우에 신청에 의하여 발급되는 통과상륙 허가서로 비자를 취득하고 있지 않더라도 일정기간의 체재가 허가된다. 단, 그 배는 입국관리 당국으로부터 사전에 관광선의 지정을 받는 것이 통례이다.

Overnight Bag : 작은 여행용 가방을 말한다.

[P]

PAC(Passenger Agency Committee) : IATA에 가입한 여객 대리점 위원회를 말한다.

Package Tour : 여행사가 주최가 되어 여행출발일, 기간, 요금, 교통, 숙박, 관광, 식사 등의 일체의 경비를 포함한 여행을 말한다.

Paid Call : 요금통화신청자 지급 통화를 말한다.

Paid : 요금의 지급이 끝난 상태를 말한다.

Participation Tourism : 고객이 직접 참여하는 참여관광을 말한다.

Passenger Coupon : 항공권의 마지막 Page의 장을 말한다.

Passenger Fare : 항공사에서 여객운임을 말한다.

Passenger List : 항공사에서 탑승객의 명단을 말한다.

Passenger Load Factor : 항공사에서 승객의 좌석이용률을 말한다.

Passenger Space : 여행자가 탑승할 수 있는 좌석을 말한다.

Passenger Ticket & Baggage Check : 운송 증표류란 여행자 및 항공사 간에 성립된 계약내용을 표시하고 항공사의 운송약관 및 기타 약정에 의하여 여객운송이 이루어짐을 표시하는 증서로 발행된 각각의 구간에 관련하여 승객의 운송 및 해당 승객의 위탁수화물의 수송에 대한 증표를 말한다.

Passport : 외국으로 여행하는 자국인 또는 자국에 있는 외국인에게 신변보호를 위하여 정부가 발행해 주는 국외여행용 신분증명서를 말한다. 여권의 종류에는 외교관여권, 관용여권, 일반여권, 임시여권이 있다.

PATA(Pacific Area Travel Association) : 태평양지역의 여행촉진을 위하여 항공회사, 교통기관, 호텔, 관광업자, 대리점 등에 의하여 설립된 협회를 말한다.

PAX(Passenger) : 여행객의 인원수를 말할 때 사용된다.

Payload : 실제로 탑승한 승객, 화물, 우편물 등의 유상 탑재량을 말한다.

Peak Period : 관광사업체에서 성수기를 말한다.

Peak Use Period : 고객이 관광사업체를 이용 시 성수기 이용기간을 말한다.

Permanent Guest : 호텔에 장기 체류객을 말한다.

Pick Up Service : 여행업자가 공항으로 여행자를 마중 나가는 것을 말한다.

PIR(Property Irregularity Report) : 승객이 자신의 수화물에 지연, 분실, 파손, 부분

분실 사고발생 시 항공사에 사실을 알리기 위해 작성하는 수화물 사고보고서를 말한다.

Point of Interest : 여행의 볼 만한 곳을 말한다.

Powder Room : 호텔에서 여성용 화장실을 말한다.

Pre payment : 고객이 여행상품 구입 시 여행사에 미리 지급하는 선지급을 말한다.

Pre- Assignment : 고객이 도착하기 전에 예약실에서 특별히 요청된 고객을 위하여 예약 당시 객실을 지정하거나 당일 도착예정 고객을 위하여 프론트 데스크 직원이 업무의 편의를 위하여 도착 전에 객실을 배정하는 사전 객실배정을 말한다.

Pre-Convention Tour : 회의 전 여행으로 회의의 개최 이전에 근처에 있는 여행지를 구경하고 회의개최지에 도착하도록 계획되어 만들어진 여행을 말한다.

Prepaid Commission : 선지급에 대한 수수료를 말한다.

Private Trip : 개인여행을 말한다.

Promotional Fare : 항공사에게 판매촉진을 위한 요금을 말한다.

PTTA(Philippine Travel and Tourism Association) : 필리핀 관광협회를 말한다.

Published Fare : 항공회사의 여행자 요금표에 공시되어 있는 여행자요금을 말한다.

PVS(Passport, Visa, Shot) : 해외 출/입국 서류를 말한다.

[Q]

Quad : 호텔객실 형태로 4인이 이용할 수 있는 객실을 말한다.

Queen Bed : King Size Bed보다 적은 침대를 말한다.

Quotation Sheet : 여행사에서 여행경비의 견적서를 말한다.

[R]

Rack Rate : 항공사에서의 항공요금과 호텔에서 책정한 객실의 기본 공표요금을 말한다.

Rate Assignment : 관광사업체에서의 요금책정을 말한다.

Rate : 각종의 운임, 요금, 율 등을 말한다.

RCFM(Reconfirmation) : 여행 도중 어느 지점에서 72시간 이상 체류할 경우 항공편 출발 72시간 전까지 계속편 및 복편 예약을 탑승예정 항공사에 예약 재확인을 말한다.

Re-Entry Permit : 재입국허가로 우리나라에 체재하고 있는 외국인이 한번 출국하였다가 다시 우리나라에 들어오는 경우에는 입국관리사무소에서 이 수속을 하여야 한다. 통상 출국에 앞서서 미리 받고서 나갔다가 돌아오는 것을 말한다.

Rebate : 공급업자가 판매 대리점에게 수수료에 대해서 판매 장려금으로 할인해 주는 제도를 말한다.

Receipt : 고객에게 주는 영수증을 말한다.

Recreation Industry : 휴양이나 오락산업을 말한다.

Recreation : 휴양, 기분전환을 말한다.

Registration Card : 호텔에 손님 도착 시 작성하는 양식으로서 손님이 직접 성명, 숙박예정일수, 성별, 국적, 주소, 회사명 등을 기록하는 카드를 말한다.

Rental Service : 관광사업체에서 임대업자 또는 그 일을 말한다.

Repeat Guest : 단골고객, 즉 여행업자에게 다시 방문하는 손님을 말한다.

Repeater : 관광사업체에서 반복여행자를 말한다.

Replacement : 승객이 항공권을 분실하였을 경우 항공권 관련사항을 접수 후 항공사에 해당 점소에서 신고사항을 근거로 발행 점소에 확인 후 항공권을 재발행 해 주는 것을 말한다.

Rerouting : 본래의 운송장에 기록된 여정, 운임, 항공사, 기종, 비행편, 유효 기간 등을 바꾸는 것을 여정변경이라고 한다.

Reservation Center : 관광사업체에서 모든 예약에 대해서 총괄, 관리하는 예약센터를 말한다.

Routing : 여정, 처음 지점에서 행선지까지 승객이나 화물의 이동이 연속되는 항공편을 말한다.

RTPA(Rail Travel Promotion Association) : 철도여행촉진연합을 말한다.

RTW(Round The World) : 항공사에서 세계일주를 말한다.

Rush Periods : 일반적으로 다른 시간대보다 많은 고객들이 밀어닥치는 때를 말한다.

R&R(Rest and Recreation) : 휴양휴가를 말한다.

[S]

Safari Tour : 야생동물의 여행을 말한다.

Schedule : 여행사에서의 여행일정이나 항공사에서의 항공스케줄, 호텔에서의 숙박일의 일정을 말한다.

Seaport Hotel : 항구호텔은 선박이 출발하고 도착하며 정박하는 항구부근에 위치하고 있으며, 여객선이나 크루즈를 이용하는 선객과 선박에서 근무하는 승무원 및 선원들이 주로 이용하는 호텔을 말한다.

Seasonal Rate : 동일한 제품과 서비스에 대해 계절에 따라 가격의 변동을 허락하는 차별요금제도를 말한다.

Seat Plan : 항공기 운항 중 특별 서비스가 요구된 사항을 말한다.

Second Class Hotel : 숙박업에서 2류 호텔을 말한다.

Security : 호텔 내 · 외부의 위협요인으로부터 종사자와 고객을 안전하게 보호하는 경비를 말한다.

Sell and Report Agreement : 항공사 간 약정된 비행편에 한하여 구간별로 해당편의 예약상황을 상호 교환, 유지함으로써 해당편 예약 요청 시 좌석 가능 여부를 확인 처리토록 할 수 있는 항공사 간의 협정을 말한다.

Sending : 여행업자가 여행자의 출발을 위해서 공항 등으로 전송 가는 것을 말한다.

Service Charge : 여행상품 이용 시 봉사료를 말한다.

Sightseeing : 도시 안에서 주요 유적지를 보여주는 관광을 말한다.

Simplification : 출입국 수속의 간소화 등에 사용된다.

Status : 좌석예약상태를 기입하는 난을 말한다.

Supper : 늦은 저녁식사나 야참 또는 저녁 정찬으로 지정되는 저녁식사를 말한다.

Symposium : 특정 주제를 놓고 연구/토론하기 위한 전문가들의 모임을 말한다.

[T]

T/C(Traveler's Check) : 여행자 수표는 여행자가 가지고 다니면서 쓰는 자기앞 수표와 같은 것이다. 여행자가 직접 현금을 지참하여 심적 위협을 느끼지 않도록 현금과 같이 사용할 수 있도록 했으며, 이것은 하나의 수표로서 현금을 주고 매입할 때 서명을 해서 사용하기 때문에 다른 사람이 사용하거나 위조를 할 수 없게 되어 있다.

Take off : 비행장에서 출발하여 비행을 개시하는 일의 동작을 말한다.

Tariff : 항공사에서 각종의 운임, 요금, 관세 등을 말한다.

Technical Visit : 여행 이외의 목적, 즉 시찰 목적으로 하여 상대방을 방문하는 것을 말한다.

TAT(Tourism Authority of Thailand) : 태국정부 관광청을 말한다.

Taxi Way : 항공기가 활주로에서 정비 격납고, 주기장까지 원활하게 이동할 수 있도록 마련된 통로를 말한다.

Temporary Visitor : 여행자를 장기체재자와 단기체재자로 나누어 단기체재자에 대해서는 여러 가지의 편의를 주려고 하는 생각에서 Temporary Visitor라고 하는 말을 사용하게 되었다.

Terminal hotel : 종착역이나 터미널에 위치한 호텔을 말한다.

Ticket : 표, 승차권, 항공권, 입장권 등을 말한다.

Time Difference : 국가와 국가 사이 지역과 지역 간의 시차를 말한다.

Toll Free Telephone Lines : 호텔에서 여행사 직원이나 호텔의 단골고객을 대상으로 서비스하는 무료 전화를 말한다.

Tour Conductor : 여행자의 여행에 동행해서 현지의 여행에서 운영에 있어서 필요한 일체의 업무를 수행하는 자를 말한다.

Tour Guide : 여행자가 현지에 도착하면 그 지역의 일정에 대해서 안내하는 자를 말한다.

Tour Operator : 여행사에서 수배를 전문적으로 행하는 자를 말한다.

Tour Price : 여행사에서 여행상품의 판매가격을 말한다.

Tourism : 관광, 관광산업, 관광객 등을 말한다.

Tourist Attraction : 관광대상으로 관광객의 관심을 끄는 것을 말한다.

Tourist Bureau : 관광객 안내소 또는 여행 업자를 말하기로 한다.

Tourist Hotel : 관광객의 숙박에 적합한 구조 및 설비를 갖추어 이를 이용하게 하고 음식을 제공하는 자동차여행자 호텔, 청소년 호텔, 수상관광호텔 등의 숙박시설 등이 있다.

Transfer : 승객이 최종목적지까지 가기 위해서 중간기착지에서 비행기를 갈아타는 것을 말한다.

Transient : 단기로 머무는 여행객을 말한다.

Transit Visa : 여행객의 통과사증을 말한다.

Travel Agency : 여행사는 항공사의 가장 중요한 유통경로이며, 일개 항공회사의 지점, 영업소만으로는 판매망이 불충분하여 항공회사는 무수히 많이 설립되어 있는 여행사를 판매 대리점으로 지정하여 고객유치활동을 하는 여행사를 말한다.

Travel Documents : 여행상의 필요서류로 일반적으로는 여권, 비자, 항공권, 예방접종증명서등을 말한다.

Traveler : 여행자를 말한다.

Trip : 여행자의 짧은 여행을 말한다.

TWOV(Transit Without Visa) : 무사증 통과로 항공기를 갈아타거나 또는 여행자가 규정된 조건하에서 입국사증 없이 어느 나라에 입국하여 짧은 기간동안 체류할 수 있는 것을 말한다.

T&T(Tax and Tip) : 세금과 팁을 말하며, 주로 식품과 음식 가격에 쓰이는 문구이다.

[U]

UG(Undesirable Guest) : 호텔에서 무리한 주문이 많다든가 호텔의 품위에 상처를 주고 손해를 입히는 바람직하지 못한 고객을 말한다.

UM(Unaccompanied Minor) : 최초 여행일 기준 만 3개월 이상 만 12세 미만의 유아나 소아가 성인의 동반 없이 혼자 여행하는 승객을 말한다.

Un-Flown Sector : 항공사에서 어느 항공편으로 예정되었으나 실제로 사용하지 않는 구간을 말한다.

Up-Grading : 상급 Class의 등급변화를 말한다.

Upscale Hotel : 최고급 호텔을 말한다.

Usher : 주로 호텔에서 수위, 안내하는 사람을 말한다.

USTTA(U.S Travel and Tourism Administration) : 미국 관광청을 말한다.

[V]

Vacancy : 호텔의 객실이나 비행기 내의 화장실 등이 비어있는 것을 말한다.

Vacation Trip : 짧은 휴가여행을 말한다.

Vacationer : 휴가여행자를 말한다.

Vacation : 휴가, 휴가여행을 말한다.

Vaccination Certificate : 해외여행자를 위해서 전염병을 방지하기 위한 예방 접종증명서를 말한다.

Valid Passport : 유효한 여권을 말한다.

Validation Stamp : 항공권에 찍는 Stamp로 발행 항공사 명, 여행사명, 발행연월일 등이 자인되고 있고 여객항공권이 운송인에 공식 발행되었음을 표시하는 항공권 상의 유효날인을 말한다.

VAT(Value Added Tax) : Margin에 대해서만 과세하는 세금으로 부가가치세를 말한다.

VIP Rooms : 호텔에서 특실을 말한다.

VIP(Very Important Person) : 여행사나 항공사, 호텔에서 중요인사를 말한다.

Visa : 여행자를 받아들이는 나라가 여행자에게 주는 입국사증을 말한다.

Visitor : 방문객 즉 관광객이란 말로 일반적으로는 외국인 관광객을 뜻하는 말로서 쓰이고 있다.

VWPP(Visa Waiver Pilot Program) : 미국 Immigration 규정에 의거, 당 협정을 맺은 국가의 국민이 협정 가입 항공사를 이용하여 미국 입국 시 미국 비자 없이도 입국이 가능하도록 한 일종의 단기 비자면제협정을 말한다.

[W]

W/B(Weight&Balance) : 항공기의 중량 및 중심위치를 실측 또는 계산에 의해 산출하는 것을 말한다.

Wagon Restaurant : 기차 내에 있는 식당을 말한다.

Waiting List : 항공사에서 판매가능 좌석이 모두 예약완료 되었으나 공항에서 승객의 요청에 의해 다른 손님의 예약 취소나 나타나지 않은 승객이 있을 경우를 대비해서 순번으로 좌석을 기다리는 것을 말한다.

Wake-up Call : 호텔에서 손님의 요청에 따라 교환원이 아침에 깨워주는 서비스를 말한다.

WATA(World Association of Travel Agency) : 세계여행업자협회를 말한다.

Wave : 항공사에서 승객의 티켓에 대해서 규정에는 벗어나지만 규정위배 부분을 묵인 승인해 주는 것을 말한다.

Wet Charter Flight : 고객의 요청에 의해 승무원을 포함한 항공기 전체를 전세 내는 경우를 말한다.

Wet Charter : 항공기의 기체만이 아니고 승무원까지 포함한 대체계약을 말한다.

WHO(World Health Organization) : 세계보건기구를 말한다.

Wholesaler : 여행사에서 여행상품의 여행도매업자를 말한다.

WLRA(World Leisure and Recreation Association) : 세계레저, 레크리에이션 협회를 말한다.

Working Holiday : 관광취업비자를 말하며 그 나라의 문화를 직접 체험할 수 있는 입국사증제도를 말한다.

WTO(World Tourism Organization) : 세계관광기구를 말한다.

[X]

XO : Exchange Order의 약자를 말한다.

[Y]

Yachter : 요트를 타고 여행하는 관광객들을 대상으로 하는 숙박시설로서 비교적 규모가 작으며 단기 체류객을 대상으로 주로 잠자리만 제공하는 일종의 간이호텔을 말한다.

Yellow Card : 외국여행 시 전염병을 방지하기 위한 예방접종증명서를 말한다.

Yellow Stone National Park : 미국에 있는 세계최초의 국립공원을 말한다.

Yield : 유상승객 1인당 1km 수송하여 벌어들인 수입으로 실수단가를 말한다.

Youth Fare : 항공사에서 청소년에게 적용되어지는 항공운임을 말한다.

Youth Hostel : 청소년들의 수용을 위한 숙박시설을 말한다.

[Z]

ZC(Zero Complain) : 고객에게 불만이 없도록 관광사업체에서 전개하는 고객 불만 제로운동을 말한다.

Zero Out : 고객의 체크아웃 시 회계균형을 맞추는 것을 말한다.

Zip Code : 고객에게 DM을 발송할 때 겉봉투에 쓰는 우편번호를 말한다.

Zoo Tour : 동물원 여행을 말한다.

참고문헌

고종원 외(2001), 여행업경영실무론, 대왕사.

김규영 · 이정은 · 석미란 · 변효정(2018), 여행경영실무, 지식인.

김성혁 · 황수영(2011), 관광마케팅, 백산출판사.

김연화 외(2002), 여행 · 항공 · 호텔용어, 백산출판사.

김창수(2018), 관광교통, 대왕사.

나상필 · 변효정(2019), 관광항공실무, 지식인.

나태영 · 천민호 · 곽철우 · 윤상원(2016), 여행사경영실무, 대왕사.

노정철(2008), 여행사경영론, 한올출판사.

노정철 · 김재훈(2015), 최신 여행사경영론, 한올출판사.

민혜성(2007), 관광마케팅, 대왕사.

박시범 · 이병열 · 홍영호 · 서정원(2010), 여행사 경영론, 새로미출판.

손수진 · 심성우 · 조인환(2012), 여행사 경영과 실무, 대왕사.

안대희 · 박종철 · 석미란 · 양봉석 · 전영상 · 최규식(2012), 최신 여행사경영론, 백산출판사.

우경식(2010), 관광서비스 마케팅, 새로미.

유도재 · 조인환(2012), HOSPITALITY MARKETING, 대왕사.

유재홍 · 나상필 · 변효정 · 윤여산(2018), 국외여행인솔실무(NCS활용), 지식인.

윤대순 · 구본기 · 윤기명 · 이경숙 · 최현묵(2018), 여행업경영론, 기문사.

이홍규 외(2004), 여행사경영실무, 백산출판사.

임혁빈(2002), 여행업무론, 미학사.

정종훈(2001), 여행 항공용어 2000, 대왕사.

최승국 · 김도영 · 이낙귀 · 오수경 · 윤세환 · 박재헌(2010), 여행사 경영론, 현학사.

(사)한국여행서비스교육협회(2018), 국외여행 인솔자 자격증 공통교재, 한올출판사.

〈사이트〉

AAPA : http://www.aapairlines.org

ASTA : https://www.asta.org

EATA : https://estanews.org

IATA : http://www.iata.org

ICAO : https://www.icao.int

PATA : https://www.pata.org
UFTAA : https://www.uftaa.org
UNWTO : https://unwto.org
WATA : https://www.wata-dmc.net
갈릴레오코리아 : http://www.galileo.co.kr
갈릴리여행사 : http://www.galtour.com
내일투어 : http://www.naeiltour.co.kr
노랑풍선 : https://www.ybtour.co.kr
롯데관광 : http://www.lottetour.com
모두투어 : http://www.modetour.com
문화체육관광부 : https://www.mcst.go.kr
세계여행신문 : https://www.gtn.co.kr/home/news/news_view.asp?news_seq=75462)
아시아나세이버 : https://www.asianasabre.co.kr
클럽 리조트 PIC : http://www.pic.co.kr
트렉아메리카 : http://www.trekamerica.co.kr
하나투어 : http://www.hanatour.com
한국관광공사 : http://kto.visitkorea.or.kr
한국관광통역안내사협회 : http://www.kotga.or.kr
한국관광협회 중앙회 : http://www.ekta.kr
한국문화관광연구원 : http://www.kcti.re.kr
한국여행업협회 : https://www.kata.or.kr
한진관광 KALPAK : http://www.kalpak.co.kr
혜초여행 : http://www.hyecho.com

저자약력

나상필

- 아세아항공전문학교 교수
- 경기대학교 일반대학원 관광학박사
- 이벤트컨벤션연구, 문화관광연구, 한국관광서비스학회 이사
- 한국외식음료협회 관광위원회 전문위원
- 하나투어 하나샵 자문위원
- SYconvention 사외이사
- 전) Convention & Culture Marketing Service 근무
  주식회사 코스모네트 근무
  주식회사 투어리즘 코리아 근무
  문화산업개발연구소 근무

변효정

- 경기대학교 연구교수
- 경기대학교 일반대학원 관광학박사
- 이벤트컨벤션연구(등재지) 편집 부위원장
- 배재대학교, 호서대학교, 초당대학교, 목포대학교 등 출강
- 전) 코리아트래블 근무
  한빛여행개발 근무

도현래

- (주)사과나무여행 대표이사
- 경기대학교 관광전문대학원 여행·항공·크루즈 경영 겸임교수
- 경기대학교 일반대학원 관광학박사
- 경상남도 관광협회 국외여행업 부위원장
- 동의과학대학교, 창신대학교, 마산대학교 등 출강
- 거제해양관광개발공사, 경상남도 관광협회, 한국관광서비스학회 이사
- 전) 경남대학교 관광학부 겸임교수
  자유투어 부산지점 근무

저자와의
합의하에
인지첩부
생략

여행사경영론

2020년 3월 15일 초판 1쇄 인쇄
2020년 3월 20일 초판 1쇄 발행

지은이 나상필 · 변효정 · 도현래
펴낸이 진욱상
펴낸곳 (주)백산출판사
교　정 박시내
본문디자인 오행복
표지디자인 오정은

등　록 2017년 5월 29일 제406-2017-000058호
주　소 경기도 파주시 회동길 370(백산빌딩 3층)
전　화 02-914-1621(代)
팩　스 031-955-9911
이메일 edit@ibaeksan.kr
홈페이지 www.ibaeksan.kr

ISBN 979-11-6567-047-4 93980
값 22,000원